Dae Kweon Kim
Sprachtheorie im 18. Jahrhundert

SAARBRÜCKER BEITRÄGE ZUR LITERATURWISSENSCHAFT

Herausgegeben
von Karl Richter,
Gerhard Sauder
und Gerhard
Schmidt-Henkel

Band 73

Sprachtheorie im 18. Jahrhundert

Herder, Condillac und Süßmilch

Dissertation

zur Erlangung des akademischen Grades eines

Doktors der Philosophie

der Philosophischen Fakultäten

der Universität des Saarlandes

vorgelegt von:

Dae-Kweon Kim

aus Jeonju (Korea)

Die Dekanin: Frau Prof. Dr. Anke-Marie Lohmeier
Berichterstatter: Herr Prof. Dr. Gerhard Sauder
                                                Herr Prof. Dr. Jochen Schlobach
Tag der letzten Prüfungsleistung: 05. 02. 2002

Dae Kweon Kim

Sprachtheorie
im 18. Jahrhundert

Herder, Condillac und Süßmilch

Röhrig Universitätsverlag
2002 • St. Ingbert

Die Deutsche Bibliothek – CIP-Einheitsaufnahme

Kim, Dae Kweon:
Sprachtheorie im 18. Jahrhundert : Herder, Condillac
und Süßmilch / Dae Kweon Kim. - Sankt Ingbert :
Röhrig, 2002
  (Saarbrücker Beiträge zur Literaturwissenschaft ;
  Bd. 73)
  Zugl.: Saarbrücken, Univ., Diss., 2002
  ISBN 3-86110-300-1

E

3F 45186

© 2002 by Röhrig Universitätsverlag GmbH
Postfach 1806, D-66368 St. Ingbert
www.roehrig-verlag.de

Umschlag: Jürgen Kreher
Druck: Strauss Offsetdruck GmbH, Mörlenbach
Printed in Germany 2002

ISBN 3-86110-300-1

Vorwort

Großen Dank für das Zustandekommen vorliegender Arbeit schulde ich meinem akademischen Lehrer Herrn Prof. Dr. Gerhard Sauder, der mich mit Geduld ermutigt und betreut hat. Ebenso danke ich meinem Zweitgutachter Herrn Prof. Dr. Jochen Schlobach. Mein Dank gilt auch der Volkswagen-Stiftung, die meinen einmonatigen Forschungsaufenthalt in Halle gefördert hat.
Für die Aufnahme dieser Arbeit in die Reihe „Saarbrücker Beiträge zur Literaturwissenschaft" danke ich außerdem Herrn Prof. Dr. Karl Richter und Herrn Prof. Dr. Gerhard Schmidt-Henkel. Mein abschließender Dank gilt Herrn Leo Nikes, der die Mühe des Korrekturlesens auf sich genommen hat.
Das Buch widme ich Herrn Prof. Ki-Tae Chun.

Zur Zitierweise:
Die Literaturangaben werden in den Fußnoten vollständig aufgeführt, wenn sie zum erstenmal zitiert werden. Ein Zitat nach derselben Quelle wird in der Regel in nachfolgenden Fußnoten mit Sigel, Band- oder Seitenangabe angeführt. Bei kritischer Literatur wird in nachfolgenden Fußnoten nach Verfasser, Kurztitel und Band- oder Seitenangabe zitiert.

Inhaltsverzeichnis

Einleitung

Johann Gottfried Herder (1744-1803) ist mit herausragenden Leistungen u. a. in der Geschichtsphilosophie, Literaturwissenschaft, Sprachphilosophie, Pädagogik, Ästhetik, Anthropologie und Theologie hervorgetreten. Herders Sprachphilosophie, die im Mittelpunkt dieser vorliegenden Arbeit steht, findet in seiner Schrift *Abhandlung über den Ursprung der Sprache*[1] ihren besonderen Ausdruck.

Die *Abhandlung* entsteht vor dem Hintergrund der Debatte um den Ursprung der Sprache, die in den 50er und 60er Jahren des 18. Jahrhunderts an der Berliner Akademie intensiv geführt wurde. Da sich dazu keine befriedigende Antwort fand, schrieb die Akademie 1769 einen wissenschaftlichen Wettbewerb aus. Als Wettbewerbsbeitrag verfaßte Herder 1770 seine Sprachschrift, die dann preisgekrönt und 1772 veröffentlicht wurde.[2] Darin entwickelt er seine eigene These, indem er gegen die an der Akademie diskutierten anderen Theorien polemisiert.[3]

Aus der Entstehung und Vorgehensweise der *Abhandlung* bietet sich in methodischer Perspektive ein Vergleich als angemessener Weg für die Erforschung der Sprachphilosophie Herders an. Durch den Vergleich der *Abhandlung* mit den anderen vorangehenden Sprachtheorien ergibt sich Herders Stellenwert in der Sprachphilosophie des 18. Jahrhunderts. Daher geht es in dieser Arbeit hauptsächlich um Herders Auseinandersetzung mit Etienne Bonnot de Condillac (1714-1780) und Johann Peter Süßmilch (1707-1767). In der *Abhandlung* befaßt sich Herder zwar nicht intensiv mit Condillacs Sprachthese, aber die Herder-Condillac-Beziehung steht im Hinblick auf die Wirkungsgeschichte kontinuierlich zur Diskussion. Süßmilch gilt Herder als Hauptgegner.

---

[1] Der Text (im folgenden: *Abhandlung*) wird nach Johann Gottfried Herder: Sämtliche Werke. Hrsg. von Bernhard Suphan. Berlin 1877-1913 zitiert. Ich werde mich, wenn nicht anders angegeben, bei den Zitaten aus Herders Schriften auf die Suphan-Ausgabe beziehen, wobei diese mit dem Sigel SW aufgeführt wird.

[2] Vgl. Genaueres zur Sprachursprungsdebatte an der Berliner Akadmie 1.3 *Ursprung der Sprache* dieser Arbeit.

[3] In diesem Sinne bezeichnet Hansjörg A. Salmony (Die Philosophie des jungen Herder. Zürich 1949, S. 54) die Polemik als „Methode in der 'Abhandlung'".

Die *Abhandlung* erfährt als Preisschrift allgemeine Hochschätzung.[4] Aber seit den 70er Jahren des 20. Jahrhunderts nehmen Sprachforscher zunehmend kritisch Stellung zu Herders Sprachschrift, und zwar nicht zuletzt in bezug auf Condillac und Süßmilch. Im Vergleich mit Condillacs Schrift *Essai sur l'origine des connoissances humaines*[5] (1746) bestreitet Hans Aarsleff[6] die Originalität der *Abhandlung* und meint, daß Herders Sprachphilosophie der Sprachtheorie Condillacs verpflichtet sei. Diese Meinung wird auch von Allan Dickson Megill, Ulrich Ricken, Jörn

---

[4]   Um nur einige Arbeiten dazu zu nennen:
Martin Heidegger: Vom Wesen der Sprache. Die Metaphysik der Sprache und die Wesung des Wortes: zu Herders Abhandlung „Über den Ursprung der Sprache". Oberseminar Sommersemester 1939. Aufzeichnungen und Protokolle. Hrsg. von Ingrid Schüßler. Frankfurt/M 1999, S. 154.
Salmony, Die Philosophie des jungen Herder, S. 102.
Rudolf Haym: Herder. Nach seinem Leben und seinen Werken. 1. Bd. Berlin 1958, S. 436.
Erich Heintel: Herder und Sprache, als Einleitung zu: Johann Gottfried Herder: Sprachphilosophische Schriften. Unveränderter Nachdruck der zweiten, erweiterten Auflage. Hamburg 1975, S. XIX u. LVII.
Ulrich Gaier: Herders Sprachphilosophie und Erkenntniskritik. Stuttgart-Bad Cannstatt 1988.
John Ole Askedal: Die Sprachzeichenkonzeption Johann Gottfried Herders in der „Abhandlung über den Ursprung der Sprache". In: Claus Altmayer und Armands Gutmanis (Hrsg.): Johann Gottfried Herder und die deutschsprachige Literatur seiner Zeit in der baltischen Region. Beiträge der 1. Rigaer Fachtagung zur deutschsprachigen Literatur im Baltikum, 14.-17. September 1994. Riga 1997, S. 112-133.
Jürgen Trabant: Inner Bleating. Cognition and Communication in the Language Origin Diskussion. In: Karl Menges u. a. (Hrsg.): Herder-Jahrbuch 2000. Stuttgart u. Weimar. S. 5.
In den meisten oben erwähnten Arbeiten wird das in die moderne Sprachphilosophie weisende Denken Herders hervorgehoben.

[5]   Dieser Text ist enthalten in: Œuvres philosophiques de Condillac. Texte établi et présenté par Georges Le Roy. Vol. 1. Paris 1947. Im folgenden wird er mit dem Sigel *Essai* unter Angabe der römischen Teil-, Kapitel-, und der arabischen Paragraphenzahl angeführt.

[6]   H. Aarsleff: The tradition of Condillac. The problem of the origin of language in the 18th century and the debate in the Berlin academy before Herder. In: Dell Hymes (Ed.): Studies in the history of linguistics. Traditions and paradigms. Bloomington 1974, S. 93-156.
Ders.: From Locke to Saussure. Essays on the Study of Language and intellectual history. London 1982, S. 219: „Herder, along with the other participants in the debate in the Berlin Academy, was directly and profoundly influenced by Condillac's *Essai*."
Ders.: Herder's Cartesian *Ursprung* vs. Condillac's expressivist *Essai*. In: Daniele Gambarara u. a. (Ed.): Language philosophies and the language sciences: historical perspektive in honour of Lia Formigari. Münster 1996, S. 165.

Stückrath, Roy Harris und Talbot J. Taylor sowie Winfried Franzen vertreten.[7] Was Süßmilch betrifft, beurteilt Aarsleff dessen Schrift *Versuch eines Beweises, daß die erste Sprache ihren Ursprung nicht vom Menschen, sondern allein vom Schöpfer erhalten habe*[8] (1766) positiv.[9] Megill weist auf Süßmilchs Einfluß auf Herder hin.[10] Danach beschäftigt sich Bruce Kieffer[11] mit Süßmilchs Schrift und unternimmt es, dessen Fehlinterpretationen durch Herder nachzuweisen. Im Anschluß daran wird bis heute immer wieder versucht, Süßmilchs Sprachthese gegen die negative Einschätzung Herders zu verteidigen und sie zu rehabilitieren.[12]

---

[7]   A. D. Megill: The Enlightenment Debate on the origin of Language and its Historical Background. Columbia, Univ., Diss. 1975, S. 403.

U. Ricken: Condillacs „Essai über den Ursprung der menschlichen Erkenntnisse" im Rahmen der philosophischen und sprachtheoretischen Diskussion der Aufklärung, als Einführung zu: Condillac: *Essai über den Ursprung der menschlichen Erkenntnisse*. Übersetzt u. hrsg. von U. R. Leipzig 1977, S. 43. Hier meint Ricken, daß Herders *Abhandlung* in den „wesentlichen" Aspekten mit Condillacs *Essai* übereinstimme. Diese Ansicht wird von Werner Bahner (Zum ideologiegeschichtlichen Kontext von Herders „Über den Ursprung der Sprache". In: Johann Gottfried Herder. Zum 175. Todestag am 18. Dezember 1978 (Sitzungsberichte der Akademie der Wissenschaften der DDR). Berlin 1978, S. 101) rezipiert.

J. Stückrath: Der junge Herder als Sprach- und Literaturtheoretiker - ein Erbe des französischen Aufklärers Condillac? In: Walter Hinck (Hrsg.): Sturm und Drang: ein literaturwissenschaftliches Studienbuch. Kronberg/Ts. 1978, S. 81-96.

R. Harris u. T. J. Tylor: Condillac on the origin of language and thought. In: Dieselben (Ed.): Landmarks in linguistic thought: the Western tradition from Socrates to Saussure. London u. New York 1989, S. 134.

W. Franzen: Der Abbé und die Zeichen. Über Condillacs Sprachphilosophie und ihr Verhältnis zu heutigen Theorien. In: Georg Meggle (Ed.): Analyomen 2. Proceedings of the 2nd Conference „Perspectives in Analytical Philosophy". Vol. II: Philosophy of Language. Metaphysics. Berlin u. New York 1997, S. 87.

[8]   Dieser in Berlin veröffentlichte Text wird im folgenden mit dem Sigel *Versuch* zitiert.

[9]   Aarsleff, The tradition of Condillac, S. 154: „[...] in the study of language Süssmilch's *Versuch* would seem to be the first work to show the conflict between faith and natural explanation, between the divine act and gradual development."

[10]   Megill, The Enlightenment Debate on the origin of Language, S. 412 u. 420ff.

[11]   B. Kieffer: Herder's treatment of Süßmilch's theory of the origin of language in the *Abhandlung über den Ursprung der Sprache*: a re-evaluation. In: The Germanic Review 53 (1978) Nr. 3, S. 96-105.

[12]   Gerda Haßler: Sprachtheorien der Aufklärung zur Rolle der Sprache im Erkenntnisprozeß. Berlin 1984, S. 70.

Astrid Gesche: Johann Gottfried Herder. Sprache und die Natur des Menschen. Würzburg 1993, S. 14f.

Durch bisherige Forschungsergebnisse wird bestätigt, daß Herder in seiner Sprachschrift Condillac und Süßmilch nicht immer präzis wiedergibt, manchmal sogar willkürlich auslegt,[13] und daß einige Ähnlichkeiten oder Gemeinsamkeiten zwischen Herder und Condillac sowie Süßmilch bestehen. Aber das bedeutet nicht, daß Herders Sprachphilosophie in der *Abhandlung* dadurch ihren eigenen Wert verliert. Das zeigt Aarsleffs Argumentation.[14] Er arbeitet Condillacs Einflüsse auf Herder heraus[15] und nennt einige Beispiele[16], die nicht zur *Abhandlung* selbst in Beziehung stehen, sondern zu Herders früheren Schriften.[17] Im Unterschied zu

---

Jutta Steinmetz: Im Schatten Herders. Johann Peter Süßmilchs Sprachursprungstheorie. In: G. Haßler u. P. Schmitter (Hrsg.): Sprachdiskussion und Beschreibung von Sprachen im 17. und 18. Jahrhundert. Münster 1999, S. 117-125.

[13] Vgl. in bezug auf Condillac:
Rudolf Schottlaender: Die verkannte Lehre Condillacs vom Sprachursprung. In: Beiträge zur romanischen Philologie 8 (1969), S. 163.
Megill, The Enlightenment Debate on the origin of language, S. 414.
George A. Wells: Condillac, Rousseau and Herder on the origin of language. In: Studies on Voltaire and the eighteenth century 230 (1985), S. 242.
W. Franzen: Etienne Bonnot de Condillac. In: Tilman Borsche (Hrsg.): Klassik der Sprachphilosophie. Von Platon bis Noam Chomsky. München 1996, S. 194.
Die anderen Beispiele werden später im laufenden Text erwähnt.
Vgl. in bezug auf Süßmilch Kieffer, Herder's treatment of Süßmilch's theory u. Gesche, Johann Gottfried Herder, S. 12f. u. 18f.

[14] Vgl. zur Kritik an Aarsleffs Argumentation Denise Modigliani: La céleste étincelle de prométhée. In: Johann Gottfried Herder: Traité de l'origine du langage. Traduit par D. M. Paris 1992, 279-285. In Aarsleffs Verfahren sieht Modigliani „l'oubli et la partialité".

[15] Aarsleff (The tradition of Condillac, S. 99) stützt seine These auf Herders eigene Angabe: „Ich bin durch die D[eutsche] Bibliothek auf ein Buch aufmerksam gemacht, das ich jetzt mit Vergnügen durchblättere. Der zweite Theil von dem Essai sur l'origine des connoissances humaines enthält Betrachtungen, die mein Fragment *von den Lebensaltern der Sprache* sehr ins Licht setzen." (SW I, 529). Im Gegenteil kritisiert Wolfgang Proß Aarsleffs Überbetonung der Einflußbeziehung Condillacs zu Herder. Vielmehr lokalisiert er (Kommentar zur *Abhandlung*. In: Johann Gottfried Herder: Abhandlung über den Ursprung der Sprache. Text, Materialien, Kommentar. München 1978, S. 146) Herders *Abhandlung* im „soziohistorischen" (Samuel Pufendorf), „psychologischen" (Bernard Lamy u. Moses Mendelssohn) und „religionskritischen" (Père Simon) Kontext.

[16] Vgl. Aarsleff, The tradition of Condillac, S. 139f. u. ders., From Locke to Saussure, S. 220. Dabei geht es um den besonderen Charakter jeder Sprache, die Bedeutung der 'Gebärdensprache' in der frühen Phase der Sprachentwicklung sowie Beziehung zwischen Sprache und Literatur. An Aarsleff schließt sich Stückrath (Der junge Herder, S. 87ff.) an.

[17] Aarsleff (Herder's Cartesian *Ursprung*, S. 166) zieht für die Rechtfertigung seiner These auch Herders Ausführungen zur 'Gebärdensprache' in *Kalligone* (1800) heran.

Ricken[18] räumt Aarsleff ein, daß Herders *Abhandlung* in einem wichtigen Aspekt nicht mit Condillac übereinstimmt: „There is, however, one very significant difference between the Condillacian argument and the argument Herder presents in the first part of the *Ursprung* [*Abhandlung*]. Though this difference has very considerable consequences, it has not to my knowledge been noted in the secondary literature. […] This 'innere Sprache' is in other words a complete language of concepts, a doctrine that is entirely foreign to the argument of Condillac's *Essai* […]."[19] Obwohl Kieffer viel zur Berichtigung des negativen Bildes von Süßmilch beiträgt, hat er im Hinblick auf die Einflußbeziehung zwischen Süßmilch und Herder nicht recht.[20]

Angesichts dieser Forschungslage verhält sich meine Arbeit kritisch: zum einen gegenüber der Überwertung[21] der Leistungen Herders ohne Berücksichtigung der Intertextualität der *Abhandlung* und zum anderen gegenüber dem Vorgehen, mit Ähnlichkeiten und Gemeinsamkeiten zwischen den drei Sprachphilosophen Herders eigene Beiträge zur Sprachphilosophie des 18. Jahrhunderts in wirkungsgeschichtlicher Sicht herabzusetzen[22].

---

[18] Ricken, Condillacs „Essai über den Ursprung der menschlichen Erkenntnissse", S. 43.

[19] Aarsleff, The tradition of Condillac, S. 140. Vgl. ders., Herder's Cartesian *Ursprung*, S. 173: „The result [of the *Ursprung*] was in any event a thoroughly nonexpressivist account of the origin of language that is sharply at odds with the Condillacian conceptions which Herder accepted both before and after the *Ursprung*." Vgl. dazu auch Stückrath, Der junge Herder, S. 90 u. Wells, Condillac, Rousseau and Herder, S. 233 u. 246.

[20] Vgl. dazu Kieffer, Herder's treatment of Süßmilch's theory, S. 101.

[21] Diese Überwertung bezieht sich auf die Mißverständnisse Condillacs und Süßmilchs durch Herder-Forscher. Vgl. dazu Anm. 23.

[22] Kieffer, Herder's treatment of Süßmilch's theory, S. 97: „ […] it is questionable whether the *Abhandlung* represents any sort of advance over the *Versuch* in the eighteenth-century discussion of the origin of language."
Stückrath, Der junge Herder, S. 92: „Herder war, wenn man so will, ein Rezeptionsgenie: er hat die deutsche Sprach- und Literaturtheorie offenbar gerade auch durch die Aufnahme und Verarbeitung der französischen Denktradition revolutioniert."
Gordon W. Hewes: Disputes on the origin of language. In: Marcel Pascal u. a. (Hrsg.): Sprachphilosophie. Berlin u. New York 1996, S. 934 (Handbücher zur Sprach- und Kommunikationswissenschaft. Bd. 7.2): „Herder […] enjoys a 20th century reputation in connection with the 18th century language origin debate which may not be wholly deserved. Herder's repetition of the >by now almost standard Enlightenment argument<

Die Sprachforscher wie Megill, Ricken, Stückrath sowie Kieffer sind der Meinung, die negative Beurteilung oder die falsche Einschätzung von *Essai* und *Versuch* in der herkömmlichen Herder-Forschung beruhe auf mangelnder Kenntnis dieser Schriften und auf unkritischer Übernahme von Herders Position.[23] Weil meine Arbeit dieser Ansicht zustimmt, sind die betreffenden sprachphilosophischen Schriften einer textnahen Analyse zu unterziehen.

In dieser Arbeit werden Herder, Condillac und Süßmilch verglichen mit Blick auf: 1) ihre philosophischen Grundlagen, aus denen sie ihre eigenen Sprachursprungstheorien entwickeln; 2) ihre Einstellungen zu Mensch und Tier; 3) ihre Zeichentheorie, Erkenntnislehre und ihre Überlegungen zur Beziehung zwischen Sprache und Denken. Die Wahl dieser Vergleichsbereiche gründet sich auf den inneren Zusammenhang der drei Aspekte (1, 2, 3), die der Sprachursprungsdiskussion zugrundeliegen. Das erläutert diese Arbeit in 1.3 *Ursprung der Sprache*.

Die Arbeit besteht aus fünf Kapiteln. Im ersten Kapitel geht es um die auf den Ursprung der Sprache bezogenen Gedanken der Aufklärung, die durch Themen wie Sprachkritik, „Individualität" der Sprache, Interesse am Ursprung und Diskussion um den Sprachursprung zum Ausdruck kommen. Das zweite Kapitel ist Condillac gewidmet, wobei dessen sensualistische Sprachauffassung im Kontrast zur rationalistischen und empiristischen analysiert wird. Im dritten Kapitel ist von Süßmilch die Rede, dessen

---

was that language arose from the natural emotional cries and gestures already present in man, stimulated by human social needs. He simply rejected Süßmilch [...], who still held to a divine source and divine design, and those who [...] thought there had been primordial language-givers. - Herder [...], however important as Enlightenment figure[s], did not advance any powerful *new* glottogonic arguments, certainly nothing beyond what had already been stated by Condillac and Maupertuis." Wie später bestätigt wird, ist Hewes' Ansicht voll von Vorurteilen gegenüber Herder.
Franzen, Der Abbé und die Zeichen, S. 90: „Mir scheint, daß Herders Sichtweise verfehlt und die von Condillac plausibler ist."

[23] Heintel (Herder und Sprache, S. XLIX) mißversteht die Sprachtheorie Condillacs als „die platte Aufklärerei". Zum Mißverständnis Condillacs durch Herder-Forscher vgl. Megill, The Enlightenment Debate on the origin of Language, S. 427f.; Ricken, Condillacs „Essai über den Ursprung der menschlichen Erkenntnissse", S. 16; Stückrath, Der junge Herder, S. 81. Vgl. zur Fehlinterpretation Süßmilchs Kieffer, Herder's treatment of Süßmilch's theory, S. 105.

Sprachthese hier in physikotheologischer Perspektive und unter Berufung auf Wolff und Rousseau analysiert wird. Im vierten als Hauptkapitel dieser Arbeit wird zuerst ein Zusammenhang zwischen Herders Frühschriften und *Abhandlung*, das anthropologische Denken, hergestellt. Im Abschnitt der Anthropologie geht es um Herders Menschenbild. Im Psychologie-Abschnitt wird durch das Sprache-Vernunft- und das Sprechen-Denken-Verhältnis nicht nur die Vielseitigkeit der Sprache herausgestellt, sondern auch die Dialektik der Sprache. Im Abschnitt der Sinnesphysiologie stehen die Bedeutung von Gefühl und Gehör in Herders Sprachtheorie und die Beziehung der beiden im Mittelpunkt. Im letzten Abschnitt findet die Sprachentwicklung, die wegen der Ausrichtung auf den Sprachursprung fast unerwähnt bleibt, Berücksichtigung,[24] und zwar auf der Ebene der Polemik Herders gegen Süßmilch. Dabei werden die religiösen Momente in der *Abhandlung* auch angesprochen, die allmählich Beachtung finden. Wenn es um Herders Sprachphilosophie geht, beschränkt sich diese Arbeit nach Möglichkeit auf seine Frühschriften 1764-1772.

---

[24] Askedal, Die Sprachzeichenkonzeption Johann Gottfried Herders, S. 114.

1. Kapitel: Aufklärung und Ursprung der Sprache

1.1 Sprachdenken

1.1.1 Kritik an der Sprache - „Wortmißbrauch"

Das Zeitalter der Aufklärung versucht, die Vernunft vom religiösen Dogma zu befreien und ihr Autonomie zu verschaffen. Dieser Emanzipationsprozeß führt zur Säkularisation des Denkens und erhebt die Vernunft zur letzten Instanz. Die Vernunft wird im 18. Jahrhundert zur „geistige[n] Grund- und Urkraft, die zur Entdeckung der Wahrheit und zu ihrer Bestimmung und Sicherung hinführt."[1] Das Licht der Vernunft will die Aufklärung auf alles werfen, um dadurch die unmündige Menschheit von Unkenntnis und Dunkelheit frei zu machen. Hierbei wird die Sprache als Medium der Mitteilung des Wissens wichtig. Aber die Sprache birgt auch die Gefahr in sich, anstatt zur wahren Erkenntnis beizutragen, die Vorurteile und Irrtümer der Sprachgemeinschaft zu vermitteln und zu verewigen, was das Fundament des richtigen Denkens gefährdet. Deshalb richtet die Aufklärung ihr Augenmerk auf das Sprachproblem, was sich in der Diskussion um den „Wortmißbrauch" niederschlägt.

In seiner Schrift *An essay concerning human understanding*[2] (1690), die der Sprachdiskussion der Aufklärung eine maßgebliche Stoßrichtung gab, widmet Locke der Sprache das dritte Buch „Of Words". Die Sprache fand im ersten Entwurf des *Essay* keine Beachtung. Erst später kommt Locke zur Erkenntnis, daß die Wörter eine wichtige Rolle im Wissen spielen:

> I must confess then, that when I first began this discourse of the understanding, and a good while after, I had not the least thought, that any consideration of words was at all necessary to it. But when having passed over the original and composition of our ideas, I began to examine the extent and certainty of our knowledge, I found it had so near a connexion with words, that unless their force and manner of signification were first

---

[1] Ernst Cassirer: Die Philosophie der Aufklärung. 3. Aufl. Tübingen 1973, S. 16.

[2] John Locke: An essay concerning human understanding. Hrsg. von Roger Woolhouse. London 1997. Der Text wird im folgenden mit dem Sigel *Essay* unter Angabe der römischen Buch-, Kapitel- und der arabischen Paragraphenzahl zitiert.

17

well observed, there could be very little said clearly and pertinently concerning knowledge [...].[3]

Demgegenüber macht Locke auch Bemerkungen über Verwirrungen und Irrtümer, welche die Sprache selbst und ihr fehlerhafter Gebrauch verursachen. Das behandelt er im Hinblick auf Unvollkommenheit und Mißbrauch der Wörter. Nach Locke sind die Wörter zwar Zeichen für die Vorstellungen im Bewußtsein, aber sie haben keine natürliche Beziehung dazu: „they [words] *signify* only men´s peculiar ideas, and that *by a perfectly arbitrary imposition* [...]."[4] Da, wo den Wörtern die Vorstellungen arbiträr beigelegt werden, stellt Locke die Zweifelhaftigkeit und Unsicherheit ihrer Bedeutungen fest, was ihre Unvollkommenheit ausmacht.[5] Er belegt vier Ursachen für die Unvollkommenheit der Wörter mit zwei Beispielen: Namen der 'gemischten Modi'[6] und denjenigen der Substanzen. Die ersten sind zweifelhaft, weil die von ihnen vertretenen Vorstellungen einerseits sehr komplex und zusammengesetzt sind, andererseits keinen bestimmten Zusammenhang und kein Muster in der Natur haben. Was die letzteren, die Substanznamen, betrifft, besteht die Zweifelhaftigkeit ihrer Bedeutungen in der Unerkennbarkeit beziehungsweise in der unsicheren Erkennbarkeit der wahren Beschaffenheit der Dinge. Aus dieser Unvollkommenheit der Sprache ergibt sich, daß „like the *medium* through which visible objects pass, their [of words] obscurity and disorder does not seldom cast a mist before our eyes, and impose upon our understandings."[7]

Neben den unausweichlichen Mängeln der Sprache selbst ist auch die Rede von den Mißbräuchen der Sprache, die Locke als „wilful faults and neglects"[8] definiert. Dabei erläutert er ihre typischen Fälle: Gebrauch von

---

[3] *Essay* III, ix, § 21.

[4] *Essay* III, ii, § 8.

[5] Vgl. *Essay* III, ix.

[6] Vgl. *Essay* II, xxii, § 1: „[...] we call *mixed modes*, such are the complex ideas, we mark by the names *obligation, drunkenness*, a *lie*, etc. which consisting of several combinations of simple ideas of different kinds, I have called *mixed modes*, to distinguish them from the more simple modes, which consist only of simple ideas of the same kind."

[7] *Essay* III, ix, § 21.

[8] *Essay* III, x, § 1.

Wörtern ohne 'klare' und 'deutliche' Vorstellung, ohne Beständigkeit, in ungewöhnlicher Bedeutung und unter der Annahme, sie stellten Dinge selbst dar.[9] Die mißbräuchliche Sprachverwendung konstatiert Locke insbesondere bei den Metaphysikern seiner Zeit, gegen die er polemisiert:

> [...] this artificial ignorance, and *learned gibberish*, prevailed mightily in these last ages, by the interest and artifice of those, who found no easier way to that pitch of authority and dominion they have attained, than by amusing the men of business, and ignorant, with hard words, or employing the ingenious and idle in intricate disputes, about unintelligible terms, and holding them perpetually entangled in that endless labyrinth. Besides, there is no such way to gain admittance, or give defence to strange and absurd doctrines, as to guard them round about with legions of obscure, doubtful, and undefined words. Which yet make these retreats, more like the dens of robbers, or holes of foxes, than the fortresses of fair warriors [...].[10]

Ihm zufolge hemmt der Sprachmißbrauch Erkenntnistätigkeit und Kommunikation, führt kontinuierlich zu unnötigen Disputen und stört empfindlich den wissenschaftlichen Bereich. Locke sieht die negativen Einflüsse der mißbrauchten Wörter nicht nur in der intellektuellen Welt, sondern auch im allgemeinen Leben des Menschen: „Nor hath this mischief stopped in logical niceties, or curious empty speculations; it hath invaded the great concernments of human life and society; obscured and perplexed the material truths of law and divinity; brought confusion, disorder and uncertainty into the affairs of mankind"[11].

Im 18. Jahrhundert steht die deutsche Sprache noch unter fremden Einflüssen. Die französische Sprache wirkt sich stark aus, und in der Gelehrtensprache ist das Lateinische maßgebend.[12] In dieser Lage bezieht sich in Deutschland das Problem „Wortmißbrauch" auf die Pflege der Muttersprache. Das kann man feststellen, wenn man die Gründungsge-

---

[9] Vgl. *Essay* III, x.

[10] *Essay* III, x, § 9.

[11] *Essay* III, x, § 12.

[12] Herder beschreibt klar die damalige Beschaffenheit der deutschen Sprache: „Die Deutsche Sprache aber kroch meistens unter Akademischen oder Homiletischen Fesseln; sie hatte keinen Glanz, keine Reinigkeit [...] Man gehe die besten Schriftsteller dieser Zeit durch: entweder Römisch- oder Akademisch Latein ist ihre Mundart: die Muttersprache war als eine Mundart der Mütter, der Weiber und der ungelehrten angesehen." (SW I, 374)

schichte der Berliner Akademie verfolgt. Nach dem Vorbild der Akademien in Frankreich und England stellt Leibniz einen Plan auf, auch in Deutschland solche wissenschaftliche Gesellschaften einzurichten. Sein Projekt ging im Jahre 1700 in Erfüllung. Der Kurfürst Friedrich III. gründete die *Brandenburgische Societät der Wissenschaften* und ernannte Leibniz zu ihrem ersten Präsidenten. Nach dem von diesem entworfenen Stiftungsbrief handelt es sich vor allem um die „erhaltung der Teütschen Sprache in ihrer anständigen reinigkeit"[13]. Leibniz hält die alte Sprache und die Mundarten für die reichhaltige Quelle zur Aufhellung und Bereicherung der deutschen Sprache und versucht, mittels dieser Quelle die Grundlage der deutschen Sprache zu befestigen. Seine Intention, die deutsche Sprache zu pflegen, ist ausführlich in der Generalinstruktion der Sozietät dargelegt:

> Damit auch die uralte teutsche Hauptsprache in ihrer natürlichen, anständigen Reinigkeit und Selbststand erhalten werde, und nicht endlich ein ungereimtes Mischmasch und Undeutlichkeit daraus entstehe, so wollen Wir die vormalige fast in Abgang und Vergess gekommene Vorsorge durch mehrgedachte Unsere Societät und andere dienliche Anstalten erneuern lassen. Und wie Wir dahin sehen lassen werden, dass in Unsern Kanzleien, Regierungen, Collegien und Gerichten bei den Ausfertigungen die fremde unanständige Worte und übel entlehnte Reden, so viel füglich geschehen kann, vermieden, hingegen gute teutsche Redarten erhalten, herfürgesuchet und vermehret werden, also wollen Wir auch Verordnung machen, dass der Societät mit teutschen Benennung- und Beschreibungen derer vorkommenden Dinge und Wirkungen von erfahrnen Leuten in allerhand Lebensarten an Hand gegangen, nicht weniger aus denen Archiven und Registraturen sowohl die alten, nunmehr abgegangenen, als aus denen Provinzen verschiedene bei dem Landmann nur etwan noch übliche, sonst aber unbekannte Worte, worin ein Schatz des teutschen Alterthums, auch derer Rechte und Gewohnheiten Unserer Vorfahren, theils zu Erkenntniss der Ursprünge und Historien, theils auch zu Erläuterung heutiger hohen und anderer Rechte, Gewohn- und Angelegenheiten verborgen stecket, angemerket, gesammlet und mitgetheilet werden.[14]

---

[13] Adolf Harnack: Geschichte der Königlich Preussischen Akademie der Wissenschaften zu Berlin. 1. Bd. Berlin 1900, S. 94.

[14] Ebd., S. 98.

Im Unterschied zu England und Deutschland wird in Frankreich der Sprachmißbrauch im Zusammenhang mit der Gesellschaftskritik erörtert. Im *Discours sur l'origine et les fondements de l'inégalité parmi les hommes*[15] (1755) setzt Rousseau Sprache, Gesellschaft und Ungleichheit zueinander in Beziehung.[16] Der Wilde, der allein in Wäldern umherirrt, verfügt über unartikulierte Laute und Gebärden, mit deren Hilfe er seine Bedürfnisse ausdrückt. Wenn die gesellschaftlichen Beziehungen intensiver werden, weicht diese primitive Kommunikationsweise der eigentlichen Sprache. Mit der Entstehung der Gesellschaft wird die Vorstellung des Eigentums eingeführt, und die neuen Technologien wie Boden- und Metallbearbeitung werden entdeckt. Parallel dazu kommt allmählich Ungleichheit auf. Die weitere Entwicklung der Gesellschaft beschleunigt einerseits die Tätigkeit des Denkens und verstärkt andererseits die soziale Ungleichheit. Nach und nach werden die Unterschiede zwischen Reichen und Armen, Mächtigen und Schwachen sowie Herrschern und Unterdrückten deutlicher. Damit kommt eine moralische Entartung des Menschen zum Vorschein, die im 'Naturzustand' nicht zu sehen ist: „Il falut pour son avantage se montrer autre que ce qu'on étoit en effet. Etre et paroître devinrent deux choses tout à fait différentes, et de cette distinction sortirent le faste imposant, la ruse trompeuse, et tous les vices qui en sont le cortége."[17] Indem sich das Scheinen (paraître) an Stelle des Seins (être) geltend macht, wandelt sich die Sprache von einem Medium der Äußerung natürlicher Bedürfnisse zu einem Instrument der Täuschung. Die Sprache wird auch zu einem Werkzeug, welches der Etablierung des Interesses der Mächtigen dient. Das zeigt sich im Verhalten der Reichen, welche den Schwachen schöne Worte machen, um ihre eigenen Zwecke durchzusetzen: „'Unissons-nous, leur dit-il, pour garantir de l'oppression les foibles, contenir les ambitieux, et assûrer à chacun la possession de ce

---

[15] Der Text (im folgenden: *Inégalité*) wird zitiert nach Œuvres Complètes de J. J. Rousseau. III. Texte établi et annoté par Jean Starobinski. Paris 1964.

[16] Vgl. zur Rousseauschen Sprachtheorie U. Ricken: Sprachtheorie und Weltanschauung in der europäischen Aufklärung: zur Geschichte der Sprachtheorien des 18. Jahrhunderts. und ihrer europäischen Rezeption nach der Französischen Revolution. In Zusammenarbeit mit Patrice Bergheaud u. a. Berlin 1990, S. 85-89.

[17] *Inégalité*, S. 174.

qui lui appartient: Instituons des réglemens de Justice et de paix auxquels tous soient obligés de se conformer, qui ne fassent acception de personne, et qui réparent en quelque sorte les caprices de la fortune en soûmettant également le puissant et le foible à des devoirs mutuels."[18].

1.1.2 „Individualität" der Sprache

Mit dem Übergang vom 17. zum 18. Jahrhundert ändert sich die Methodik des Philosophierens. Im 17. Jahrhundert geht es um den Aufbau des Systems. Zuerst werden die allgemeinen Begriffe und Grundsätze aufgestellt. Von hier aus wird mittels Deduktion der Weg zur Erkenntnis der Phänomene gebahnt. In der Aufklärung schlägt man einen umgekehrten Weg ein. Man wendet seinen Blick auf die gegebenen Fakten. An der Beobachtung der Phänomene ansetzend, sucht man nach Gesetzlichkeiten, dem inneren Zusammenhang zwischen ihnen. Damit erfolgt die Verschiebung des Schwerpunktes „vom Allgemeinen auf das Besondere", „von den 'Prinzipien' auf die 'Phänomene'"[19]. Dieser Wandel wirkt sich auch auf die Sprachbetrachtung aus. Während Descartes und Leibniz auf das Problem der Universalsprache aufmerksam machen, rückt in der Aufklärung das Interesse an der „Individualität"[20] der Einzelsprachen in den Vordergrund.

Für Locke repräsentieren die Wörter Vorstellungen, die ihrerseits Zeichen der Dinge sind. An der Bildung der Vorstellungen erkennt er die subjektive Art der Auffassung der Dinge, die in den 'gemischten Modi' deutlich hervortritt. Im Fall der einfachen Vorstellungen wirkt der Geist passiv. Er bildet sie nur mittels der Eindrücke, wie sie uns von den Objekten gegeben werden. Hinsichtlich der 'gemischten Modi' ist der Geist aber aktiv tätig. Er verbindet einfache Vorstellungen zu einer komplexen Vorstellung. Dabei haben die Namen der 'gemischten Modi' keine bestimmte Beziehung oder kein Muster zur Wirklichkeit. Sie sind ein willkürliches Produkt des Geistes. Je nach der Nation und ihrer Lebensweise

---

[18] *Inégalité*, S. 177.

[19] Cassirer, Die Philosophie der Aufklärung, S. 28f.

[20] E. Cassirer: Philosophie der symbolischen Formen. Erster Teil: Die Sprache. Zweite Auflage. Darmstadt 1954, S. 81.

werden sie verschieden modelliert. In diesem Sinne deutet Locke die Eigentümlichkeit jeder Nationalsprache an: „[...] they [*ostrakismos* amongst the Greeks and *proscripto* amongst the Romans] stood for complex ideas, which were not in the minds of the men of other nations. Where there was no such custom, there was no notion of any such actions; no use of such combinations of ideas, as were united, and, as it were, tied together by those terms: and therefore in other countries there were no names for them."[21]

Die Besonderheit der einzelnen Sprachen bestimmt Condillac als „génie des langues". Nach ihm sind es zwei Faktoren, die zur Bildung des Charakters eines Volkes beitragen: Klima und Staatsform. Der dadurch geprägte Charakter des Volkes nimmt auch starken, unmittelbaren Einfluß auf seine Sprache. Entsprechend seinem Geist verbindet jedes Volk seine Vorstellungen miteinander oder kombiniert mit schon festgestellten Hauptvorstellungen die Nebenvorstellungen, welche seine eigene Einstellung zu den Dingen zeigen. Das erklärt Condillac anhand eines Beispiels aus der Landwirtschaft.[22] In der römischen Republik mußte jeder Bürger Ackerbau treiben, so daß die Römer der Landwirtschaft ehrenvolle Nebenvorstellungen beimaßen. Im Gegensatz dazu schätzten die Franken die Kriegskunst und überließen den Sklaven den Ackerbau. Deshalb hatten sie auch ihre herabsetzende Nebenvorstellungen davon. Eben diese vom langen Sprachgebrauch etablierte Kombination der Vorstellungen macht den besonderen Charakter einer Sprache aus. Mit der Ausbildung dieses Charakters werden nicht nur die Umstände für die Entwicklung der Künste begünstigt, sondern ein Volk fühlt sich in bestimmten Bereichen anderen überlegen. Die Eigentümlichkeit der einzelnen Sprachen bezieht Condillac auch auf ihre Stilistik: „Peut-être que le caractère que la nôtre [langue] montre dans les ouvrages de Quinault et de la Fontaine, prouve que nous n´aurons jamais de poëte qui égale la force de Milton; et que le caractère de force qui paroît dans le Paradis perdu, prouve que les Anglais n´auront jamais de poëte égal à Quinault et à la Fontaine."[23] Besonders in der

---

[21] *Essay* II, xxii, § 6.
[22] Vgl. *Essai* II, I, xv, § 144.
[23] *Essai* II, I, xv, § 155.

Dichtung, wo sich der Charakter der Sprache deutlich manifestiert, sieht Condillac die Schwierigkeit der Übersetzung: „A la rigueur, on pourroit même dire qu'il est impossible d'en [des poëtes] donner de bonnes traductions: car les raisons qui prouvent que deux langues ne sauroient avoir le même caractère, prouvent que les mêmes pensées peuvent rarement être rendues dans l'une et dans l'autre avec les mêmes beautés."[24]

1.1.3 Herder

Herder bringt, gemessen an seinen frühesten Schriften, sein Nachdenken über die Sprache[25] in *Über die neuere deutsche Literatur* (1766-67, im folgenden: *Fragmente*), Ergänzung und Kritik der *Briefe, die neueste Literatur betreffend* (1759-65), klarer und systematischer zum Ausdruck.

In der ersten Sammlung der *Fragmente*[26] bestimmt Herder „vier Ländereien"[27], welche die Literatur umfaßt: Sprache, Geschmackswissenschaft, Geschichte und Philosophie. Bezüglich seines Anliegens, einen Überblick über den Stand der nationalen (deutschen) Literatur zu schaffen, wird darunter die Sprache hervorgehoben: „Man kann die Literatur eines Volks, ohne seine Sprache nicht übersehen - durch diese jene kennen lernen - durch sie auf manchen Seiten ihr unvermerkt beikommen [...]." Diesen engen Zusammenhang von Sprache und Literatur beschreibt Herder aus drei Sichten. Die Sprache spielt eine Rolle als Mittel der Literatur, als Werkzeug zum Ausdruck der Gefühle und der Gedanken:

---

[24] *Essai* II, I, xv, § 161.

[25] Das Sprachproblem interessiert und beschäftigt, wie Heintel (Herder und Sprache, S. XVII) meint, Herder zeit seines Lebens: „Die Beschäftigung mit dem Sprachproblem reicht bei Herder von seinen ersten schriftstellerischen Versuchen bis zu seinem Tode über alle vier Jahrzehnte seines reichen Schaffens. Auch ist es sicher, daß ihm - über die vielen feinsinnigen und anregenden Bemerkungen zum Thema hinaus, die sich verstreut in fast allen seinen Schriften finden - die eigentliche Tiefe und Schwierigkeit des philosophischen Sprachproblems aufgegangen ist [...]." Zur genauen, umfangreichen Ausführung zu Herders Sprachdenken vgl. Gaier, Herders Sprachphilosophie.

[26] In dieser Arbeit werden die erste (1766) und die zweite Ausgabe (1768, unveröffentlicht) zusammen in Betracht gezogen.

[27] SW I, 142.

Ist die Sprache Werkzeug der Wissenschaften: so ist ein Volk, das ohne Poetische Sprache große Dichter, ohne biegsame Sprache glückliche Prosaisten, und ohne genaue Sprache große Weise gehabt hätte, ein Unding.[28]

Dann stellt die Sprache ein „Behältnis"[29] dar, in dem alle Arten menschlicher Gedanken, Gutes und Schlechtes, gesammelt werden. Es spiegeln sich dort die eigene Denk- und Lebensart, Erfahrungen und Geschichte der Nation. Deshalb gibt eine Nationalsprache als „Gedankenschatz"[30] der Nation zugleich Aufschlüsse über deren Charakter. Darüber hinaus gibt die Sprache der Literatur eine Form, nach der diese sich bildet. Wie die natürliche und soziale Umwelt einer Nation sich in die Nationalsprache einträgt,[31] so prägt sich diese Sprache auch in die Literatur der Nation ein. Die Literatur wird durch die Sprache bestimmt: „Der Genius der Sprache ist also auch der Genius von der Litteratur einer Nation"[32]. In dieser Hinsicht bildet das Philosophieren über die Sprache einen „Vorhof" zum „Tempel der Litteratur"[33].

In seiner Theorie „von den Lebensaltern der Sprache"[34] stellt Herder seinen zyklischen Geschichtsgedanken dem geradlinigen Fortschrittsglauben der Aufklärung gegenüber. Dabei betont er den kontinuierlichen Wandel:

> So wie der Mensch auf verschiedenen Stuffen des Alters erscheint: so verändert die Zeit alles. Das ganze Menschengeschlecht, ja die todte Welt selbst, jede Nation, und jede Familie haben einerlei Gesezze der Veränderung: vom Schlechten zum Guten, vom Guten zum Vortreflichen, vom Vortreflichen zum Schlechtern, und zum Schlechten: dieses ist der Kreis-

---

[28] SW II, 8.

[29] SW II, 12.

[30] SW II, 13.

[31] Herder erwähnte schon in seiner Schulrede *Über den Fleiß in mehreren gelehrten Sprachen* (1764) den „bestimmten Nationalcharakter" (SW I, 2) jeder Sprache. Dabei weist Gaier (Herders Sprachphilosophie, S. 36) auf Condillacs Einfluß auf Herder hin. Vgl. dazu Aarsleff, The tradition of Condillac, S. 139f.

[32] SW I, 148.

[33] SW II, 8.

[34] Vgl. zur Geschichte des Lebensaltermodells U. Gaier (Hrsg.): Johann Gottfried Herder. Frühe Schriften 1764-1772. Band 1. Frankfurt/M 1985, S. 1034f. Im folgenden wird diese Herder-Ausgabe mit dem Sigel DKV unter Angabe der Band- und Seitenzahl angeführt.

lauf aller Dinge. So ists mit jeder Kunst und Wissenschaft: sie keimt, trägt Knospen, blüht auf, und verblühet - So ists auch mit der Sprache.[35]

Die Sprache der Kindheit, die aus dem „Zustand der rohen Natur"[36] entsteht, ist diejenige der Empfindungen. „Einsylbichte, rauhe und hohe Töne"[37] sind bezeichnend für diese Sprache. In dieser frühesten Sprachstufe machen Gebärden und Töne dominante Kommunikationsweisen aus. Es ist, im ganzen gesehen, die Periode, „da man noch nicht sprach, sondern tönete [...]." Anschließend kommt das „jugendliche Sprachalter"[38] als Zeit der Poesie. Dichter tauchen auf und besingen die Welt der Antike. Diese Sprache „war sinnlich, und reich an kühnen Bildern: sie war noch ein Audruck der Leidenschaft, sie war noch in den Verbindungen ungefesselt [...]."[39] Indem der Jüngling reif wird, weicht das jugendliche Zeitalter der Sprache dem männlichen. Da werden der Reichtum und die Freiheit der Poesie gemäßigt. Die Schriftsteller schreiben „die schöne Prose"[40]. Damit mildern sich „der hohe Wohlklang und das Bildervolle".[41] Endlich erreicht die Sprache „das hohe Alter"[42] der Philosophie, wo es sich um Vollkommenheit, Richtigkeit und Deutlichkeit handelt. Aufgrund dieses Lebensaltermodells bezieht Herder den damaligen Sprachzustand auf das Prosa-Zeitalter.[43] Nach dem Lebensaltergleichnis muß sich die Prosa zur philosophischen Sprache weiterentwickeln. Herder will aber zugleich die Natürlichkeit und die Lebendigkeit der Sprache des früheren Zeitalters zu-

---

[35] SW I, 151f.

[36] SW II, 69.

[37] SW I, 152.

[38] SW I, 153.

[39] Ebd.

[40] SW I, 154.

[41] SW I, 231.

[42] SW I, 155.

[43] Vgl. SW I, 158: „Gegen die Alten und gegen die wilden Sprachen zu rechnen, sind die Mundarten Europens mehr für die Ueberlegung, als für die Sinne und die Einbildungskraft. Die Prose ist uns die einzig natürliche Sprache, und das seit undenklichen Zeiten gewesen [...]."

rückgewinnen. Das hält ihn dazu an, in der „Philosophische[n] Poesie"[44] einen Mittelweg zu finden.

In der dritten Sammlung der *Fragmente* geht Herder der Beziehung von Sprache und Denken unter der Fragestellung nach, inwiefern der Gedanke am Ausdruck klebe.[45] In der Umgangsprache trennen sich Gedanke und Ausdruck nicht voneinander wie Haut und Körper. Und in der Dichtung wird der Zusammenhang beider noch enger. Dabei beruft Herder sich auf Platons Märchen, nach dem „der schöne Körper ein Geschöpf, ein Bote, ein Spiegel, ein Werkzeug einer schönen Seele sey [...]."[46] Demnach verhält sich der Gedanke zum Ausdruck „wie die Seele zum Körper"[47]. Die „physiognomische"[48] Einheit von Gedanke und Ausdruck ist in der alten Zeit natürlich und unmittelbar zu erlangen und zu fühlen. Aber im männlichen Sprachalter ist diese Einheit unzugänglich. In diesem Zeitalter wird daher dem Dichter der Auftrag erteilt, die Einheit von Gedanke und Ausdruck zu suchen. Dafür muß er seine natürlichen Empfindungen „künstlich"[49], schriftlich, ausdrücken, wobei ihm die Muttersprache als die „moderne Kompensationsform[en]"[50] der physiognomischen Einheit erscheint, denn „in sie [Muttersprache] ist unsre Denkart gleichsam gepflan-

---

[44] SW I, 217.

[45] Karl Menges („ [...] daß der Gedanke am Ausdruck klebe". Vom Sprechen und Schreiben bei Herder. In: Martin Bollacher (Hrsg.): Johann Gottfried Herder. Geschichte und Kultur. Würzburg 1994, S. 155-157) sieht in der zitierten Wendung Herders dessen Kritik an dem rationalistischen Repräsentationsmodell, dem zufolge Sprache nur ein äußeres Zeichen für das schon vorhandene Denken sei. Menges stellt fest, daß Herder dagegen die kognitive Funktion der Sprache erkennt.

[46] SW I, 397.

[47] SW I, 394.

[48] In physiognomischer Hinsicht betrachtet Andreas Käuser Herders Sprachauffassung in seinem unveröffentlichten Aufsatz *Schrift - Körperausdruck - Ton. Herders Physiognomik der Sprache*, der in der Internationalen Herder-Tagung vom 16. bis zum 20. September 1998 in Madison (USA) vorgetragen wurde. Unter der Sprachphysiognomik versteht er, daß der Sprachausdruck den Gedanken vergegenständlicht, wie der Körper den inneren Zustand der Seele.

[49] SW I, 394.

[50] Käuser, Schrift - Körperausdruck - Ton, S. 14.

zet, und unsre Seele und Ohr und Organen der Sprache sind mit ihr gebildet"[51].

In der Philosophie behandelt Herder das Verhältnis von Gedanke und Ausdruck ganz anders als in der Dichtung. Die natürliche, unmittelbare Beziehung zwischen ihnen hat die Philosophie aufzuheben. Es ist nämlich „der Tod der Philosophie, nach ihrer Materie und Form den Gedanken blos eingehüllt in gewisse Ausdrücke zu betrachten."[52] Um das zu vermeiden, muß sie die Begriffe von den Wörtern absondern und ihnen genauere Bestimmung geben. Weil man aber ohne Wörter nicht zum 'deutlichen' Denken kommt, wird der Philosophie auch die Aufgabe zugewiesen, „die blos verständlichen Worte so lange umzusezzen, und zu wechseln, bis sie deutlich werden [...]."[53]

---

[51] SW I, 400.
[52] SW I, 359.
[53] SW I, 418.

1.2 Suche nach dem Ursprung

Das 18. Jahrhundert überläßt sich nicht allein den vorkommenden Phänomenen, sondern will bis zu ihrem Ursprung vordringen und von da aus ihr Ziel vorausschauen. Dieses dynamische Verhalten gilt dem Zeitalter der Vernunft als der „eigentliche Sinn des Denkens überhaupt" und als die „wesentliche Aufgabe, die ihm gestellt ist."[54] In der Aufklärung denkt man in vielen Bereichen an deren Ursprünge, die zum Menschen in Beziehung stehen.[55]

Locke will in seinem *Essay* „the original, certainty, and extent of human knowledge"[56] untersuchen. Zu diesem Zweck geht er mit der „genetischen Methode"[57] auf Vorstellungen als Materialien des Wissens zurück. Dann geht er über zu den Wörtern, die Zeichen der Vorstellungen sind und als Medium des Wissens funktionieren. Dadurch kommt er endlich zur Erforschung des Wissens selbst. Im *Essai* setzt sich Condillac ein fast gleiches Ziel wie Locke.[58] Ausgehend von der einfachen 'Perzeption' rekonstruiert er den Erkenntnisprozeß hin zur 'Vernunft'.

Bei Rousseau findet das Denken an den Ursprung im Begriff 'Naturzustand'[59] konkrete Beachtung. In seiner *Inégalite* handelt er den Urzustand als Vorstudie für den Ursprung der Ungleichheit ab. Bei der Erforschung des 'Naturzustandes' trifft er auf Schwierigkeiten, die aus verschie-

---

[54] Cassirer, Die Philosophie der Aufklärung, S. 3.

[55] Bertold Heizmann (Ursprünglichkeit und Reflexion. Die *poetische Ästhetik* des jungen Herder im Zusammenhang der Geschichtsphilosophie und Anthropologie des 18. Jahrhunderts. Frankfurt/M u. Bern 1981, S. 4) erwähnt die verschiedenen Gründe, die das Interesse am Ursprung im 18. Jahrhundert herbeiführen: „die poetologische Originalitäts- und Geniedebatte, die 'Entdeckung' der Bibel als literarisches Dokument, die 'Querelle des Anciens et des Modernes', der Pietismus und insbesondere der anthropologische und geschichtsphilosophische Neuansatz durch Jean Jacques Rousseau".

[56] *Essay* I, i, § 2.

[57] Aarsleff, The tradition of Condillac, S. 106.

[58] Vgl. *Essai*, Introduction, S. 4: „Notre premier objet [...] c´est l´étude de l´esprit humain [...]. Il faut remonter à l´origine de nos idées, en développer la génération, les suivre jusqu´aux limites que la nature leur a prescrites, par-là fixer l´étendue et les bornes de nos connoissances et renouveler tout l´entendement humain."

[59] Unter 'Naturzustand' versteht Rousseau „un Etat qui n´existe plus, qui n´a peut-être point existé, qui probablement n´existera jamais" (*Inégalite*, S. 123).

29

denen Gründen herrühren: der unermeßlichen zeitlichen Distanz, der Veränderung der Umwelt sowie der äußerlichen und innerlichen Umwandlung im Menschen selbst. Dabei warnt er vor dem typischen Fehler, im Kulturzustand gebildete Vorstellungen auf den 'Naturzustand' zu übertragen: „celui [défaut] d´être tirées de plusieurs Connoissances que les hommes n´ont point naturellement, et des avantages dont ils ne peuvent concevoir l´idée qu´après être sortis de l´Etat de Nature."[60] Wegen der mit den Überlegungen zum 'Naturzustand' verbundenen Schwierigkeiten verwendet Rousseau Vorgehensweisen wie „raisonnemens hypothétiques et conditionnels" oder „conjectures". Deshalb will er durch Bezug auf den 'Naturzustand' weder „des verités historiques" noch „la véritable origine"[61] zeigen, sondern benutzt ihn als Kriterium, um das Natürliche und das Künstliche in der Natur des Menschen voneinander zu unterscheiden und ein zutreffendes Urteil über den gegenwärtigen Zustand zu bilden.[62]

Auf der Suche nach dem Ursprung bedient sich Thomas Abbt eines ganz anderen Verfahrens als Rousseau. Er zeigt zwei Methoden: entweder die Bibel zu Grund zu legen oder von Mutmaßungen auszugehen. Im ersten Fall steht einem Philosophen alles zur Verfügung, was die frühe Geschichte der Menschheit betrifft. Was in der Bibel unerwähnt bleibt, kann er mittels Mutmaßungen ergänzen. Was die Sprache angeht, braucht er nur zu vermuten, „ob sie [Sprache] ihm [dem ersten Menschen] Gott zum Theil, oder ganz auf einmal eingegeben; ihn blos dabey unterstützet, oder ganz geleitet [...]."[63] Aber im letzten Fall, wenn der Philosoph die Bibel nicht heranzieht und nur Mutmaßungen anstellt, muß er mit der „weisse[n], leere[n] Leinwand"[64] beginnen und tappt „im Finstern, Ungewissen"[65]. Er wird auch mit dem Problem konfrontiert, die Beziehungen

---

[60] *Inégalite*, S. 125.

[61] *Inégalite*, S. 133.

[62] Vgl. *Inégalite*, S. 123.

[63] Thomas Abbt: Allerhand Muthmassungen über den ältesten Zustand der Menschen (im folgenden: *Allerhand Muthmassungen*). In: Vermischte Werke. Hrsg. v. Friedrich Nicolai. Bd. VI. Berlin u. Stettin 1781, S. 144.

[64] *Allerhand Muthmassungen*, S. 146.

[65] *Allerhand Muthmassungen*, S. 159.

zwischen Sprache und Gesellschaft zu ergründen. „Mit Beben fängt er an, einige Züge zu entwerfen, und, unzufrieden und ängstlich bey seiner Arbeit, löscht er sie sogleich wieder aus; und läßt am Ende etwas stehen, nicht, was ihm am besten gefallen hat, sondern weil er müde geworden ist."[66] Daraus ergibt sich, daß Abbt mit der Bibel an den Ursprung denkt. Aber der Grund[67], warum er sich für die Schöpfungsgeschichte der Bibel entscheidet, liegt nicht im Glauben, sondern im methodologischen Nutzen: „Ich werde hier diese beiden Klassen [den ersten und letzten Fall] absondern, und dadurch, wie ich hoffe, recht deutlich machen, wenn jeder Leser die Vergleichung wird angestellt haben, welchen Vortheil ihm in diesem Stücke die heiligen Urkunden gewähren."[68]

Im *Versuch der Geschichte einer lyrischen Dichtkunst* (1764) findet Herders Ursprungsdenken[69] in Ansätzen seinen deutlichen und genauen Ausdruck. Am Anfang dieser Schrift betrachtet Herder die Erforschung des Ursprungs des existierenden Dinges als eines der angenehmsten Felder, „auf welche sich die menschliche Neugierde sehr gerne verirrt". Aber diese Neugierde lenkt er selbst vor allem auf den „Ursprung menschlicher Werke und Erfindungen". Denn einerseits gingen die anderen über ein menschliches Erkenntnisvermögen, andererseits errege es noch mehr Interesse, „die Produkte unsrer eignen Kräfte, die Geschichte unsres eignen Verstandes, und unsrer eignen Bemühungen zu wissen."[70]

Neben der Annehmlichkeit richtet Herder sein Augenmerk auf die Notwendigkeit, den Ursprung zu ergründen. Er sieht im Ursprung den Schlüssel, das Wesen eines Gegenstandes zu erklären, wobei er sich der Baummetapher und der Präformationstheorie bedient:

---

[66] *Allerhand Muthmassungen*, S. 146.

[67] Vgl. James Henry Stam: Inquiries into the origin of language. The fate of a question. New York 1976, S. 110. Er sieht die Akzeption der Bibel durch Abbt „on heuristic rather than authoritative grounds".

[68] *Allerhand Muthmassungen*, S. 142.

[69] Donald Lüttigens (Der Ursprung bei Johann Gottfried Herder. Zur Bedeutung und Kontinuität eines Begriffs. Frankfurt/M. u.a. 1991, S. 13) betrachtet die Frage nach dem Ursprung als einen der wichtigsten Forschungbereiche, mit denen sich Herder beschäftigt: „Die Auseinandersetzung mit dem Begriff des Ursprungs bedeutet für Herder ein wesentliches Moment seiner Arbeit und begleitet ihn während seines ganzen Lebenswerks."

[70] SW XXXII, 85.

Mit ihm [Ursprung der Gegenstände] entgeht uns offenbar ein Theil von der Geschichte, und wie sehr dienet die Geschichte zur Erklärung des Ganzen? Und dazu der wichtigste Theil der Geschichte, aus welchem sich nachher Alles herleitet; denn so wie der Baum aus der Wurzel, so muß der Fortgang und die Blüthe einer Kunst aus ihrem Ursprunge sich herleiten lassen. Er enthält in sich das ganze Wesen seines Produktes, so wie in dem Samenkorn die ganze Pflanze mit allen ihren Theilen eingehüllet liegt; und ich werde unmöglich aus dem *späteren* Zustande den Grad von Erläuterung nehmen können, der meine Erklärung *genetisch* macht.[71]

Aber Herder erkennt auch Schwierigkeiten bei der Suche nach dem Ursprung. Das beginnt mit den auf Dokumente bezogenen Problemen. Dokumente sind für ihn zwar die verläßlichsten Mittel, Kenntnisse vom Ursprung zu vermitteln. Doch sie sind nur spätere Aufzeichnungen lange vorausgegangener, oraler Überlieferungen. Später erfahren sie möglicherweise Verkürzungen oder Verfälschungen. Daher scheint Herder der Ursprung „mit Nacht umhüllt"[72]. Eine andere Schwierigkeit stellt er in der graduellen Entstehung jedes Dinges fest, was er anhand einer Flußmetapher erklärt: „Keine Erfindung ist *auf einmal* entstanden: sie war im Anfange nicht das, was sie ward; sie war unmerkwürdig [...] Dieser große majestätische Fluß, der sich wie ein mächtiger Wohlthäter, und oft als ein Tyrann ganzer Gegenden, fortwälzet, entsprang - aus einer Quelle, die an sich unbekannt geblieben wäre, wenn sie nicht diesen Sohn geboren hätte. Aber wie entstand wieder die Quelle? das ist schwerer! sie quillt aus dem Verborgnen hervor, sie entstand nach und nach"[73]. Herder zufolge besteht noch eine weitere Schwierigkeit in dem Zufall, dem sich die Erfindungen unterwerfen: „Die meisten menschlichen Erfindungen werden durch ein bloßes *Ohngefähr* und nicht durch *abgezweckte* Versuche geboren: durch lauter Ohngefähr regiert, und sowohl zu ihrer Vollkommenheit, als von derselben heruntergebracht."[74]

---

[71] SW XXXII, 86f.

[72] SW XXXII, 87.

[73] SW XXXII, 89f.

[74] SW XXXII, 102. Dieser Gedanke setzt sich im *Journal meiner Reise im Jahre 1769* (Historisch-Kritische Ausgabe. Hrsg. von Katharina Mommsen unter Mitarbeit von Momme Mommsen und Georg Wackerl. Stuttgart 1976) fort: „Ein großer Theil unsrer

Herder kontrastiert „Erzeugung" mit „Geburt", um dadurch den Begriff 'Ursprung'[75] noch deutlicher zu machen: „Ehe bei der Erschaffung der erste Strahl des Lichts entsprang, hatte der Same der Schöpfung schon den Schoos des dunkeln Chaos befruchtet; es gährte schon Alles in der Tiefe, bis es sich jetzt gleichsam in einer Geburt emporhob. - Bei jeder Erfindung gibt es gleichsam Erzeugung, und Geburt". Die Zeugung als der verborgene Ursprung sei bei der Geburt als dem sichtbaren Anfang schon lange vorbei und lange vergessen.[76] Herder geht es also um den wahren Ursprung.

Hierbei macht Herder auf fehlerhafte Spekulationen über den Ursprung aufmerksam. Als deren ersten Fall erkennt er, wenn man einen willkürlichen Punkt wählt und ihn als Ausgangspunkt benennt. Dieser Versuch setze an einem „ungefähren Anfang" an, ohne bis zum „wirklichen Ursprung"[77] vorzudringen. Eine weitere falsche Vorgehensweise besteht darin, daß man die später entwickelte Vollkommenheit für den Anfang hält, wobei der wahre Ursprung vergessen wird. Und die schlimmste Methode ist für Herder der göttliche Ursprung, der alle Ansätze zur Erforschung des Ursprungs abschneidet.

Mit den Ausführungen zur Nützlichkeit und Schwierigkeit der Ursprungstheorie sowie über die fehlerhaften Versuche kommt Herder zu seiner „Erfindungskunst"[78], bei der es um die genetische Erklärung des Ursprungs geht, die er dann auf konkrete, unterschiedliche Bereiche anwendet. In seinen Entwürfen *Von der Ode* erfährt sein Ursprungsdenken eine literaturtheoretische Erprobung: „Das erstgeborne Kind der Empfindung, der Ursprung der Dichtkunst, und der Keim ihres Lebens ist die Ode."[79] In der zweiten Ausgabe der ersten Sammlung der *Fragmente* wird Herders Suchen nach dem Ursprung mit dem Zusammenhang der Lebens-

---

Lebensbegebenheiten hängt würklich vom Wurf von Zufällen ab." (S, 7). Im folgenden wird diese Schrift als *Reisejournal* angeführt.

[75] In dieser Schrift (1764) verwendet Herder „Ursprung", „Anfang", „die dunkelste Zeit", „Samen", „Ursache" und „Quelle" synonymisch.

[76] SW XXXII, 90.

[77] SW XXXII, 91.

[78] SW XXXII, 104.

[79] SW XXXII, 62.

alter der Sprache ausgedrückt. Er stellt die Merkmale der früheren Poesie dar, die ja sehr reich an sinnlichen und lebendigen Ausdrücken ist, und vermißt das jugendliche Zeitalter in der sprachlichen Entwicklung:

> Die Prose ist uns die einzig natürliche Sprache [...] unsere Poesie ist [...] doch nicht *singende Natur*, wie sie es nahe an ihrem Ursprunge war, und seyn mußte. So wenig *singende Natur*, daß wir kaum in dies Poetische Zeitalter, über eine so ungeheure Kluft herüber setzen, kaum dasselbe begreifen und recht fühlen können.[80]

Auch im *Reisejournal* stellt Herder die Frage nach dem Ursprung, ob Norden oder Süden, Morgen oder Abend die „Vagina hominum" gewesen sei, und welches der Ursprung des Menschengeschlechts, der Erfindungen und Künste und Religionen sei.[81] In dieser Schrift steht aber Herders Interesse am Ursprung in enger Beziehung zur pädagogischen Praxis.[82] Er charakterisiert die damalige Erziehungssituation als die „Lage von Abstraktionen, ohne die lebendige Welt; von Lernen ohne Sachen, von Worten ohne Gedanken, von gleichsam Ungedanken ohne Gegenstände und Wahrheit"[83]. In dieser von Realität und Natur fernen Bildungslage sieht er die Ursache für die Veraltung der Seele. Er entwirft deshalb auf seiner Reise ein „Werk über die Jugend und die Veraltung Menschlicher Seelen"[84]. Um dem Alterungsprozeß der Seele vorzubeugen und ihre Jugend zu erhalten, hebt er den Gebrauch der Sinne hervor:

> Man verliehrt seine Jugend, wenn man die *Sinne nicht gebraucht*. Eine von Sensationen verlaßene Seele ist in der wüstesten Einöde: und im schmerzlichsten Zustande der Vernichtung.[85]

---

[80] SW II, 76.

[81] *Reisejournal*, S. 7.

[82] Der Ursprung wird im *Reisejournal* so mit der Jugendlichkeit wie in den eben erwähnten *Fragmenten* gleichsetzt. Mit einem anderen Wort versteht Herder unter dem Ursprung den „Ausdruck der menschlichen Empfindungsfähigkeit und Sinnlichkeit" (Lüttigens, Der Ursprung bei Johann Gottfried Herder, S. 110).

[83] *Reisejournal*, S. 139.

[84] *Reisejournal*, S. 134.

[85] *Reisejournal*, S. 139.

In einer starken und lebendigen Sinnlichkeit sieht Herder den Weg zum „OriginalGenie"[86]. In diesem Sinne bezieht sich seine Suche nach dem Ursprung auf die Kritik an der Geisteslage seines eigenen Zeitalters und erscheint zugleich als ein „Heilmittel"[87] für die Verjüngung der allmählich veraltenden Seele.

---

[86] *Reisejournal*, S. 144.

[87] Gerhard Sauder: Herders Ursprungsdenken. In: Martina Gilli (Hrsg.): Le Sturm und Drang: une rupture? Paris 1996, S. 79. Lüttigens interpretiert sowohl Herders Ursprungs-denken als „einen Gegensatz zur Gegenwart" (Der Ursprung bei Johann Gottfried Herder, S. 110) wie auch als „eine Handlungsanleitung für Gegenwart" (ebd., S. 111).

1.3 Sprachursprung

Der Ursprung der Sprache ist ein Problem, das von der Antike bis zur Gegenwart zur Diskussion gestellt wurde.[88] Je nach der Zeit wird das Problem mit unterschiedlicher Zielsetzung aufgegriffen und mit Argumentationen beantwortet, die durch neue Ergebnisse gestützt werden. Im Mittelalter ergreift die Theologie die Initiative und legt der Sprachursprungsdiskussion das Alte Testament zugrunde. Die Sprache gilt als Gottes Werk. Es wird angenommen, daß sie der Mensch bei der Schöpfung von ihm empfing. In der Neuzeit verschiebt sich mit der bibelkritischen Einstellung die Perspektive allmählich vom theologischen Dogma zum philosophischen Denken und rückt an Stelle des transzendenten Wesens die Natur des Menschen in den Vordergrund.[89] Während die Sprachursprungsdebatte in der Aufklärung eine spekulative Tendenz hat, ist für das 19. Jahrhundert die auf dem Sprachvergleich basierende empirische Vorgehensweise charakteristisch.[90] Seither nimmt die Bedeutung der sich stark entwickelnden Einzelwissenschaften wie Biologie, Genetik und Paläoanthropologie zu, die ihre Thesen auf empirische Materialien gründen.[91] Parallel dazu hat das Problem des Sprachursprungs zwar auch sprachwissenschaftliche Aspekte, doch wächst es

---

[88] Vgl. Merritt Ruhlen: A guide to the world's languages. London u.a. 1987, S. 261: „Few questions in the study of human language have attracted so much attention, provoked as much controversy, or resisted so resolutely their answers as that of the origin of language." Jean Aitchison (The seeds of speech. Language origin and evolution. Cambridge 1996, S. 6) schreibt das zunehmende Interesse an diesem Thema dem Rückgang des religiösen Dogmas und dem Fortschritt der Wissenschaften zu, die sich mit dem Menschen beschäftigen. Wolfdietrich Hartung (Zum Problem des Sprachursprungs in der Geschichte der Akademie. In: Erbe, Vermächtnis und Verpflichtung. Zur sprachwissenschaftlichen Forschung in der Geschichte der AdW der DDR. Eingeleit. u. hrsg. von J. Schildt. Berlin 1977, S. 99) führt die Aktualität der Sprachursprungsfrage auf deren „weltanschauliche Aspekte" zurück.

[89] Vgl. Joachim Gessinger u. Wolfert v. Rahden: Theorien vom Ursprung der Sprache. In: Dieselben (Hrsg.): Theorien vom Ursprung der Sprache. Bd. 1. Berlin u. New York 1989, S. 2 u. 6.

[90] Vgl. Hartung, Zum Problem des Sprachursprungs, S. 91ff.

[91] Vgl. Trabant, Inner Bleating, S. 3.

über den linguistischen Rahmen hinaus. Damit gewinnen in zunehmendem Maße „interdisziplinäre[r] Bemühungen"[92] an Bedeutung.

Im 18. Jahrhundert wurde an der Berliner Akademie die Frage nach dem Ursprung der Sprache intensiv diskutiert.[93] Condillacs *Essai* und Rousseaus *Inégalite* brachten die Frage in Gang. Von Condillac angeregt, gab Maupertuis den Anstoß zur Sprachdiskussion in der Akademie. Mit seiner Schrift *Dissertation sur les différents moyens dont les hommes se sont servis pour exprimer leurs idées* (1756) erklärt er, von den natürlichen Gesten und Schreien ausgehend, den Sprachursprung. Diese Argumentation erregte Süßmilchs Widerspruch. In seinem *Versuch* möchte er im selben Jahr den göttlichen Ursprung der Sprache nachweisen. Aufgrund dieser Kontroverse wurde im Jahre 1757 die erste Preisfrage zum Thema Sprache ausgeschrieben, in der es um die Wechselwirkung zwischen der Sprache und den Meinungen des Volkes geht: „Quelle est l'influence réciproque des opinions du peuple sur le langage et du langage

---

[92] Vgl. Hartung, Zum Problem des Sprachursprungs, S. 99 u. Terrence William Deacon: The symbolic Species: the co-evolution of language and the brain. New York u. London 1997, S. 14: „It is truly a multidisciplinary problem that defies analysis from any one perspective alone, and where the breadth of technical topics that must be mastered exceeds even the most erudite scholars' capabilities." Aus demselben Kontext vergleicht Aitchison (The seeds of speech, S. 9f.) den Sprachursprung mit „a vast prehistoric jigsaw puzzle". Das Puzzle besteht aus zwei Typen: „external (non-linguistic)" und „internal (linguistic)". Zum ersten rechnet er Archäologie, Evolutionstheorie, Anatomie und Physiologie, Ethologie, Psychologie sowie Anthropologie.

[93] Vgl. zur Sprachursprungsdebatte an der Berliner Akademie Aarsleff, The tradition of Condillac, S. 121-143. Megill (The Enlightenment Debate on the origins of language, S. 167) erwähnt drei wichtige Elemente, welche die Debatte herbeiführen: die vorherige, wenn auch sporadisch vorkommende Diskussion um den Sprachursprung, Interesse am Ursprung und an der menschlichen Natur und Erkenntnis. Es sei hier die Geschichte der Berliner Akademie (1700-1744) kurz erwähnt, um einen Überblick über sie zu haben. Die *Brandenburgische Societät der Wissenschaften* (1700) unter Friedrich Wilhelm I. geriet gegen die Absicht ihres Stifters Leibniz in einen „'schläfrigen'" Zustand. (Harnack, Geschichte der Königlich Preussischen Akademie, 1. Bd., S. 241) Ihre Reform wurde gefordert. Schon vor seiner Thronbesteigung entwarf Friedrich der Große, der im Gegensatz zu seinem Vater viel Interesse an den schönen Künsten und Wissenschaften hatte, einen Plan, in Berlin eine neue Akademie zu errichten. Im vierten Jahr nach seiner Herrschaft reorganisierte er die alte Sozietät und errichtete im Jahre 1744 die *Académie Royale des Sciences et Belles-Lettres.* Dabei erhielt Pierre Louis Moreau de Maupertuis seine Ernennung zum ersten Präsident der Akademie.

sur les opinions?"[94] Den Preis errang der damals berühmte Orientalist Johann David Michaelis. Wenn auch der sprachliche Ursprung nicht sein Gegenstand ist, so schlägt er in seiner Abhandlung das Problem doch als künftige Preisfrage vor: „*Comment le langage peut-il prendre naissance chez des hommes qui en sont encore dépourvus, & par quels degrés y peut-il parvenir à la perfection où nous le voyons?*"[95] In der *Réunion des principaux moyens employés pour découvrir l'origine du langage, des idées et des connoissances des hommes* (1762) unterstützt Samuel Formey, ständiger Sekretär der Akademie, die These Süßmilchs. Als dieser im Jahre 1766 seine Schrift von 1756 veröffentlichen ließ, wurde das Problem wieder auf die Tagesordnung der Akademie gesetzt. Er starb zwar in demselben Jahr, aber seine Behauptung reizte Herder zum Widerspruch. In den *Fragmenten* übt Herder scharfe Kritik an dem göttlichen Ursprung. In dieser Lage faßte die Berliner Akademie im Jahre 1769 den Entschluß, die Frage nach dem Ursprung der Sprache zum Gegenstand einer Preisfrage zu machen: „En supposant les hommes abandonnés à leurs facultés naturelles, sont-ils en état d'inventer le langage? Et par quels moyens parviendront-ils d'eux-mêmes à cette invention? On demanderoit une hypothèse qui expliquât la chose clairement, et qui satisfît à toutes les difficultés [...]."[96]. Unter den 31 eingereichten Schriften wurde Herders *Abhandlung* preisgekrönt.

Wie die Diskussion an der Berliner Akademie andeutet, sind die Sprachursprungstheorien im 18. Jahrhundert, wenn auch grob, in drei Kategorien einzuteilen: einen natürlichen, göttlichen und menschlichen Sprachursprung.[97] Nach dem natürlichen Sprachursprung kommt der Mensch zur Erfindung der Sprache durch die allmähliche Wechselwirkung von seelischen Vermögen und Ausdrucksweisen, über die auch das Tier verfügt. In Hinsicht auf den göttlichen Sprachursprung unterscheidet

---

[94] Harnack, Geschichte der Königlich Preussischen Akademie, 2. Bd., S. 306.

[95] J. D. Michaelis: De l'influence des opinions sur le langage et du langage sur les les opinions. Nouvelle impression en facsimilé de l'édition de 1762. Stuttgart-Bad Cannstatt 1974, S.145.

[96] Harnack, Geschichte der Königlich Preussischen Akademie, 2. Bd., S. 307.

[97] Vgl. Ricken, Condillacs „Essai über den Ursprung der menschlichen Erkenntnisse", S. 42.

Megill zwei Arten. Wenn der Mensch kraft des von Gott gegebenen Vermögens die Sprache erfindet, wird dies als „the 'divine faculty' theory" bezeichnet. Doch definiert Megill dies als „the 'divine invention' theory", falls Gott selbst die Sprache erfindet und dann dem Menschen direkt diese Sprache oder die Fähigkeit zu ihrem Verstehen verleiht.[98] Dem menschlichen Sprachursprung zufolge erfindet der Mensch die Sprache mit Hilfe der ihm eigenen 'Seelenkräfte'.

Das Thema des Sprachursprungs ist mit einer Reihe anderer, grundlegender Fragen verbunden. Einerseits ist die Sprache ein spezifisches Merkmal des Menschen, das ihn aus dem Tierreich heraushebt. Also begleitet das Sprachursprungsproblem die Überlegungen zum Menschenbild und zu dessen Stellung unter den Lebewesen. Das Problem ist deshalb vom anthropologischen Aspekt geprägt, was die 1769 gestellte Preisfrage der Berliner Akademie bestätigt. Die Diskussion um den Sprachursprung hat andererseits „epistemological implications"[99]. Die Sprache unterstützt die Erkenntnistätigkeit, die ihrerseits wieder beiträgt zur Bildung und Entwicklung der Sprache. Daraus folgt, daß es beim Sprachursprung auch um das Verhältnis zwischen Sprache und Denken geht, was die auf das Sprachproblem bezogene erste Preisfrage der Berliner Akademie beinhaltet.[100]

Im 18. Jahrhundert spekuliert man über den Sprachursprung. Dieser Spekulation liegt die Vorstellung von der konstanten Natur des Menschen zugrunde: „The search for origins is thus an attempt to get down to basic principles, to what is by nature as opposed to what is by art. But this method would make no sense without the unquestioning acceptance of a particular doctrine that is one of the great commonplaces of the eighteenth century: the doctrine of the uniformity of human nature in all ages and climes."[101] Mit der Universalität der menschlichen Natur machen Con-

---

[98] Megill, The Enlightenment Debate on the origins of language, S. 46f.

[99] Aarsleff, The tradition of Condillac, S. 110.

[100] Die Sprache-Denken-Beziehung hat auch die erste Preisfrage der 1795 neugegründeten französischen Akademie zum Thema. Vgl. dazu Ricken, Condillacs „Essai über den Ursprung der menschlichen Erkenntnisse", S. 45f.

[101] Aarsleff, The tradition of Condillac, S. 105

dillac und Maupertuis jeweils ein „Gedankenexperiment". Im *Essai* nimmt Condillac zwei nach der Sintflut in der Wüste herumirrende Kinder an, die keine Zeichenverwendung kennen. Maupertuis setzt in seiner Schrift[102] den totalen Verlust von Perzeptionen und Gedanken voraus. Das gilt auch für Rousseau und Herder. Während Rousseau in der *Inégalite* auf den 'Naturzustand' zurückgeht und ihn gegen den Kulturzustand abhebt, stellt Herder in der *Abhandlung* vier ausschließlich auf den Menschen bezügliche 'Naturgesetze' auf. Aber das Sprachursprungsdenken der Aufklärung zieht auch empirische Materialien bei, um nicht in willkürliche Spekulation zu verfallen: wilde Kinder, Waldmensch, Taubstumme und primitive Völker.[103]

Der Frage nach dem Sprachursprung stehen ähnliche Schwierigkeiten entgegen, wie sie Rousseau und Herder in bezug auf den Ursprung generell nachweisen.[104] Maupertuis führt sie auf die weite Entfernung der jetzigen Sprache von der einfachen Beschaffenheit der anfänglichen Sprache und auf die Abwesenheit des über diese Sprache informierenden Volks zurück.[105] Dazu sagt Moses Mendelssohn:

> Warum mag es doch so schwer seyn, über den Ursprung der Sprache mit einiger Gründlichkeit zu philosophiren? Ich weis wohl, daß sich von ge-

---

[102] P. L. M. de Maupertuis: Réflexions philosophiques sur l'origine des langues et les significations des mots (1755). In: P. L. M. de Maupertuis: Œuvres I. Nachdruck der Ausgabe von Lyon 1768 u. Berlin 1758. Hildesheim u. New York 1974. Im folgenden wird diese Schrift als *Réflexions* zitiert.

[103] Vgl. Cordula Neis: Zur Sprachursprungsdebatte der Berliner Akademie (1771). Topoi und charakteristische Argumentationsstrukturen in ausgewählten Manuskripten. In: G. Haßler u. P. Schmitter (Hrsg.): Sprachdiskussion und Beschreibung von Sprachen im 17. u. 18. Jahrhundert. Münster 1999, S. 132-142. Neis betrachtet die erwähnten verifizierbaren Dokumente als Topoi, von denen man in der Sprachursprungsdiskussion häufigen Gebrauch macht.

[104] Wegen der Schwierigkeiten und spekulativen Tendenz ließ die *Société de linguistique de Paris* in ihren Statuten von 1866 die Diskussion um die Sprachursprungsfrage nicht zu: „The Society does not accept papers on either the origin of language or the invention of a universal language." (Zitiert nach Aitchison, The seeds of speech, S. 5) Trotzdem erfährt die Frage weitere Behandlungen. Im Jahre 1975 wurde unter Leitung der *New Yorker Academy of Sciences* eine Konferenz mit dem Thema 'Origins and Evolution of Language and Speech' veranstaltet. Auch in Frankreich gab es in demselben Jahr eine Diskussion um das ähnliche Thema. Vgl. dazu Gessinger u. Rahden, Theorien vom Ursprung der Sprache, S. 2f. u. Hewes, Disputes on the origin of language, S. 941f.

[105] Vgl. *Réflexions*, S. 263.

schehenen Dingen, davon wir keine urkundliche Nachrichten haben, selten mehr als Muthmassungen herausbringen lassen. Allein warum will den Weltweisen auch keine Muthmassung, keine Hypothese glücken? Wenn sie uns nicht sagen können, wie die Sprachen wirklich entstanden, warum erklären sie uns nicht wenigstens, wie sie haben entstehen *können*? - Sollte es nicht daher kommen, weil uns die Sprachen so natürlich geworden, daß wir nicht ohne dieselben denken können? Sowenig die Augen in ihrem natürlichen Zustande, das Werkzeug des Sehens, die Lichtstrahlen, deutlich wahrnehmen, eben so wenig mag vielleicht die Seele das Werkzeug ihrer Gedanken, die Sprache bis auf ihren Ursprung untersuchen können."[106]

Obwohl er die Schwierigkeit mit der Sprachursprungsfrage einräumt, beginnt Maupertuis seinen Aufsatz mit der Betonung von Wichtigkeit und Nützlichkeit einer solchen Frage: „Les signes par lesquels les hommes ont désigné leurs premieres idées ont tant d'influence sur toutes nos connoissances, que je crois que des recherches sur l'origine des Langues, & sur la maniere dont elles se sont formés, méritent autant d'attention, & peuvent être aussi utiles dans l'étude de la philosophie que d'autres méthodes qui bâtissent souvent des systêmes sur des mots dont on n'a jamais approfondi le sens."[107] Auch Herder weist auf die fundamentale Bedeutung dieses Themas für die verschiedenen wissenschaftlichen Bereiche hin: „Und da dies große Thema so viel Aussichten in die Psychologie und Naturordnung des Menschlichen Geschlechts, in die Philosophie der Sprachen und aller Känntniße, die mit Sprache erfunden werden, verspricht - wer wollte sich nicht daran versuchen?"[108]

---

[106] Moses Mendelssohn: Rezensionsartikel in: Briefe, die neueste Literatur betreffend (1759-1765). Bearbeitet von Eva J. Engel. In: Gesammelte Schriften. Jubiläumsausgabe. In Gemeinschaft mit F. Bamberger... begonnen von I. Elbogen...fortges. von. A. Altmann in Gemeinschaft mit H. Bar-Dayan. Bd. 5,1. Stuttgart- Bad Cannstatt 1991, S. 105.

[107] *Réflexions*, S. 259.

[108] SW V, S. 21. Zu Vorteilen, die eine Erforschung der Sprachursprungsdebatte des 18. Jahrhunderts mit sich bringen kann, vgl. Rüdiger Schreyer: Condillac, Mandeville, and the origin of language. In: Historiagraphia Linguistica 1-2 (1978), S. 15f.; G. Haßler: Sprachphilosophie der Aufklärung. In: M. Dascal u. a. (Hrsg.): Sprachphilosophie. Berlin u. New York 1992, S. 116 (Handbücher zur Sprach- und Kommunikationswissenschaft; Bd. 7.1); Bernd Skibitzki: Herder - ein aufklärerischer Sprachphilosoph. In: Jan Watrak und Rolf Bräuer (Hrsg.): Herders Idee der Humanität. Grundkategorie Menschlichen Denkens, Dichtens und Seins. Materialien des internationalen Symposiums zum Thema Johann Gottfried Herder - Leben und Wirkung in Kolobrzeg/Szczecin (Kolberg/Stettin) 1994. Szczecin 1995, S. 247.

2. Kapitel: Condillac

2.1 Rationalismus, Empirismus und Sensualismus

Die Philosophie Condillacs geht von der Kritik an der rationalistischen Metaphysik und von der Rezeption des englischen Empirismus aus. In diesem Abschnitt geht es daher zuerst um das Denksystem und die Sprachauffassung von Descartes und Locke und dann um die Philosphie Condillacs in ihrem Bezug auf Locke.

2.1.1 Rationalismus

Descartes nimmt kaum eine konkrete Analyse der Sprache vor. Im *Discours de la methode* (1637) macht er lediglich einige Bemerkungen über das Thema. Das liegt an seinem rigorosen dualistischen Philosophiesystem. Er stellt zwei Substanzen auf: Geist als *res cogitans* und Körper als *res extensa*. Der Geist trennt sich so scharf vom Körper, daß die Erkenntnis unabhängig von der körperlichen Welt zustande kommt.

Descartes unterzieht alle Gegenstände seinem konsequenten Prinzip des Zweifels und traut dabei keiner sinnlichen Erkenntnis, die in engem Zusammenhang mit dem Körper steht:

> [...] pourcequ'alors ie desirois vacquer seulement a la recherche de la verité, ie pensay qu'il faloit que ie fisse tout le contraire, & que ie reiettasse, comme absolument faux, tout ce en quoy ie pourrois imaginer le moindre doute, affin de voir s'il ne resteroit point, apres cela, quelque chose en ma creance, qui fust entierement indubitable. Ainisi, a cause que nos sens nous trompent quelquefois, ie voulû supposer qu'il n'y auoit aucune chose qui fust telle qu'ils nous la font imaginer.[1]

Descartes zufolge bleibt das Tier bloß Körper, ein seelenloser Automat, der sich wie ein Mechanismus bewegt. Das führt zur Differenz von Mensch und Tier. Im fünften Teil des *Discours de la méthode* betont Descartes zwei Aspekte, die dem Menschen eine Sonderstellung im Universum sichern. Der Mensch kann sich Sprache oder andere Zeichen bil-

---

[1] Descartes: Discours de la méthode. In: Œuvres de Descartes publiées par Charles Adam & Paul Tannery. VI. Paris 1902, S. 31f.

den, um seine Gedanken auszutauschen. Dagegen verfügt das Tier ohne solche Fähigkeit über Verhaltensweisen, die mechanisch auf Einwirkungen von außen reagieren. Das schreibt Descartes nicht dem Organismus des Tieres zu, sondern dessen Vernunftlosigkeit:

> Ce qui n´arriue pas de ce qu´ils [bêtes] ont faute d´organes, car on voit que les pies & les perroquets peuuent proferer des paroles ainsi que nous, & toutefois ne peuuent parler ainsi que nous, c´est a dire, en tesmoignant qu´ils pensent ce qu´ils disent [...] Et cecy ne tesmoigne pas seulement que les bestes ont moins de raison que les hommes, mais qu´elles n´en ont point du tout.[2]

Die Fähigkeit zur Sprach- oder Zeichenerfindung sowie die Vernunft treten als Unterscheidungsmerkmale des Menschen gegenüber dem Tier auf. Dabei bestimmt Descartes die Sprache nur als ein „äußerliches Zeugnis"[3] für die Tatsache, daß der Mensch Vernunft hat. Die Sprache spiegelt diese wider und macht das unsichtbare Denken sinnlich wahrnehmbar. Dem Sprachzeichen als Kommunikationsinstrument spricht er aber die konstitutive Rolle für das Denken ab, denn obgleich das Denken mittels der Sprache zum Ausdruck kommt, kann die Kognition nach seiner Meinung vor ihr erfolgen und ohne die Hilfe der Zeichen auskommen. Wie der Geist sich vom Körper differenziert, so existiert ein unüberbrückbarer Abgrund zwischen dem reinen Denken und dem materiellen Zeichen. Als Beleg für diese deutliche Differenz von den beiden führt Descartes die Sprachverschiedenheit an. Während die Vernunft universalen Charakters ist, verändert die Sprache sich nach den jeweiligen Umständen und Nationen. Daher wirkt sich nach ihm die enge Beziehung der sinnlichen Sprache zum unkörperlichen Denken ebenso negativ auf die Erkenntnistätigkeit aus wie die sinnliche Vorstellung.

---

2   *Discours de la methode*, S. 57f.

3   Jürgen Trabant: Condillacs Erkenntnis- und Sprachtheorie als philosophische Grundlage der Französischen Revolution. In: Winfried Engler (Hrsg.): Die Französische Revolution. Stuttgart 1992, S. 54. Vgl. auch zu Descartes´ Sprachtheorie Ricken, Sprachtheorie und Weltanschauung, S. 11-15 u. J. Trabant: Artikulation. Historische Anthropologie der Sprache. Frankfurt/M 1998, S. 158-160.

2.1.2 Empirismus

Locke macht die Erfahrung zum Ausgangspunkt seiner Philosophie.[4] Erst durch die Erfahrung wird der Geist als „white paper, void of all characters, without any ideas"[5] mit Materialien ausgestattet. Dieses empiristische Denksystem lehnt deswegen die angeborenen Vorstellungen ab, die von der cartesischen Metaphysik apriorisch vorausgesetzt werden. Locke zufolge erwirbt der Geist die Vorstellungen auf zwei Wegen, entweder durch die sinnliche Außenwelt oder durch die innere Tätigkeit des Geistes. Die wahrnehmbaren Gegenstände rufen über die Sinne verschiedene Eindrücke hervor, die der Geist aufnimmt und mit denen er operiert. Dabei wird der durch ein äußeres Objekt hervorgerufene Sinneseindruck *sensation* genannt, und Beobachtung oder Nachdenken über die inneren 'Geistesoperationen' *reflection*. Diese beiden machen die Quellen der Erkenntnis aus:

> These are the *impressions* that are made on our *senses* by outward objects, that are extrinsical to the mind; and *its own operations*, proceeding from powers intrinsical and proper to itself, which when reflected on by itself, become also objects of its contemplation, are [...] *the original of all knowledge*.[6]

Wenn *sensation* and *reflection* auch gleichberechtigte Erkenntnisquellen sind, so geht nach Locke die *sensation* in der zeitlichen Reihenfolge der *reflection* voran, denn die Operation des Geistes kommt ja erst auf Grund der rezipierten Sinneseindrücke in Gang.[7] Locke führt aber die *reflection* nicht auf die *sensation* zurück.

---

[4]   *Essay* II, i, § 2: „Whence has it [the mind] all the materials of reason and knowledge? To this I answer, in one word, from *experience*: in that, all our knowledge is founded; and from that it ultimately derives itself."

[5]   Ebd.

[6]   *Essay* II, i, § 24.

[7]   „If it shall be demanded then, *when a man begins to have any ideas*? I think, the true answer is, when he first has any *sensation*. [...] 'Tis about these impressions made on our senses by outward objects, that the mind seems first to employ itself in such operations as we call *perception, remembering, consideration, reasoning*, etc." (*Essay* II, i, § 23) In dieser Hinsicht hält Ulrich Honikes (Philosophie und Grammatik in der französischen Aufklärung. Untersuchungen zur Geschichte der Sprachtheorie und französischen Gram-

Die Sprache findet bei Descartes wegen ihrer materiellen Eigenschaft wenig Beachtung, während Locke sich diesem Sprachproblem zuwendet. Im Dritten Buch „Of Words" des *Essay* führt Locke seine Sprachauffassung aus. Am Anfang des Buches formuliert er den göttlichen Ursprung der Sprache[8]: „God having designed man for a sociable creature, made him not only with an inclination, and under a necessity to have fellowship with those of his own kind; but furnished him also with language, which was to be great instrument, and common tie of society."[9] Demnach führt Locke die Sprache auf Gottes Schöpfungsakt zurück. Zugleich wird die soziale Natur des Menschen hervorgehoben, aus der die Notwendigkeit der Sprache entsteht. Die Sprache dient als das „gemeinsame Band der Gesellschaft" dem gegenseitigen Verkehr der Menschen. Diese kommunikative Funktion stellt Locke als „the chief end of language"[10] hin. Locke und Descartes stimmen darin überein, daß sie die Sprache als ein Werkzeug zur Kommunikation betrachten. Aber Locke kommt darüber hinaus zum Überdenken des Zusammenhangs von Vorstellung und Sprache.[11] Für Locke sind die Wörter nicht nur Zeichen der Vorstellungen, sie leisten auch einen konstitutiven Beitrag zur Bildung der Vorstellungen, insbesondere zur Bildung komplexer Vorstellungen:

> [...] he that has complex ideas, without particular names for them, would be in no better a case than a bookseller, who had in his warehouse volumes, that lay there unbound, and without titles [...] This man is hindered in his

---

matikographie im 18. Jahrhundert in Frankreich. Münster 1991, S. 41) Locke für „ein[en] konsequente[n] Sensualist[en]".

[8] Wie im nächsten Kapitel *Süßmilch* erläutert wird, halten die Vertreter des göttlichen Sprachursprungs wie Süßmilch die Sprache für vollkommen, denn Gott schenkte sie der Menschheit. Aber Locke ist ganz anderer Meinung, wenn er ausführlich die Unvollkommenheit der Wörter behandelt. Vgl. dazu Salmony, Die Philosophie des jungen Herder, S. 52.

[9] *Essay* III, i, § 1.

[10] *Essay* III, v, § 7. Neben der Kommunikation dient die Sprache auch dazu, die Gedanken aufzuzeichnen. Vgl. dazu *Essay* III, ix, § 1.

[11] *Essay* II, xxxiii, § 19: „I find, that there is so close a connexion between ideas and words; and our abstract ideas, and general words have so constant a relation one to another, that it is impossible to speak clearly and distinctly of our knowledge, which all consists in proposition, without considering, first, the nature, use, and signification of language [...]."

discourse, for want of words to communicate his complex ideas, which he is therefore forced to make known by an enumeration of the simple ones that compose them; and so is fain often to use twenty words, to express what another man signifies in one.[12]

Die Wörter verbinden die verschiedenen Vorstellungen, verschaffen ihnen eine Einheit und unterstützen dadurch Austausch und Erweiterung von Wissen. Das zeigt sich deutlich auch an Beispielen wie abstrakten Vorstellungen, Zahlen und 'gemischten Modi'.[13] Lockes Überlegungen zur Relevanz der Sprache für die Begriffsbildung bedeuten, daß er im Vergleich mit Descartes in der Sprachanalyse weiter fortgeschritten ist.[14]

Lockes Interesse an der Sprache spiegelt sich auch in seiner Einteilung der Wissenschaften wider, die sich am Ende des *Essay* findet. Neben der auf die Naturerkenntnis zielenden „Physika" und der auf das menschliche Handeln bezogenen „Ethik" nennt Locke als dritte Wissenschaft die „Semiotik". Diesem wissenschaftlichen Bereich wird die Aufgabe zugewiesen, „to consider the nature of signs, the mind makes use of for the understanding of things, or conveying its knowledge to others."[15]

Mit der theoretischen Betrachtung der Sprache geht Locke auch praktisch auf das Sprachproblem ein, wobei es ihm um den Mißbrauch der Sprache geht. Er polemisiert gegen die unklare, unzutreffende und inkonsequente Sprachhandhabung der damaligen Schulphilosophie und Metaphysik, die zwar „deep learning" und „height of speculation"[16] beansprucht, tatsächlich aber die Erkenntnis der Wahrheit verhindert. Bei

---

[12] *Essay* III, x, § 27.

[13] Vgl. dazu jeweils *Essay* III, iii, § 20; *Essay* II, xvi, § 5; *Essay* III, v, § 10. Zur Funktion der Sprache in bezug auf die Vorstellungen vgl. Hans Werner Arndt: J. Locke. Die Funktion der Sprache. In: Josef Speck (Hrsg.): Grundprobleme der großen Philosophen. Philosophie der Neuzeit I. Göttingen 1979, S. 176-210.

[14] In dieser Hinsicht ist die folgende Meinung von Haßler (Sprachtheorie der Aufklärung, S. 27) nicht richtig: „Das Festhalten am Dualismus von Sensation und Reflexion als zweier selbständiger Erkenntnisquellen bewirkte, daß der Sprache nicht jene wichtige Rolle im Erkenntnisprozeß zugewiesen wurde."

[15] *Essay* IV, xxi, § 4.

[16] *Essay*, the epistle to the reader, S. 11

Locke verbindet sich so die Kritik am Wortmißbrauch eng mit seiner Metaphysikkritik.[17]

2.1.3 Sensualismus

In der Einleitung seines *Essai* definiert Condillac zuerst sehr positiv die Metaphysik als „la science qui contribue le plus à rendre l'esprit lumineux, précis et étendu, et qui, par conséquent, doit le préparer à l'étude de toutes les autres [...]."[18] Dann unterscheidet er scharf zwischen zwei Arten von Metaphysik.[19] Die eine versuche, in die Welt vorzudringen und ihre Ursache oder ihr Wesen zu ergründen; da dies unter Verwendung von undeutlichen Begriffen geschehe, habe diese Art der Metaphysik zahllose Irrtümer zur Folge. Dagegen beachte die andere Art der Metaphysik die Grenze menschlichen Geistes und wolle nur das erklären, was sie begreifen kann. Wenn die letztere Metaphysik auch geringere Mengen an Erkenntnis erziele, so könne sie aber auch durch klare Begriffe und richtige Urteile viele Irrtümer vermeiden. Auf dieser bescheideneren Metaphysik errichtet Condillac sein philosophisches Gebäude.

Condillacs Denksystem verdankt viel demjenigen seines englischen Vorläufers Locke. Wie dieser macht auch er Erfahrung und Beobachtung zu den unverzichtbaren Bedingungen seiner Philosophie: „Notre unique objet doit être de consulter l'expérience, et de ne raisonner que d'après des faits que personne ne puisse révoquer en doute."[20] Bei der Suche nach der Wahrheit folgt Condillac deshalb einem ganz anderen Weg als Descartes. Descartes gelangt vom allgemeinen Prinzip zur einzelnen Kenntnis, während Condillac durch Erkenntnis der Einzelheiten die Generalität erreicht: „Si l'on doit donc avoir des principes, ce n'est pas qu'il faille commencer par là pour descendre ensuite à des connoissances moins

---

[17] Vgl. Siegfried J. Schmidt: Sprache und Denken als sprachphilosophisches Problem von Locke bis Wittgenstein. Den Haag 1968, S. 28.

[18] *Essai*, Introduction, S. 3.

[19] Vgl. ebd.

[20] *Essai* I, I, I, § 8. Vgl. auch *Traité des animaux*. In: Œuvres philosophiques de Condillac. Texte établi et présenté par G. Le Roy. Vol. 1. Paris 1947, S. 356: „Le système que je donne n'est point arbitraire: ce n'est pas dans mon imagination que je le puise, c'est l'observation [...]."

générales: mais c'est qu'il faut avoir bien étudié les vérités particulières, et s'être élevé d'abstraction en abstraction, jusqu'aux propositions universelles. Ces sortes de principes sont naturellement déterminés par les connoissances particulières qui y ont conduit [...]."[21] Unter Bezug auf den Empirismus weist Condillac auch die angeborenen Vorstellungen zurück. Indem er sich auf Lockes dualistische Erkenntnisquellen beruft und dabei ihre Zeitfolge in den Vordergrund rückt, nennt Condillac die Sinnes-eindrücke und die 'Seelenoperationenen' jeweils „premières pensées"[22] und „secondes pensées"[23]. Fast ohne Hinzufügung oder Veränderung übernimmt er das empiristische Denken seines Lehrers:

> Ainsi, selon que les objets extérieurs agissent sur nous, nous recevons différentes idées par les sens, et selon que nous réfléchissons sur les opérations que les sensations occasionnent dans notre ame, nous acquérons toutes les idées que nous n'aurions pu recevoir des choses extérieures.[24]

Wenn er das Verhältnis zwischen Seele und Körper interpretiert, zieht Condillac als geweihter Priester die Bibel heran. Der Sündenfall markiert bei ihm den entscheidenden Wendepunkt. Seele und Körper sind prinzipiell für ihn verschiedene Substanzen. Der Körper ist eine angehäufte Menge und vertritt Heterogenität und Vielheit, während für die Seele als „Subjekt des Gedankens"[25] die Einheit wesentlich ist. Der Körper bleibt nur die gelegentliche Grundlage der Erkenntnis. Nur unter bestimmten zufälligen Umständen hängt die Seele vom Körper ab, was bedeutet, daß sie entweder ohne Mithilfe der Sinne oder vor deren Gebrauch Vorstellungen erwerben kann. Dazu hält sie die Wirkung des Körpers beliebig unter Kontrolle. So verhielt es sich vor der Erbsünde mit der Beziehung der

---

[21] *Essai* I, II, viii, § 68. Vgl. dazu auch *Essai* II, II, iii, § 35.

[22] *Essai* I, I, i, § 3.

[23] *Essai* I, I, i, § 4.

[24] Ebd. Vgl. auch *Essay* II, i, § 3-4: „our senses [...] do *convey into the mind*, several distinct *perceptions* of things, according to those various ways, wherein those objects do affect them [...] which operations [operations of our own minds], when the soul comes to reflect on, and consider, do furnish the understanding with another set of ideas, which could not be had from things without [...]."

[25] *Essai* I, I, i, § 7.

Seele zum Körper, und das erinnert an die cartesische These. Nach dem Sündenfall kehrt sich das Verhältnis zwischen den beiden Substanzen um. Die Seele wird vom Körper so abhängig, daß sie lediglich durch die Vermittlung der Sinne Vorstellungen gewinnt. Diesen Zustand der Gebundenheit der Seele an den Körper macht Condillac zum Gegenstand seiner eigentlichen Forschung. Damit folgt er dem empiristischen Denken Lockes, wenn auch unter dem Vorbehalt, „Ainsi, quand je dirai *que nous n'avons point d'idées qui ne nous viennent des sens*, il faut bien se souvenir que je ne parle que de l'état où nous sommes depuis le péché."[26]

Was die Sinne betrifft, schließt sich Condillac teilweise der cartesischen Meinung an und leugnet auch die Irrtums- und Täuschungsmöglichkeiten nicht, welche die Sinne in uns hervorrufen können. Mit Blick auf die den Weg zur Wahrheit hemmenden Wirkungen der Sinne verweigert Descartes ihnen jeden Eingriff in die Erkenntnis. Condillac richtet dagegen sein Augenmerk mehr auf die Vorstellungen vermittelnde Funktion der Sinne, worin sich weder Irrtum noch Verwirrung abspielt. Falls ein Urteil aufgrund der Sinneseindrücke gefällt wird und dabei ein Fehler entsteht, fordert er auf, ihn durch „une expérience bien réfléchie" zu korrigieren. Für Condillac hat der sinnliche Ursprung der Erkenntnis Geltung, und zwar unter einer Bedingung: „Quand je dis donc que toutes nos connoissances viennent des sens, il ne faut pas oublier que ce n'est qu'autant qu'on les tire de ces idées claires et distinctes qu'ils renferment."[27]

Marx veröffentlichte 1845 mit Engels die Schrift *Die heilige Familie*, in der von einer „Kritische[n] Schlacht gegen den französischen Materialismus" gesprochen wird. Dort bezeichnet er Condillac als den „unmittelbare[n] Schüler und französische[n] Dolmetscher Lockes"[28]. Mit dieser Auffassung betont er das rezeptive Verhalten des französischen Schülers gegenüber dem englischen Lehrer. Marx hat hier einerseits recht, weil

---

[26] *Essai* I, I, i, § 8.

[27] *Essai* I, I, ii, § 11.

[28] Karl Marx. Frühe Schriften. Hrsg. von Hans-Joachim Lieber und Peter Furth. Bd. 1. Darmstadt 1962, S. 825.

Condillac vom Denken Lockes stark beeinflußt ist. Andererseits wirkt Marxens Ansicht einseitig, denn der französische Philosoph akzeptiert den Lockeschen Empirismus nicht kritiklos, und die Originalität des Condillacschen Denksystems ergibt sich doch gerade aus der kritischen Rezeption von Locke.

Die Philosophie von Condillac kann als *sensation transformée* verstanden werden, nach der alle menschliche Erkenntnis ihren Ursprung in der Sinnesempfindung hat. Demnach ist das Denken, streng genommen, nur eine verwandelte und weiterentwickelte Sinnesempfindung.[29] Locke faßt *sensation* und *reflection* als nicht reduzierbare Erkenntnisquellen auf. Darin ist ein dualistisches Relikt enthalten, das der cartesischen, apriorischen Voraussetzung von zwei Substanzen, Geist und Körper, entspricht. Im Unterschied zu seinem Lehrer nivelliert Condillac die Differenz zwischen den beiden Erkenntisquellen und führt selbst die *reflection* auf die *sensation* zurück. Damit wird der Lockesche Empirismus zum Sensualismus weiterentwickelt. Condillac schafft so die Grundlage der „'unitarischen'"[30] Erkenntnislehre. In diesem Zusammenhang übt Condillac im *Extrait raisonné du traité des sensations* (1755) auch Kritik an Locke:

> Locke distingue deux sources de nos idées, le sens et la réflexion. Il seroit plus exact de n'en reconnoître qu'une, soit parce que la réflexion n'est dans

---

[29] Aus Condillacs Formel *sensation transformée* läßt sich nicht erschließen, daß er zum Materialismus neigt. Denn Condillac bestreitet die fundamentale Aktivität der Seele nicht: „Le principal objet de cet ouvrage [*Traité des sensations*] est de faire voir comment toutes nos connoissances et toutes nos facultés viennent des sens, ou, pour parler plus exactement, des sensations: car dans le vrai, *les sens ne sont que cause occasionnelle. Ils ne sentent pas, c'est l'ame seule qui sent à l'occasion des organes; et c'est des sensations qui la modifient, qu'elle tire toutes ses connoissances et toutes ses facultés.*" (*Extrait raisonné du Traité des sensations*. In: Œuvres philosophiques de Condillac. Texte établi et présenté par G. Le Roy. Vol. 1. Paris 1947, S. 323; Hervorhebungen von mir) Im Begriff der 'Seele' zeigt sich hier „nicht auf die bloße Körperlichkeit reduzierbare psychische Moment" (Hoinkes, Philosophie und Grammatik, S. 46). Zum einen scheinen die „selbständige[n]„ Seele und das Sinnesorgan als deren „occasionelle[r] Ursache", wie Wera Saltykow (Die Philosophie Condillacs. Bern 1901, S. 69) behauptet, dem Gedankensystem Condillacs zu widersprechen. Zum anderen aber ist aber eben darin Condillacs Sensualismus vom Materialismus zu unterscheiden.

[30] Cassirer, Die Philosophie der Aufklärung, S. 21.

son principe que la sensation même, soit parce qu'elle est moins la source des idées, que le canal par lequel elles découlent des sens.[31]

Im *Essai*, der hier im Mittelpunkt steht, scheint die Beziehung Condillacs zu Locke nicht einfach zu sein. Die Lockesche Philosophie wird nicht nur am Anfang des *Essai*[32] aufgenommen. Auch an anderen Stellen akzeptiert Condillac die dualistische Erkenntnislehre.[33] Demgegenüber finden sich anderswo die Ansätze der sensualistischen Epistemologie: „Toutes les opérations de l'ame, considérées dans leur origine, sont également simples, car chacune n'est alors qu'une perception."[34] Wegen dieser komplizierten Konstellation erfuhr der *Essai* verschiedene Interpretationen. Die einen sind der Meinung, Condillacs zentraler Gedanke, die 'umgewandelte Sinnesempfindung', sei schon im *Essai* festgestellt.[35] Die anderen teilen Condillacs Philosophie in zwei Phasen, die rezeptive und die schöpferische, und zählen den *Essai* zur ersten.[36] Meines Erachtens greift die erste Gruppe das im *Essai* noch vorhandene Relikt des Dualismus nicht auf. Die zweite dagegen erkennt den Keim des noch nicht festgelegten, doch später begründeten Sensualismus nicht. Aus diesem Grunde werde ich in dieser Arbeit den *Essai* als ein Paradigma des Übergangs vom Empirismus zum Sensualismus behandeln.

---

[31] *Extrait raisonné du Traité des sensations*, S. 325.

[32] Vgl. *Essai* I, I, i, § 3-5

[33] Vgl. *Essai* I, V, § 7; *Essai* II, II, ii, § 12; *Essai* II, II, iii, § 34.

[34] *Essai* I, III, § 2. Vgl. auch *Essai*, S. 10 u. *Essai* I, II, viii, § 74.

[35] Paul Meyer: Etienne Bonnot de Condillac. Ein Wegbereiter der ökonomischen Theorie und des liberalen Gedankens. Zürich 1944, S. 18; Roger Lefèvre: Condillac ou la joie de vivre. Présentation, choix de textes, bibliographie. Vienne 1966, S. 18; H. Aarsleff: The Study of Language in England, 1780-1860. Princeton 1967, S. 18; Ricken, Condillac „Essai über den Ursprung der menschlichen Erkenntnisse", S. 16f.; Haßler, Sprachtheorien der Aufklärung, S. 27.

[36] Saltykow, Die Philosophie Condillacs, S. 11; *Extrait raisoné du traité des sensations*, S. 324, Anm. 7 von Le Roy; Ellen McNiven Hine: Condillac and the problem of language. In: Studies on Voltaire 106 (1973), S. 23.

2.2 Sensualistische Erkenntnislehre

In der Einführung zum *Essai* schätzt Condillac[37] Locke hoch, der den menschlichen Geist erforschte,[38] und im Anschluß an seinen Lehrer macht er die Erforschung des menschlichen Geistes auch zu seinem Thema. Dabei geht es ihm darum, dem Ursprung sowie der weiteren Entwicklung der Vorstellungen nachzugehen, und den Tätigkeitsbereich des Erkenntnisvermögens zu begrenzen.[39] Wenn Condillac seinen *Essai* zusammenfaßt, werden die 'Seelenoperationen' nach zwei Arten aufgegliedert.[40] Die einen liefern Materialien zur Erkenntnis, und den anderen kommt ihre Verarbeitung zu. 'Perzeption'/*perception*, 'Bewußtsein'/*conscience*, 'Erinnerung'/*réminiscence*, 'Aufmerksamkeit'/*attention* und situationsabhängige 'Imagination'/*imagination* gehören zu den ersten.[41] 'Gedächtnis'/*mémoire*, situationsunabhängige 'Imagination', 'Reflexion'/*réflection* und die weiteren anderen Operationen werden zu den letzteren gezählt. Dieses Unterscheidungsmodell von Condillac legt auch diese Arbeit den 'Seelenoperationen' zugrunde.

---

[37] Die neuesten Arbeiten über Condillac vgl. U. Ricken: Aufklärung als sensualistische Anthropologie und Sprachphilosophie. In: Lothar Kreimendahl: Philsophen des 18. Jahrhunderts. Eine Einführung. Darmstadt 2000, S. 171-188; Martine Pécharman: Signification et langage dans l'*Essai* de Condillac. In: Revue de Métaphysique et de Morale 104 (1999), S. 81-103; Suzanne Roos: Consciousness and the Linguistic in Condillac. In: Modern Language Notes 114 (1999), S. 667-690.

[38] *Essai,* Introduction, S. 3: „ [...] il [Locke] s'est borné à l'étude de l'esprit humain, et a rempli cet objet avec succès."

[39] *Essai*, Introduction, S. 4.

[40] *Essai*, II, II, iv, § 53.

[41] Zu Beginn des *Essai* bestimmt Condillac nicht genau die 'Seelenoperationen', die als Materialien der Erkennntis dienen: „Les sensations et les opérations de l'ame sont donc les matériaux de toutes nos connoissances [...]." (*Essai* I, I, i, § 5) Erst später verschafft er seiner früheren Bestimmung mehr Exaktheit und Beschränkung: „J'ai dit, sans y mettre de restriction, que les opérations de l'âme étoient avec les sensations les matériaux de toutes nos connoissances. Je puis à présent m'exprimer avec plus d'exactitude, car cette proposition seroit fausse, si elle étoit entendue de toutes les opérations. Il en faut borner le sens à la perception, à la conscience, à la réminiscence, à l'attention et à l'imagination, et supposer même que nous ne sommes point du tout maîtres de régler l'exercice des deux dernières. Jusques là nous n'avons point encore de connoissances, mais nous avons tous les matériaux dont elles peuvent se former [...]." (*Essai*, S. 36)

Die erste Operation der Seele stellt die 'Perzeption' dar. Sie ist als ein durch die Sinnestätigkeit hervorgerufener Eindruck „le premier et le moindre degré de connoissance"[42]. Wenn der empfangene Eindruck der Seele seine Gegenwart mitteilt und diese jenes Vorhandensein bemerkt, entsteht ein Vermögen namens 'Bewußtsein'. 'Perzeption' und 'Bewußtsein' haben zwar verschiedene Namen, in der Tat sind sie jedoch fast gleiche Operationen. Denn es gebe keine 'Perzeption', welche die Seele nicht zur Kenntnis nehme. Nur unterscheiden sie sich voneinander, je nachdem, ob entweder der Eindruck selbst oder die ihn wahrnehmende Seele in den Mittelpunkt gestellt wird.

Aus dem 'Bewußtsein', das in Bezug auf bestimmte Perzeptionen noch lebhafter wird, geht die 'Aufmerksamkeit' hervor. Diese Operation hat die Fähigkeit, die Vorstellungen zu verknüpfen. Man wird nicht auf alle Dinge aufmerksam. 'Aufmerksamkeit' ziehen nur die Dinge auf sich, die in enger Beziehung zu Bedürfnissen stehen. Dabei setzt die 'Aufmerksamkeit' die Vorstellungen der Bedürfnisse und diejenigen der Dinge, die sie befriedigen, miteinander in Verbindung. Von der Wirkung der 'Aufmerksamkeit' rührt die *liaison des idées* her. Die 'Verknüpfung der Vorstellungen' produziert ihrerseits 'Erinnerung'. Diese Seelenoperation besteht im 'Bewußtsein', daß eine 'Perzeption' schon von der Seele wahrgenommen wurde. Sie bringt die aufeinanderfolgenden Perzeptionen unter einen Nenner, das Ich, und ermöglicht die Erfahrung. Ohne die 'Erinnerung' existiert keine Beziehung zwischen den Perzeptionen und erfolgt keine Erkenntnis.

Kraft der Verknüpfung, welche die 'Aufmerksamkeit' zwischen der 'Perzeption' und dem Gegenstand herstellt, entsteht die 'Imagination'. Diese ist ein Vermögen, den vergangenen Eindruck eines Gegenstandes trotz dessen Abwesenheit zurückzurufen. Im Vergleich dazu weckt das 'Gedächtnis' nicht die 'Perzeption' selbst, sondern ihr Zeichen, einen sie begleitenden Umstand und die Vorstellung als ihr Abbild: „Qu´on songe, par exemple, à une fleur dont l´odeur est peu familière; on s´en rappellera le nom, on se souviendra des circonstances où on l´a vue, on s´en représentera le parfum

---

[42] *Essai* I, II, i, § 2.

sous l'idée générale d'une perception qui affecte l'odorat; mais on ne réveillera pas la perception même."[43] Obwohl 'Imagination' und 'Gedächtnis' von der *liaison des idées* hervorgebracht werden, gibt es eine große Differenz zwischen ihnen. Die 'Imagination' steht nicht unter unserer Kontrolle und befindet sich in Abhängigkeit gegenüber den äußeren Gegenständen. Dagegen bildet sich das 'Gedächtnis' beim Gebrauch der Zeichen und weckt unabhängig vom Objekt die schon erworbenen Vorstellungen. Das führt seinerseits zur Herrschaft über die 'Imagination':

> Mais aussitôt qu'un homme commence à attacher des idées á des signes qu'il a lui-même choisis, on voit se former en lui la mémoire. Celle-ci acquise, il commence à disposer par lui-même de son imagination et à lui donner un nouvel exercice; car, par le secours du signe qu'il peut rappeler à son gré, il réveille, ou du moins il peut réveiller souvent les idées qui y sont liées. Dans la suite, il acquerra d'autant plus d'empire sur son imagination, qu'il inventera davantage de signes, parce qu'il se procurera un plus grand nombre de moyens pour l'exercer.[44]

Mit Hilfe von 'Imagination' und 'Gedächtnis', die zu unserer Verfügung stehen, hat man seine 'Aufmerksamkeit' in der Gewalt und lenkt sie nach Belieben. Die Operation, nach Belieben die 'Aufmerksamkeit' einzustellen, heißt 'Reflexion'. Sie übt verschiedene Arten von Tätigkeiten aus: Unterscheidung, Vergleich, Zusammensetzung, Zerlegung und Analyse. Aus diesen Tätigkeiten gehen 'Urteil'/*jugement*, 'Schlußfolgerung'/ *raisonnement* und 'Begreifen'/*concevoir* hervor. Die 'Schlußfolgerung' kettet die voneinander abhängenden Urteile aneinander. Das 'Begreifen' bildet durch die vorausgehenden Operationen exakte Vorstellungen und kennt deren Beziehungen. Auf diese Weise gelangt man schließlich zum 'Verstand'/*entendement*, der alle 'Seeleoperationen' zusammenfaßt und kombiniert.

Im allgemeinen erkennt Condillac Lockes Beitrag zur Erforschung des menschlichen Geistes an. Aber er findet Unzulänglichkeiten bei der Darstellung der 'Seelenoperationen' durch seinen Lehrer und versucht, sie zu verbessern:

---

[43] *Essai* I, II, ii, § 18.
[44] *Essai* I, II, v, § 46.

Locke a mieux réussi, parce qu´il a commencé aux sens; et il n´a laissé des choses imparfaites dans son ouvrage que parce qu´il n´a pas développé les premiers progrès des opérations de l´ame. J´ai essayé de faire ce que ce philosophe avoit oublié; je suis remonté à la première opération de l´ame, et j´ai, ce me semble, non seulement donné une analyse complète de l´entendement [...].[45]

Vom neunten bis zum elften Kapitel des zweiten Buches des *Essay* analysiert Locke die Operationen des Geistes: Zuerst *perception* als „the first faculty of the mind, exercised about our ideas" und *retention*[46], dann *discerning, comparing, compouding, naming* und *abstraction*. Er nennt diese Operationen „a short [...] true *history of the first beginnings of human knowledge*"[47]. Wenn es auch nur für die einfachen Vorstellungen gilt, fehlt es Locke an Systemhaftigkeit, verglichen mit Condillac.

Es ist die eigentliche Absicht Condillacs, alle Operationen der Seele aus der 'Perzeption' hervorgehen zu lassen und die „*unité*" sowie „*continuité*"[48] in seiner Erkenntnislehre zu konstruieren. Wenn man die 'Seelenoperationen' überblickt, fällt aber eine „rupture"[49] zwischen ihnen ins Auge. Die Operationen, die sich von der 'Perzeption' über 'Bewußtsein', 'Aufmerksamkeit' und 'Erinnerung' bis zur nicht uns zu Gebote stehenden 'Imagination' erstrecken, hängen von den äußeren Dingen ab und sind deshalb passiv. Dagegen wirkt eine andere Reihe der Operationen ('Gedächtnis', die zu unserer Verfügung stehende 'Imagination', 'Reflexion' und 'Verstand') aktiv. In diesem Aspekt findet Herman Parret die

---

[45] *Essai* II, II, iii, § 39.

[46] Unter *retention* versteht Locke „the keeping of those simple ideas, which from sensation or reflection it [the mind] hath received". *Retention* erfolgt durch zwei Wege: *contemplation*, „keeping the idea, which is brought into it, for some time actually in view" (*Essay* II, x, § 1), und *memory* als „the power to revive again in our minds those ideas, which after imprinting have disappeared, or have been as it were laid aside out of sight [...]." (*Essay* II, x, § 2)

[47] *Essay* II, xi, § 15.

[48] G. Le Roy: La psychologie de Condillac. Paris 1937, S. 81.

[49] Herman Parret: Idéologie et Sémiologie chez Locke et Condillac. La Question de l´autonomie du langage devant la pensée. In: Werner Abraham (Ed.): Ut Videam. Contributions to an understanding of linguistics. Lisse/Niederlande 1975, S. 237.

Diskontinuität in der Condillacschen Erkenntnislehre.[50] Condillac will aber die Diskrepanz zwischen zwei Arten der 'Seelenoperationenen' durch den Gebrauch der Zeichen überwinden. In dieser Hinsicht fungieren die Zeichen als „a theoretical bridge"[51] zwischen den passiven und den aktiven 'Seelenoperationenen'. Daraus ergibt sich die konstitutive Funktion der Zeichen für die Erkenntnis.

---

[50] Im Unterschied zu Parret sieht Le Roy im *Essai* eine einheitliche Erkenntnislehre von Condillac. Auf Grund vom *Essai*, S. 40: „Cette opération [opération par laquelle nous donnons des signes a nos idées] résulte de l'imagination qui présente à l'esprit des signes dont on n'avoit point encore l'usage, et de l'attention qui les lie avec les idées.", betrachtet er die Zeichen als „un prolongement de l'imagination et de l'attention" und behauptet, daß Condillac „une continuité parfaite" (La psychologie de Condillac, S. 69) in den 'Seelenoperationen' feststellt. Aber das eigene Bekenntnis von Condillac beweist, daß er im *Essai* noch keinen kontinuierlichen Erkenntnisprozeß gedacht hat: „C'est donc la perception qui doit devenir successivement attention, imagination, mémoire, réflexion, et enfin l'entendement même. Mais je ne développerai point ce progrès, si je n'ai une idée nette de chaque opération; au contraire je m'embarrasserai, et je tomberai dans des méprises. Voilà, je l'avoue, ce qui m'est arrivé, lorsque j'ai traité de l'origine des connoissances humaines." (*Traité des systêmes* (1749). In: Œuvres philosophiques de Condillac. Texte établi et présenté par G. Le Roy. Vol. 1. Paris 1947, S. 213) Erst später wird das einheitliche System von Condillac vollendet: „ [...] *le jugement, la réflection, les passions, toutes les opérations de l'ame, en un mot, ne sont que la sensation même qui se transforme différemment* [...]." (*Extrait raisonné du traité des sensations*, S. 326)

[51] Megill, The Enlightenment of Debate on the origin of language, S. 210.

2.3 Zeichentheorie

2.3.1 Drei Arten von Zeichen

Condillac unterscheidet drei Arten der Zeichen: *signes accidentels, signes naturels und signes d'institution*.[52] Unter den 'zufälligen Zeichen' werden bestimmte Gegenstände verstanden, die durch eine äußere Ursache Vorstellungen wecken, die sich mit ihnen verknüpfen. Diese Zeichen verdanken sich den Begleitumständen. Die 'natürlichen Zeichen' sind Rufe oder Schreie, welche die Gefühle wie Angst, Freude, Schmerz usw. unwillkürlich zum Ausdruck bringen. Die natürlichen Ausdrucksformen brauchen Zeit, bis sie als Zeichen funktionieren, denn sie wecken nicht von Anfang an Vorstellungen. Erst wenn die reflektorische Beziehung zwischen Gefühlen und deren Ausdrucksformen häufig erfahren wird, gewinnen diese einen Zeichencharakter. Die 'zufälligen' und die 'natürlichen Zeichen' stehen uns nicht bewußt zur Verfügung. Es ergibt sich nur durch einen äußeren Anlaß oder einen Zufall, daß sie bestimmte Vorstellungen hervorrufen. Aber die 'konventionellen Zeichen' unterscheiden sich durch qualitative Differenzen von den beiden anderen Zeichenarten, denn sie haben in unserer eigenen Wahl ihren Ursprung, und die Beziehung zwischen Zeichen und Vorstellungen ist weder zufällig noch reflektorisch, sondern arbiträr.

Zum besseren Verständnis von Condillacs Zeichentheorie sollen hier zwei Aspekte erwähnt werden. Erstens geht es um den Begriff *arbitraire* bei Condillac. Im *Essai* gibt dieser Begriff Aufschluß über das willkürliche Verhältnis zwischen Zeichen und Vorstellungen und findet im Ausdruck *signes arbitraires* zusammen mit den 'konventionellen Zeichen' Verwendung. Aber in der *Grammaire*[53] verhält es sich anders damit. Condillac bestimmt die Analogie neben der Analyse als ein Prinzip für die Bildung der Zeichen. Das Prinzip der Analogie schließt aber Beliebigkeit

---

[52] *Essai* I, II, iv, § 35.

[53] Von 1758 bis 1767 hielt sich Condillac in Italien auf, um den Prinzen von Parma zu erziehen. Währenddessen wurde der *Cours d'études pour l'instruction du Prince de Parme* verfaßt. Aber diese umfangreichen Lehrbücher ließen sich erst 1775 veröffentlichen. Die *Grammaire* macht einen Teil dieser Schrift aus.

bei der Zeichenbildung aus. Daher lehnt Condillac den Gebrauch des Begriffs *arbitraire* ab und schlägt vielmehr den Ausdruck *artificiel* vor: „En effet, qu´est-ce que des signes arbitraires? Des signes choisis sans raison et par caprice. Ils ne seroient donc pas entendus. Au contraire, des signes artificiels sont des signes dont le choix est fondé en raison: ils doivent être imaginés avec tel art, que l´intelligence en soit préparée par les signes qui sont connus."[54] Zweitens beansprucht das Wort *usage* im „usage des signes" eine genauere Bestimmung. Wie Schottlaender erläutert,[55] wird ein 'Gebrauch' von etwas unter Wirkung des Willens gemacht. Deshalb kann das Wort nicht in bezug auf die 'zufälligen' oder die 'natürlichen Zeichen' verwendet werden, die unabhängig von unserer Wahl bleiben. Diese Zeichen bilden sich nur unter bestimmten Umständen. Das beweist Condillac, indem er die Eigenschaft der 'natürlichen Zeichen' erklärt: „Il ne faudroit pas m´opposer qu´il [le homme] pourroit, à la longue, se servir de ces cris pour se retracer à son gré les sentimens qu´ils expriment. Je répondrois qu´alors ils cesseroient d´être des signes naturels, dont le caractère est de faire connoître par eux-mêmes, et indépendamment du choix que nous en avons fait, l´impression que nous éprouvons, en occasionnant quelque chose de semblable chez les autres. Ce seroient des sons que cet homme auroit choisis, comme nous avons fait ceux de crainte, de joie, etc. Ainsi il auroit l´usage de quelques signes d´institution [...]."[56] Aus diesem Grunde beschränkt sich der Ausdruck 'Zeichengebrauch' nur auf die 'konventionellen Zeichen'.

2.3.2 Rolle der Zeichen für Vorstellungen und 'Seelenoperationen'

Was die Notwendigkeit der Zeichen für die Vorstellungen anbelangt, so legt Condillac als Beispiele Arithmetik, Substanzen und 'archetypische Begriffe'/*notions archétypes*[57] vor, denen Locke schon im *Essay* nachging.

---

[54] *Grammaire.* In: Œuvres philosophiques de Condillac. Texte établi et présenté par G. Le Roy. Vol. 1. Paris 1947, S. 429.

[55] Schottlaender, Die verkannte Lehre Condillacs, S. 159.

[56] *Essai* I, II, iv, § 38.

[57] Diese Begriffe entsprechen den 'gemischten Modi'/*mixed modes* von Locke. Zur Bedeutung der 'gemischten Modi' vgl. die Anm. 6 des ersten Kapitels dieser Arbeit.

In der Arithmetik bezeichnen die Ziffern die Vorstellungen der Zahlen. Mit diesen Zeichen werden die entsprechenden Vorstellungen wachgerufen und bewahrt. Die Ziffern ermöglichen es, leicht und prompt verschiedene Mengen von Zahleneinheiten zu unterscheiden oder zu kombinieren. Damit tragen sie zum Fortschritt der Erkenntnis der Zahl bei. Daß sie die wichtigsten Instrumente der Arithmetik sind, zeigt Condillac am Verhältnis zwischen Sprache und Wissenschaft: „Les mots ne doivent-ils pas être aux idées de toutes les sciences ce que sont les chiffres aux idées de l'arithmétique?"[58]

Wegen seiner Beschränktheit ist der Geist nicht fähig, gleichzeitig eine große Zahl von Vorstellungen zu wecken. Er braucht Mittel, um mehrere Vorstellungen zu vereinen. Mit Hilfe der Zeichen kann der Geist die Vorstellungen wie eine einzige betrachten. So verhält es sich auch mit den Begriffen der Substanzen und den 'archetypischen Begriffen'. Die Begriffe der Substanzen bilden sich nach Modellen. Zum Beispiel hat ein Körper, der mit dem Begriff 'Gold' bezeichnet wird, verschiedene Eigenschaften: hart, gelb, schwer usw. Diese wahrgenommenen einfachen Vorstellungen fixiert das Wort 'Gold' und erhält sie aufrecht.[59] Auch die 'archetypischen Begriffe', die keine Begründung in der Natur haben, bedürfen der Zeichen, welche die verschiedenen Vorstellungen zusammenfassen. Auf diese Weise funktionieren die Zeichen als die Vorstellungen verbindenden Bande: „[...] pour avoir des idées sur lesquelles nous puissions réfléchir, nous avons besoin d'imaginer des signes qui servent de lien aux différentes collections d'idées simples [...].“[60]

Im vorangehenden Abschnitt der sensualistischen Erkenntnislehre wurde kurz über die Rolle gesprochen, welche die Zeichen in bezug auf die 'Seelenoperationen' übernehmen. Ohne den Gebrauch der Zeichen geht der Geist nicht über die rezeptive 'Imagination' hinaus. Er reproduziert mit Hilfe der fremden Kraft nur die schon empfangenen Sinneseindrücke. Das

---

[58] *Essai* I, IV, i, § 5.

[59] Vgl. *Essai* I, IV, i, § 7: „Comme les qualités des choses ne coexisteroient pas hors de nous sans des sujets où elles se réunissent, leurs idées ne coexisteroient pas dans notre esprit sans des signes où elles se réunissent également."

[60] *Essai* I, IV, i, § 9.

besagt, daß er auf der tierischen Ebene bleibt: „[...] les opérations de l´ame des bêtes se bornent à la perception, à la conscience, à l´attention, à la réminscence et á une imagination qui n´est point á leur commandement [...].“[61] Wenn die Zeichen aber einmal verwendet werden, ist der Geist imstande, nach seinem Willen die vergangenen Vorstellungen zurückzurufen. Durch die Verbindung der Vorstellungen mit den Zeichen bildet sich das 'Gedächtnis', das seinerseits die 'Imagination' zur Verfügung stellt.

Condillac teilt die 'Imagination' nach zwei Arten: in diejenige vor und in diejenige nach dem Zeichengebrauch.[62] Bevor man die Zeichen gebraucht, heißt die 'Imagination' eine passive Operation, welche die rezipierten Perzeptionen in Abwesenheit der Gegenstände zurückruft. Mittels des Zeichengebrauchs wird eine qualitativ ganz andere 'Imagination' eröffnet. Diese Operation besteht darin, mit den geweckten Vorstellungen freiwillige 'Verknüpfungen der Vorstellungen' zu erzeugen. Dadurch wandelt sich die passive 'Imagination' in die produktive um. Allerdings kommt jene ohne Zeichen in Gang, und zwar nur einen Augenblick. Aber mit Hilfe der Zeichen macht sie einen entscheidenden Fortschritt. Die Einwirkungen, welche die Zeichen auf die 'Imagination' ausüben, gelten auch für die *liaison des idées*. Condillac zufolge verknüpfen sich die Vorstellungen auf zweierlei Weisen miteinander: durch die Auswirkung der Sinneseindrücke oder nach Belieben.[63] Wenn die *liaison des idées* aufgrund der 'Aufmerksamkeit' erfolgt, die auf unsere sinnlichen Bedürfnisse angewiesen ist, steht sie uns nicht zu Gebote. Sie wird gelegentlich ausgeführt, was nur die Ausübung der passiven 'Imagination' herbeiführt. Dagegen ermöglichen die Zeichen die 'Verknüpfung der Vorstellungen', die unabhängig von den äußeren Gegenständen oder den Umständen ist. Diese wirkt dabei von sich aus willentlich. Die willkürliche *liaison des idées* verstärkt ihrerseits die Funktion des 'Gedächtnisses'.

---

[61] *Essai* I, II, v, § 43.
[62] *Essai* I, II, ix, § 75.
[63] *Essai* I, II, ix, § 76.

Wenn 'Gedächtnis' und 'Imagination' mit Hilfe der Zeichen ausgeübt sind, gebietet man über seine 'Aufmerksamkeit', was die 'Reflexion' fördert. Die verstärkte 'Reflexion' trägt ihrerseits wieder zum Fortschritt von 'Gedächtnis' und 'Imagination' bei. Das zeigt die zwingende Funktion der Zeichen in der Entwicklung der 'Geistesoperationen': „[...] les opérations de l'esprit se développent plus ou moins, à proportion qu'on a l'usage des signes."[64] Mit dem Zeichengebrauch wird der Weg von den passiven zu den aktiven 'Seelenoperationen' geebnet. Wenn die Zeichen keine Verwendung finden, bleibt man in Abhängigkeit gegenüber der Außenwelt und reagiert instinktiv auf die durch diese hervorgerufenen Perzeptionen. Obwohl man die 'zufälligen' oder die 'natürlichen Zeichen' angesichts bestimmter Situationen hat, emanzipiert man sich damit nicht vom Stadium einer rezeptiven Operation. Dagegen führen die 'konventionellen Zeichen' zur Stufe einer produktiven Operation. Dank dieser Zeichen löst man sich von der Gebundenheit an die Dinge, verfügt über sich selbst und verarbeitet die Materialien der Erkenntnis, was seinerseits die weitere Entwicklung des Geistes befördert.[65]

Im Hinblick auf die Rolle der Zeichen für die Bildung der komplexen Vorstellungen schließt sich Condillac Locke an. Was aber Condillacs Zeichentheorie von derjenigen Lockes abhebt, besteht in seinen Überlegungen zu Auswirkungen der Zeichen auf die 'Seelenoperationen'. In diesem Zusammenhang übt Condillac Kritik an seinem Lehrer[66] und spricht sogar von einer „absoluten"[67] Notwendigkeit der Zeichen für die Entwicklung der 'Seelenoperationen'.

---

[64] *Essai* I, IV, ii, § 26.

[65] In dieser Hinsicht überbrücken die Zeichen, so heißt es bei Ricken (Condillacs „Essai über den Ursprung der menschlichen Erkenntnisse", S. 20), auch „Empfindungs- und Denkvorgänge[n]", „Gefühl und Verstand", „Erfahrung und Vernunft".

[66] *Essai* I, IV, ii, § 27: „Voilà ce qui a empêché Locke de découvrir combien les signes sont nécessaires à exercice des opérations de l'ame."

[67] *Essai* II, II, iii, § 39. Später gibt er selbst in einem Brief vom 25. Juni 1752 an Maupertuis zu, daß er die Rolle der Zeichen übertrieb: „Je souhaiterois que vous eussiez fait voir comment les progrès de l'esprit dépendent du langage. Je l'ai tenté dans mon *Essai sur l'origine des connoissances humaines*, mais je me suis trompé et j'ai trop donné aux signes." (*Correspondence*. In: Œuvres philosophiques de Condillac. Texte établi et présenté par G. Le Roy. Vol. 2. Paris 1948, S. 536)

2.4 Ursprung und Entwicklung der Sprache

Im *Essai* stellt Condillac den wesentlichen Beitrag der Zeichentheorie zur Erkenntnislehre heraus. Aber das bedeutet nicht, daß er das Umgekehrte, nämlich den Einfluß der Erkenntnistätigkeiten auf die sprachlichen Zeichen, übersieht. Dabei stellt sich die Frage nach der Beziehung zwischen Zeichen und Erkenntnis. Im Rahmen der Lösung dieses Problems führt Condillac seine Sprachursprungsthese aus: „Il semble qu´on ne sauroit se servir des signes d´institution, si l´on n´étoit pas déjà capable d´assez de réflexion pour les choisir et pour y attacher des idées: comment donc, m´objectera-t-on peut-être, l´exercice de la réflexion ne s´acquerroit-il que par l´usage de ces signes? Je réponds que je satisferai à cette difficulté lorsque je donnerai l´histoire du langage."[68]

Bei seiner Beschäftigung mit dem Sprachursprung nimmt Condillac Bezug auf die Schöpfungsgeschichte der Bibel.[69] Aber das führt nicht zu seiner Annahme des göttlichen Ursprungs der Sprache. Zwar soll Condillac als Priester an der christlichen Lehre festgehalten und ein frommes Leben geführt haben.[70] Als Philosoph aber klammert er die Religion aus seinem Forschungsgegenstand aus: „[...] j´ai cru qu´il ne suffisoit pas pour un philosophe de dire qu´une chose a été faite par des voies extraordinaires; mais qu´il étoit de son devoir d´expliquer comment elle auroit pu se faire par des moyens naturels."[71] Aus diesem Grunde führt

---

[68] *Essai* I, II, v, § 49.

[69] *Essai*, S. 60: „Adam et Eve ne durent pas à l´expérience l´exercice des opérations de leur ame, et, en sortant des mains de Dieu, ils furent, par un secours extraordinaire, en état de réfléchir et de se communiquer leurs pensées."

[70] Vgl. Gustave Baguenault de Puchesse: Condillac. Sa vie, sa philosophie, son influence. Paris 1910. Im ersten Kapitel beschreibt er das religiöse Leben von Condillac. Nach seiner Angabe las dieser nur einmal in seinem Leben die Messe. Gleichwohl hatte er immer das Priestergewand an. Nur mit Respekt sprach er über die Religion. „Dans la petite chapelle du château, il faisait célébrer l´office divin les dimanches et jours de fêtes et obligeait tous les gens de sa maison à y assister, donnant lui-même l´exemple avec le précepte." (S. 20f.)

[71] *Essai*, S. 60. In dieser Hinsicht sind Ricken (Condillacs „Essai über den Ursprung der menschlichen Erkenntnisse", S. 30f.) und Isabel F. Knight (The Geometric Spirit. The Abbé de Condillac and the French Enlightenment. New Haven u. London 1968, S. 138ff.) der Meinung, Condillacs Bezugnahme auf die Bibel ändere gar nichts an seiner sensualistischen Philosophie. Demgegenüber stellt Le Roy (La psychologie de Condillac,

Condillac den *Essai sur les Hiéroglyphes égyptiens* (1744) von William Warburton an, wo die Genealogie derer thematisiert wird, die den natürlichen Sprachursprung vertreten: Diodor von Sicilien, Vitruv, Gregor von Nyssa und Richard Simon.[72]

2.4.1 *Langage d'action*

Wenn Condillac sich mit dem Sprachursprungsproblem befaßt, stellt er sich zwei Kinder vor, die nach der Sintflut in der Wüste herumirren, ohne die Zeichenverwendung zu kennen.[73] Insofern diese Kinder allein ohne gegenseitigen Umgang leben, können bei ihnen nur die passiven 'Seelenoperationen' zur Wirkung kommen. Sie stehen ganz unter der Gewalt der Umstände, die sie umgeben. Aber wenn sie in Verkehr miteinander treten, ergibt sich Gelegenheit zur häufigeren Ausübung der elementaren 'Seelenoperationen'. Anfangs bringen sie ihre Bedürfnisse zum Ausdruck durch die natürlichen unartikulierten Schreie oder die spontanen körperlichen Bewegungen, die Condillac als *langage d'action* bezeichnet. Diese instinktiven Ausdrucksmittel wirken dabei zusammen. Die unartikulierten Laute machen auf Gebärden oder Handlungen aufmerksam. Weil diese „encore plus sensible"[74] als jene sind, verdeutlichen sie ihrerseits deren unklare Bedeutung. Die Kinder kennen weder die Nützlichkeit dieser Ausdrucksmittel, noch haben sie die Absicht, mit deren Hilfe ihre Gefühle zu äußern. Sie reagieren nur unmittelbar auf ihre körperlichen Bedürfnisse und drücken sie durch Laute oder Gesten aus, und diese Verhaltensweisen führen auf der anderen Seite zu instinktiven Reaktionen:

S. 188f.) den engen Zusammenhang zwischen Glauben und Philosophie von Condillac fest, indem er auf dessen Leben und schriftstellerische Tätigkeit aufmerksam macht, die seine religiöse Überzeugung bezeugen.

[72] Vgl. *Essai*, S. 60.

[73] Lia Formigari (Language and society in the late Eighteenth centruy. In: Journal of the history of ideas 35 (1974) Nr. 2, S. 276) betrachtet die im 18. Jahrhundert angenommene Sintflut und Sprachverwirrung in Babel als Ausweg für das Ausweichen vor der Auseinandersetzung mit der Bibel: „The Flood and the dispersion of the peoples after the building of the Tower of Babel continue for decades to serve as panacea for philosophers of history and language in difficulties with the Bible."

[74] *Essai* II, I, I, § 2.

[...] celui qui souffroit, parce qu'il étoit privé d'un objet que ses besoins lui rendoient nécessaire, ne s'en tenoit pas à pousser des cris: il faisoit des efforts pour l'obtenir, il agitoit sa tête, ses bras, et toutes les parties de sons corps. L'autre, ému à ce spectacle, fixoit les yeux sur le même objet; et sentant passer dans son ame des sentimens dont il n'étoit pas encore capable de se rendre raison, il souffroit de voir souffrir ce misérable. Dès ce moment il se sent intéressé à le soulager, et il obéit à cette impression, autant qu'il est en son pouvoir.[75]

Der Ausdruck *langage d'action* steht im *Essai* und in der *Grammaire* in unterschiedlichem semantischem Bezug. In seinem Erstlingswerk versteht Condillac darunter nur sichtbare Bewegungen oder Gesten: „langage qui [...] ne consistoit vraisemblablement qu'en contorsions et en agitations violentes."[76] Im späteren Werk werden aber die akustischen Elemente hinzugefügt: „Les gestes, les mouvemens du visage et les accens inarticulés, [...] les premiers moyens que les hommes ont eus pour se communiquer leurs pensées. La langage qui se forme avec ces signes, se nomme *langage d'action*."[77] In der *Grammaire* charakterisiert Condillac noch deutlicher die primitive Sprache. Die 'Aktionssprache' ist eine „suite de la conformation des organes"[78]. Die naturgegebenen Körperorgane machen die Bestandteile dieser Sprache aus. Der unterschiedliche Körperbau führt deshalb zur Verschiedenheit der 'Aktionssprache'. Hierin sieht Condillac die Angeborenheit dieser Sprache, wenn er auch die angeborenen Vorstellungen ablehnt. Vor allem hat die 'Aktionssprache' eine „holophrastische"[79] Eigenschaft, weil sie verschiedene Gefühle auf einmal ausdrückt: „Dans celui qui ne connoît encore que les signes naturels, donnés par la conformation des organes, l'action fait un tableau fort

---

[75] Ebd.

[76] *Essai* II, I, I, § 5.

[77] *Grammaire*, S. 428. Die Erweiterung der Bedeutung macht die deutsche Übersetzung des Ausdrucks schwer. U. Ricken (Sprache, Anthropologie, Philosophie in der französischen Aufklärung. Berlin 1984) überträgt den *langage d'action* im engen Sinne in die 'Gebärdensprache', aber denjenigen im weiteren Sinne wörtlich in die 'Aktionssprache'. Diese Arbeit folgt Rickens Übersetzung.

[78] *Grammaire*, S. 428.

[79] Paul Kuehner: Theories on the origin of formation of language in the eighteenth century in France. Philadelphia 1944, S. 27.

composé: car elle indique l'objet qui l'affecte, et en même temps, elle exprime et le jugement qu'il porte, et les sentimens qu'il éprouve. Il n'y a point de succession dans ses idées. Elles s'offrent toutes à la fois dans son action, comme elles sont toutes à la fois présentes à son esprit."[80] Der gleichzeitige Ausdruck von vielen Vorstellungen gibt zwar der 'Aktionssprache' einen Vorteil der Promptheit, aber er bringt sie auch in Unordnung.

Bei der Erörterung seiner Sprachursprungsthese legt Condillac den Schwerpunkt auf die Gesellschaftlichkeit. Er setzt zwei Kinder als das kleinste Element zur Bildung einer Gesellschaft voraus.[81] Das Beispiel eines unter Bären aufgewachsenen Jungen wird als Beweis dafür angeführt, daß der gegenseitige Umgang entscheidend nicht nur zur Entstehung der Zeichen, sondern auch zu derjenigen der Vorstellungen beiträgt.[82] Auch in mehreren Briefen an Gabriel Cramer widmet Condillac dem Verhältnis von menschlichem Verkehr und Zeichenbildung Beachtung: „Si nous faisons vivre ensemble plusieurs hommes de cette espèce, nous verrons aussitôt les besoins se multiplier pour chacun d'eux. Non seulement un homme sentira, par exemple, le besoin d'appaiser sa faim, il sentira encore celui de contribuer au soulagement de la faim d'un autre. Alors [...] ils établiront naturellement entre eux des signes, dont avant leur commerce ils ne pouvoient avoir l'usage."[83] Neben der zwischenmenschlichen Beziehung motiviert ein natürlicher Trieb wie Mitleid[84] mit einem in Not befindlichen Mitmenschen die Sprachgenese.

---

[80] *Grammaire*, S. 430.

[81] Diesbezüglich kritisiert Rousseau die Sprachursprungstheorie Condillacs: „[...] la manière dont ce philosophe [Condillac] résout les difficultés qu'il se fait à lui-même sur l'origine des signes institués, montrant qu'il a supposé ce que je mets en question, savoir une sorte de société déjà établie entre les inventeurs du langage [...]." (*Inégalité*, S. 146)

[82] Vgl. *Essai* I, IV, ii, § 25: „[...] les hommes ne peuvent se faire des signes, qu'autant qu'ils vivent ensemble, c'est une conséquence que le fonds de leurs idées, quand leur esprit commence à se former, est uniquement dans leur commerce réciproque."

[83] Condillac: Lettres inédites à Gabriel Cramer. Texte établi, présenté et annoté par G. Le Roy. Paris 1953, S. 104.

[84] Im Mitleid sieht J. Trabant (Ethische Momente in Sprachursprungstheorien. In: Josef Simon (Hrsg.): Orientierung in Zeichen. Zeichen und Interpretation III. Frankfurt/M 1997, S 229) „das ethische Moment" in Condillacs Sprachtheorie. Vgl dazu auch die Ansicht

Hinsichtlich Condillacs Ausführungen zum Sprachursprung ist ein Defizit zu konstatieren. Im ersten Teil des *Essai* verschreibt sich Condillac intensiv der Erkenntnislehre. Wenn es im zweiten Teil dieser Schrift um den Ursprung der sprachlichen Zeichen geht, bringt er ihn aber nicht mit dem menschlichen Erkenntnisvermögen in Zusammenhang, sondern mit dem „akzidentielle[n] Moment der Vergesellschaftung"[85].

2.4.2 Sprachentwicklung

Condillac beschreibt den Sprachentwicklungsprozeß aus historischer Perspektive. Durch die häufige Wiederholung der gleichen Umstände werden die beiden Kinder auf ihre Handlungen und entsprechende Perzeptionen aufmerksam und verbinden allmählich die beiden miteinander. Damit haben Laute oder Gesten den Charakter 'natürlicher Zeichen', und indem sie mit diesen Zeichen vertraut werden, wissen sie diese beliebig zurückzurufen. Zuerst kommen die Kinder anhand der Zeichen zur Kenntnis von Bedürfnissen des anderen und machen hernach auch davon Gebrauch, um ihre eigenen Gefühle kundzugeben. So kommt es endlich: „ils [les enfants] parvinrent insensiblement à faire, avec réflexion, ce qu'ils n'avoient fait que par instinct."[86] Die weitere Verwendung der natürlichen Ausdrucksformen gibt Anlaß zur Entstehung der artikulierten Lautsprache. Diese neue Sprache nimmt den akustischen Bestandteil der 'Aktionssprache' zum Modell und bildet sich über einen langen Prozeß. Aber die 'Gebärdensprache' überwiegt noch die artikulierte Lautsprache. Denn jene ist nicht nur sinnfälliger, sondern das Sprachorgan ist noch nicht elastisch genug, um artikulierte Laute auszusprechen. Die 'konven-

---

von Fritz Mauthner: „Das Individuum, wenn wir es ohne Zusammenhang mit den anderen Menschen fänden, kann gar keine Ethik haben. Ethik ist eine soziale Erscheinung. Ethik ist wie die Sprache nur etwas zwischen den Menschen, weil die Ethik auch nur Sprache ist. Ethik ist die Tatsache, daß zwischen den Menschen Wertbegriffe entstanden sind, welche sich bei der Betrachtung von menschlichen Handlungen als Werturteile aufdrängen […]." (Zit. nach Alan Corkhill: Herder and the Misuse of Language. In: Herder-Jahrbuch 1996. Stuttgart u. Weimar. S. 81f.)

[85] Wolfgang Proß: Anmerkungen zur *Abhandlung*. In: Johann Gottfried Herder: Werke. Bd. II. Herder und die Anthropologie der Aufklärung. Hrsg. von W. P. München u. Wien 1987, S. 947.

[86] *Essai* II, I, i, § 3.

tionellen Zeichen' dienen nur dazu, die 'Gebärdensprache' zu ergänzen. Auf einem langen Weg erfolgt der Übergang von der 'Gebärden-' zur Lautsprache.[87] Wenn auch die Lautsprache vorherrschend gebraucht wird, so behält sie doch den Charakter jener 'Gebärdensprache'. Lange Zeit finden die beiden Sprachen vermischte Verwendung. Erst sehr viel später überwiegt die Lautsprache infolge der Flexibilität des Sprachorgans und der Reichhaltigkeit der artikulierten Laute.[88]

In der *Grammaire* verfährt Condillac mit Analyse und Analogie als Prinzipien, die der Sprache zugrundeliegen. Er bezeichnet die Sprache als „méthode analytique"[89]. Das besagt, daß die Sprache die Gedanken zerlegt. Die naturgegebene 'Aktionssprache' drückt simultan die körperlichen Bedürfnisse aus, und diese erfahren deshalb keine Analyse. Aber ein Drang zum Ergreifen der kundgetanen Vorstellungen bahnt den Weg zu ihrer Zerlegung. Condillac zufolge obliegt es dem Hörer, die simultanen Vorstellungen in Sukzession zu bringen:

> [...] quoique simultanées dans celui qui parle le langage d'action, les idées deviennent souvent successives dans ceux qui écoutent. C'est ce qui arrive lorsqu'au premier coup d'œil ils laissent échapper une partie de l'action. Alors ils ont besoin d'un second coup d'œil, ou même d'un troisième pour tout entendre; et par conséquent ils reçoivent successivement les idées qui leur étoient offertes toutes à la fois.[90]

Mit der Transformation von simultanen in sukzessive Vorstellungen geht die 'Aktionssprache' zum 'künstlichen' Zeichen über. Schon bei dem 'künstlichen' Zeichen der 'Aktionssprache'[91] setzt die Zerlegung der Ge-

---

[87] Ricken (Sprache, Anthropologie, Philosophie, S. 109) erkennt in diesem Übergangsprozeß einen Ansatz zur Dialektik: „Die artikulierte Lautsprache entstand zwar in einer natürlichen Entwicklung aus der Aktionssprache, die eine Mischung von Gebärden und Lauten war, mußte dann aber ihre volle Entfaltung gegen die Gebärdensprache durchsetzen."

[88] Condillacs Auffassung von der 'Gebärdensprache' verdankt Mandeville und Warburton viel. Aber die Gebärdensprache als Urgrund der Lautsprache unterscheidet, so Megill (The Enlightenment Debate on the origin of language, S. 197), Condillac von den beiden.

[89] *Grammaire*, S. 431.

[90] *Grammaire*, S. 430.

[91] *Grammaire*, S. 429f. Condillac unterscheidet zwei Arten der Aktionssprachen: 'natürliche' und 'künstliche'/*artificiel*. Die 'natürliche Aktionssprache' wird als der „langage des idées

danken ansatzweise ein. Doch erst mittels der artikulierten Sprache kommt die Analyse[92] tatsächlich zur Wirkung: „Si toutes les idées, qui composent une pensée, sont simultanées dans l'esprit, elles sont successives dans le discours: ce sont donc les langues qui nous fournissent les moyens d'analyser nos pensées.“[93]

Im Verlauf der Analyse werden neue Zeichen beansprucht, welche die Aufgabe der Zerlegung erleichtern. Sie bilden sich auch nach dem Prinzip der Analogie. Die Zeichenbildung erfolgt nicht nach Belieben, sondern „avec règle“[94], nämlich unter Bezugnahme auf die bereits vorhandenen Zeichen.[95] Durch die ständige Anwendung des Prinzips kommt der langsame Übergang vom 'natürlichen' Zeichen der 'Aktionssprache' über deren 'künstliche' Zeichen zur artikulierten Lautsprache zustande. Im Hinblick auf das Analogieprinzip besteht eine Identität zwischen der 'natürlichen Aktionssprache' und der Lautsprache, wenn sie auch unterschiedliche Ausdrucksformen sind. Aufgrund dieser Identität läßt Condillac alle Künste zum Ausdruck der Gedanken aus der 'Gebärdensprache' hervorgehen: „On verra comment il [le langage d'action] a produit tous les arts qui sont propres à exprimer nos pensées; l'art des gestes, la danse, la parole, la déclamation, l'art de la noter, celui des pantomimes, la musique, la poésie, l'éloquence, l'écriture et les différens caractères des langues.“[96]

2.4.3 Sprache und Denken

Condillac zufolge haben Sprache und Denken ihren Ursprung jeweils in natürlichen Bezeichnungsmitteln und Sinneseindrücken. Aber in der

---

simultanées“ durch die „confirmation des organes“ gegeben, während sich die 'künstliche' als Sprache „des idées successives“ durch die Analogie bildet.

[92] Parret (Idéologie et Sémiologie chez Locke et Condillac, S. 235) erklärt die Analyse hinsichtlich des Verhältnisses von Zeit *successivité* und Raum *simultanéité*: „l'ordre spatial dès qu'il est analysé, devient l'ordre temporel.“

[93] *Grammaire*, S. 436.

[94] *Grammaire*, S. 431.

[95] Aus diesem Grunde ersetzt Condillac den Ausdruck *arbitraire* durch *artificiel*. Vgl. dazu S. 58f. dieser Arbeit.

[96] *Essai*, Introduction, S. 4.

Zeitfolge stehen die Perzeptionen vor den Ausdrucksformen: „[...] ils [les cris naturels] ne seront pas, dès la première fois, des signes à son égard, puisqu´au lieu de lui [le homme] réveiller des perceptions, ils n´en seront que des suites."[97] Damit deutet er an, daß das Denken eher da ist als die Sprache.[98]

In seiner Zeichentheorie bestätigt Condillac, von welcher Tragweite die aus fundamentalen Ausdrucksweisen entwickelten 'konventionellen Zeichen' für Vorstellungen und 'Seelenoperationen', also Erkenntnistätigkeiten, ist: „[...] il est démontré que l´origine et le progrès de nos connoissances dépendent entièrement de la manière dont nous nous servons des signes."[99] Ein Zeichengebrauch ermöglicht die Gewalt über den wenn auch ersten und geringsten Grad des 'Gedächtnisses' und der 'Imagination'. Dies weist auf die Nützlichkeit der Zeichen und die Notwendigkeit zur Erfindung neuer Zeichen hin. Das führt dazu, den Einsatz des 'Gedächtnisses' und der 'Imagination' zu verstärken, was auch der Ausübung der 'Reflexion' dient. Diese produktive Operation hat dann ihrerseits Rückwirkung auf die beiden 'Seelenoperationen'. Dadurch fördern die aktiven Operationen ihre wechselseitige Entwicklung.[100] Hierin wird in Ansätzen bereits die Wechselwirkung von Zeichen und Reflexion gezeigt.

Die gegenseitige Unterstützung von Sprache und Denken wird deutlich, wenn es um die Sprachentwicklung geht. Erst mit der Institutionalisierung der Zeichen, besonders bei der artikulierten Lautsprache, wird die Wechselbeziehung deutlich erkennbar: „L´usage de ces [arbitraires] signes étendit peu à peu l´exercice des opérations de l´ame, et, á leur tour, celles-ci ayant plus d´exercice, perfectionnèrent les signes et en rendirent l´usage plus familier. Notre expérience prouve que ces deux choses s´aident mutuellement."[101] In dieser Erkenntnis der wechselseitigen Beeinflussung von Sprache und Denken sieht Le Roy die Originalität von Condillac: „De

---

97 *Essai* I, II, iv, § 38.
98 Vgl. Franzen, Der Abbé und die Zeichen, S. 89.
99 *Essai* II, II, iv, § 53.
100 *Essai* I, II, v, § 49.
101 *Essai* II, I, i, § 4.

cette solidarité [entre le langage et la pensée réfléchie], personne n´avait jamais parlé: c´est à Condillac que revient l´honneur d´en avoir, pour la première fois, compris et souligné l´importance."[102]

---

[102] Le Roy, La psychologie de Condillac, S. 74.

2.5 Mensch und Tier

Die Frage nach dem Sprachursprung ist mit dem anthropologischen Problem eng verbunden. Condillac läßt die menschliche Sprache als 'konventionelles Zeichen' aus der 'Gebärdensprache' hervorgehen. Aber diese primitive Sprache ist tierischer und zugleich menschlicher Art. Mensch und Tier haben nämlich die Elemente dieser Sprache in Gestalt ihrer Körperorgane gemeinsam. Dann stellt sich die Frage nach der Stellung des Menschen unter den Lebewesen, nach seiner Beziehung zum Tier. Diese Fragestellung findet ausführliche Beantwortung im *Traité des animaux* (1755).

An das anthropologische Problem geht Condillac unter einem ganz anderen Gesichtspunkt als Buffon heran. Während Buffon anhand der Methode des Vergleichs das Wesen des Menschen zu begründen versucht, zieht Condillac nur die menschlichen Fähigkeiten in Betracht, die Natur des Menschen für unerkennbar erklärend: „*S´il n´existoit point d´animaux, dit M. de Buffon, la nature de l´homme seroit encore plus incompréhensible. Cependant il ne faut pas s´imaginer qu´en nous comparant avec eux nous puissions jamais comprendre la nature de notre être: nous n´en pouvons découvrir que les facultés, et la voie de comparaison peut être un artifice pour les soumettre à nos observations.*"[103]

Im ersten Teil des *Traité des animaux* hat Condillac die Absicht, Irrtümer in den damaligen Auffassungen vom Tier zu berichtigen. Er unterzieht die von Descartes und Buffon formulierten Thesen einer scharfen Kritik. Condillac zufolge versuche Descartes nur aufgrund der Gesetze der Bewegung das Universum zu erklären. Seine Neigung[104] zur

---

[103] *Traité des animaux*, S. 339. Die Unmöglichkeit, das Wesen eines Gegenstandes zu erkennen, erwähnt Condillac auch im *Essai*, Introduction, S. 4. Vgl. dazu auch *Essay* III, vi, § 9: „Our faculties carry us no further towards the knowledge and distinction of substances, than a collection of those sensible ideas, which we observe in them; which however made with the greatest diligence and exactness, we are capable of, yet is more remote from the true internal constitution, from which those qualities flow, than, as I said, a countryman´s idea is from the inward contrivance of that famous clock at Strasbourg [...]."

[104] Zur philosophischen Methodik von Descartes und zur Kritik Condillacs daran vgl. *Essai* II, II, iii, § 35.

Bildung des Systems und zur Verallgemeinerung des Gedankens veranlasse ihn, diesen Mechanismus sogar auf Lebewesen anzuwenden.[105] Darin sieht Condillac die Ursache für die cartesische Meinung, daß das Tier ein bloßer Automat sei. Dieser metaphysischen Einstellung stellt er die tierischen Verhaltensweisen entgegen und spricht auch dem Tier die Fähigkeit zum Fühlen zu:

> [...] les bêtes veillent elles même à leur conservation; elles se meuvent à leur gré; elles saisissent ce qui leur est propre, rejettent, évitent ce qui leur est contraire; les mêmes sens, qui règlent nos actions, paroissent régler les leurs. Sur quel fondement pourroit-on supposer que leurs yeux ne voient pas, que leurs oreilles n'entendent pas, qu'elles ne sentent pas, en un mot?[106]

Buffon unterscheide, so Condillac, zwischen *sensations corporelles* und *sensations spirituelles*[107]. Er betrachte die Koexistenz der beiden Sinnesempfindungen als charakteristisch für den Menschen. Demgegenüber würden dem Tier bloß *sensations corporelles* zugeschrieben. In dieser Hinsicht erkenne Buffon zwar das Vermögen des Tiers zum Fühlen, aber der dualistischen Philosophie von Descartes folgend, halte er das Tier für eine Materie. Gegen die ambivalente Ansicht von Buffon hebt Condillac von neuem seine These hervor: „si les bêtes sentent, elles sentent comme nous."[108]

Im zweiten Teil des *Traité des animaux* stellt Condillac das 'System der Fähigkeiten' auf, an dem Mensch und Tier gemeinsam teilhaben. Er findet in der 'Sinnesempfindung' den Ursprung aller Fähigkeiten. Angesichts der Außenwelt empfinden Mensch und Tier Lust oder Schmerz. Sie vergleichen beide Gefühle miteinander und versuchen, die angenehmen Empfindungen zu erwerben und den unangenehmen auszuweichen. An diesen 'Bedürfnissen' setzen die Fähigkeiten der Lebewesen an. Die Bedürfnisse evozieren die Vorstellungen der Gegenstände, die sie zufriedenstellen. Mit

---

[105] *Traité des animaux*, S. 340.

[106] *Traité des animaux*, S. 341.

[107] *Traité des animaux*, S. 342.

[108] *Traité des animaux*, S. 343.

der Zunahme der Bedürfnisse vermehren sich auch die Vorstellungen und verknüpfen sich dann miteinander. Diese 'Verknüpfung der Vorstellungen' gibt Anlaß zur Erweiterung der Fähigkeiten. Und der Mensch nimmt Gewohnheiten ebenso durch Erfahrung an wie das Tier.[109]

Aber die Handlung von Mensch und Tier entfaltet sich nach Condillac jeweils auf ganz verschiedene Weise. Die „uniformité" ist kennzeichnend für die tierische Handlung, während die menschliche in der „différence" besteht. Das Tier kommuniziert, wenn auch in Gesellschaft, kaum Vorstellungen. Es macht die selbe Sache immer auf die gleiche Weise und bleibt deshalb im unveränderten Zustand ohne Fortschritt. Die Ursache dafür sieht Condillac in der Unfähigkeit des Tiers zum Nachahmen. Im Unterschied zum Tier tauscht der Mensch als „copiste[s]" in der Gesellschaft seine Erfahrungen und Gedanken aus und erlernt dadurch unterschiedliche Verhaltensweisen. Die durch den Umgang mit seinesgleichen gewonnenen Kenntnisse häufen sich von Generation zu Generation an.[110]

Condillac meint, daß der „don de la parole"[111] der menschlichen Gesellschaft den Weg zur Perfektion ebnet. Nur der Mensch verfügt über die Fähigkeit zur Kommunikation mittels der Laute. Er entwickelt in einem langen Prozeß die institutionellen Zeichen der artikulierten Lautsprache aus den 'natürlichen' der 'Aktionssprache'. Jene Lautsprache erleichtert ihm den Austausch der Vorstellungen. Dank ihr gibt er den nächsten Generationen seine akkumulierten, gesellschaftlichen Erfahrungen weiter. Das führt zum Fortschritt der Erkenntnis, was dann die Entstehung der Künste und Wissenschaften ermöglicht. Damit bildet der Mensch die sogenannte Kultur. Das Tier dagegen hat nur einen „langage fort imparfait"[112] sowie die 'Aktionssprache'. Anhand dieses Kommunikationsmittels teilt es in sehr beschränkter Weise seine Bedürfnisse mit. Es kommt nicht über den Stand der Individuen derselben Gattung hinaus und bleibt immer auf dem naturgegebenen Zustand.

---

[109] *Traité des animaux*, S. 356-58.

[110] *Traité des animaux*, S. 359.

[111] *Traité des animaux*, S. 361.

[112] Ebd.

Im *Traité des sensations* macht Condillac einen Unterschied zwischen *connoissances théoretiques* und *connoissances pratiques* deutlich. Die 'praktischen Erkenntnisse' stellen die 'verworrenen' Vorstellungen dar, sie gelten lediglich für ein Wesen sehr begrenzter Intelligenz, das aus Gewohnheit handelt. Dagegen kommen die 'theoretischen Erkenntnisse' mit den 'deutlichen' Vorstellungen zustande, die durch Klassifikationen und Bestimmungen erworben werden. Deshalb haben sie Bedarf an Sprache.[113] In dieser Hinsicht kommen beim Tier nur die 'praktischen Erkenntnisse' zur Wirkung, während die 'theoretischen' allein dem Menschen zur Verfügung stehen, weil er eine der Analyse angemessene Sprache hat.[114]

Dank dieser analytischen Sprache ist der Mensch der Abstraktion fähig und bildet die allgemeinen Vorstellungen[115]. Er reflektiert nicht nur über die Umstände um sich, sondern auch über sich selbst. Darüber hinaus gelangt er zur Erkenntnis von Prinzipien der Moral und von Gott. Aus Mangel an Sprache bleibt das Tier dagegen auf den elementaren 'Seelenoperationenen' stehen, welche die passive 'Imagination' nicht überschreiten. Es vermag weder zu reflektieren[116] noch zu abstrahieren. Deswegen hat es Interesse nur an den Dingen außer sich und kann nicht über sich selbst denken. Daraus ergibt sich: „les circonstances commandent les bêtes: l'homme au contraire les juge, il s'y prête, il s'y refuse, il se conduit lui-même, il veut, il est libre."[117]

---

[113] *Traité des sensations.* In: Œuvres philosophiques de Condillac. Texte établi et présenté par G. Le Roy. Vol. 1. Paris 1947, S. 298. Vgl. dazu auch *Traité des sensations*, S. 268.

[114] Vgl. *Traité des animaux*, S. 364f.

[115] In der Fähigkeit zur Abstraktion und zur Bildung der allgemeinen Vorstellungen sieht Locke das wesentlich unterscheidende Merkmal des Menschen gegenüber dem Tier: " [...] I think, I may be positive in, that the power of *abstracting* is not at all in them [beasts]; and that the having of general ideas, is that which puts a perfect distinction betwixt man and brutes; and is an excellency which the faculties of brutes do by no means attain to." (*Essay* II, xi, § 10)

[116] Condillac zufolge reflektiert das Tier nur auf einen Augenblick: „Dès qu'elles [bêtes] y [sur leurs besoins] ont réfléchi, elles n'y réfléchissent plus [...]." (*Traité des animaux*, S. 363)

[117] *Traité des animaux*, S. 378.

Auf diese Weise scheidet Condillac hinsichtlich der Fähigkeiten den Menschen vom Tier. Nach seiner Ansicht ist jedoch die Differenz zwischen den beiden Lebewesen nicht qualitativer, sondern quantitativer Art. Condillac legt den Fähigkeiten von Mensch und Tier die den beiden gemeinsamen 'Sinnesempfindungen', 'Bedürfnisse' sowie 'Verknüpfungen der Vorstellungen' zugrunde. Zwischen dem für die tierische Handlung bezeichnenden Instinkt und der den Menschen leitenden Vernunft sieht Condillac keine absolute Distanz. Der Instinkt sei nämlich „un commencement de connoissance"[118]. Dazu hat dieser zusammen mit der Vernunft auch Anteil an der Bestimmung des Menschen: „Ainsi il y a en quelque sorte deux *moi* dans chaque homme: le moi d´habitude et le moi de réflexion."[119] Wenn Condillac die Kette des Seins vom Tier hin zu Gott erwähnt, rückt die quantitative Differenz in den Vordergrund:

> [...] nous ne pouvons juger d´eux [êtres] que par leurs opérations. C´est pourquoi nous voudrions vainement trouver le moyen de marquer à chacun ses limites: nous ne verrons jamais entre eux que du plus ou du moins. C´est ainsi que l´homme nous paroît différer de l´ange, et l´ange de Dieu même, mais de l´ange à Dieu la distance est infinie, tandis que de l´homme à l´ange elle est très-considérable, et sans doute plus grande encore de l´homme à la bête. Cependant, pour marquer ces différences, nous n´avons que des idées vagues et des expressions figurées, *plus, moins, distance*.[120]

Descartes nimmt eine scharfe Trennung von Geist und Körper vor. Er hält das Tier für einen unbeseelten Körper, während der Mensch als ein denkendes Wesen bestimmt wird. Das dualistische System verleiht dem

---

[118] *Traité des animaux*, S. 362. Bei Condillac ist der Instinkt aposteriorisch. Im *Essai* versteht er daunter „une imagination qui, à l´occasion d´un objet, réveille les perceptions qui y sont immédiatement liées, et par ce moyen dirige, sans le secours de la réflexion, toutes sortes d´animaux." (*Essai*, I,II,v,§ 43). Dabei wird die Erfahrung mit einem Gegenstand hervorgehoben. Im *Traité des animaux* steht der Instinkt im Zusammenhang mit der Gewohnheit: „ [...] l´instinct n´est que cette habitude privée de réflexion. [...] Il ne leur [les bêtes] reste plus qu´à répéter tous les jours les mêmes choses: elles doivent donc n´avoir enfin que des habitudes, elles doivent être bornées à l´instinct." (*Traité des animaux*, 363) Zum Begriff 'Instinkt' von Condillac vgl. Gesche, Johann Gottfried Herder, S. 107f.

[119] *Traité des animaux*, S. 363

[120] Ebd.

Menschen eine Sonderstellung gegenüber den anderen Lebewesen. Aber Condillac neigt dazu, den unermeßlichen Abgrund zwischen Mensch und Tier aufzuheben. Dem Tier werden die Seele[121] und die Fähigkeit zum Fühlen zugesprochen. Das menschliche Denken läßt er aus der körperlichen Erfahrung entstehen, wodurch der Mensch in die sinnliche Welt gerückt wird. Mit der Überbrückung des Abgrundes ergibt sich eine neue Einstellung dem Menschen gegenüber. Auf die sensualistische Anthropologie von Condillac trifft auch Trabants Ansicht zu: „Der Mensch steht jetzt an der Spitze einer Stufenleiter lebender Geschöpfe Gottes und nicht mehr den Geschöpfen Gottes gegenüber in einer völlig anderen Sphäre des Seins."[122]

---

[121] Vgl. *Traité des animaux*, S. 371 u. *Essai* I, II, iv, § 43.

[122] Trabant, Condillacs Erkenntnis- und Sprachtheorie, S. 53.

3. Kapitel: Süßmilch

3.1 Hintergrund, Zweck und Argumentationsweise im *Versuch*

Süßmilch ist durch sein Hauptwerk *Die Göttliche Ordnung in den Veränderungen des menschlichen Geschlechts, aus der Geburt, Tod, und Fortpflanzung desselben erwiesen*[1] als einer der Begründer der modernen Bevölkerungsstatistik bekannt. Dank dieser anerkannten Schrift wurde er 1745 in die Berliner Akademie aufgenommen. Während seiner 22jährigen Mitgliedschaft hielt er in den Sitzungen 31 Vorträge.[2] Neben seinen überwiegenden Untersuchungen demographischer Aspekte hatte er auch Interesse am Sprachproblem.

1756 las Süßmilch als Propst zwei Abhandlungen über den Sprachursprung vor. Erst zehn Jahre danach kam er durch einen Schlaganfall und wegen der „Wichtigkeit der Materie"[3] zum Entschluß, die vorgelesenen Abhandlungen unter dem Titel *Versuch* veröffentlichen zu lassen. Es war Maupertuis' *Dissertation sur les différents moyens dont les hommes se sont servis pour exprimer leurs idées*[4] (1756), die Süßmilch veranlaßte, seinen *Versuch* zu entwerfen.[5] Unmittelbar auf die natürliche Sprach-

---

[1] J. P. Süßmilch: Die Göttliche Ordnung in den Veränderungen des menschlichen Geschlechts, aus der Geburt, Tod, und Fortpflanzung desselben erwiesen. 3. Aufl. 2 Bde. Berlin 1765. Diese Schrift wird im folgenden mit dem Sigel *Göttliche Ordnung* aufgeführt.

[2] Vgl. Jürgen Wilke: Johann Peter Süßmilch, ein universeller Gelehrter Berlins des 18. Jahrhunderts. In: Berliner Geschichte. Dokumente, Beiträge, Informationen. Heft 10. Berlin 1989, S. 70. Nach Wilkes Angabe hielt Süßmilch sieben Vorträge über Sprachprobleme, vier über regional-historische Themen und zwanzig zu demographischen Untersuchungen.

[3] *Versuch*, Vorrede.

[4] Dieser Text (im folgenden: *Dissertation*) ist enthalten in P. L. M. de Maupertuis: Œuvres. III. Nachdruck der Ausgabe von Lyon 1768. Hildesheim 1965.

[5] Vgl. *Versuch*, Vorrede: "Eine bey der Königlichen Academie der Wissenschaften, von dem verstorbenen Präsidenten derselben, dem Herrn von Maupertuis verlesene Abhandlung über die Entstehung der Sprache gab mir Gelegenheit, meinen ersten Entwuf über dieser Materie auszuarbeiten und die Unmöglichkeit zu beweisen, daß die erste Sprache ihren Ursprung von Menschen haben könne, woraus sodann nothwendig folget, daß sie von dem anbetungswürdigsten Schöpfer herrühren müsse."

ursprungsthese des Präsidenten der Berliner Akademie reagierte der Propst mit seiner göttlichen. Stam führt den Streit Süßmilchs mit Maupertuis auf das feindselige Verhältnis der Deutschen gegenüber den Franzosen in der Akademie zurück.[6] In der Tat war wegen der Frankophilie Friedrichs des Großen die Abneigung gegen Frankreich in der Akademie verbreitet. Das bezeugt Süßmilchs Klage über die „halbfranzösische[n]"[7] Lage der Berliner Akademie:

> Ich bin muthlos und zweifle an einem erwünschten Erfolg, *theils weil mein Buch deutsch geschrieben, theils weil die Akademie der neuen Schöpfung des D'Alembert soll unterworfen werden, woraus doch nichts als Tort für die Deutschen zu erwarten.* Der Untergang der Akademie erfolgt alsdann gewiss, *weil die wenigen Franzosen es nicht ausmachen werden, unter denen ohnedem kein einziger wahrer Gelehrter zu finden.* Also hat auch anjetzt die Akademie ihre Stunde der Vorsehung.[8]

Aber es ist übertrieben, daß man wie Stam diese Feindseligkeit zwischen Deutschen und Franzosen als Ursache der theoretischen Auseinandersetzung Süßmilchs mit Maupertuis ansieht. Süßmilch beruft sich nämlich in seinen Erörterungen auf Rousseaus *Inégalité* und übt Kritik an Mendelssohn. Darüber hinaus unterstützt Samuel Formey, der ständige Sekretär der Berliner Akademie, mit seiner Schrift *Réunion des principaux moyens employés pour découvrir l'origine du langage, des idées et des connoissances des hommes* (1762) die These von Süßmilch.

---

[6] James Henry Stam: The Questions of the origin of language in German thought 1756-1785. Brandeis, Univ., Diss., Microfilm. 1964, S. 2, 6f. u. 12.

[7] Harnack, Geschichte der Königlich Preussischen Akademie, 1. Bd., S. 459.

[8] Ebd., S. 357. Diese Meinung Süßmilchs teilt Herder im *Reisejournal*: „Was hat seine [Friedrichs des Großen] Akademie ausgerichtet? Haben seine Franzosen Deutschland und seinen Ländern so viel Vortheil gebracht, als man glaubte? Nein! seine Voltäre haben die Deutschen verachtet und nicht gekannt [...]. Seine Akademie hat mit zum Verfall der Philosophie beigetragen. Seine Maupertuis, Premontvals, Formeis, d'Argens was für Philosophen? was haben sie für Schriften gekrönt? den Leibniz und Wolf nicht verstanden, und den Hazard eines Premontv[al] die Monadologie eines Justi, den freien Willen eines Reinhards, die Moralphilosophie und Kosmologie eines Maupertuis, den Styl eines Formei ausgebrütet. Was ist dieser gegen Fontenelle? was sind die Philosophen auch selbst mit ihrer schönen Schreibart gegen die Locke und Leibnitze?" (82f.)

Was das Verhältnis Süßmilchs zu Condillac betrifft, so lernt der Propst, wie er selbst einräumt[9], durch Rousseau den *Essai* des Abbés kennen. Aber er befaßt sich selbst nicht mit dieser Schrift, sondern begnügt sich mit deren Einschätzung durch Rousseau. Doch kritisiert Süßmilch im *Versuch* die Vertreter der natürlichen Sprachursprungsthese inklusive Maupertuis, dessen Sprachtheorie Condillac viel verdankt. In dieser Hinsicht impliziert diese Kritik Süßmilchs auch seine indirekte Konfrontation mit dem Abbé.

Es geht im *Versuch* einerseits um „Lobe [sic!] und Dienst des gütigsten Schöpfers"[10], andererseits zugleich um „Widerlegung der Feinde aller Offenbarung"[11]. Das besagt, daß Süßmilch mit dem Thema der Sprache unter Gesichtspunkten der Apologetik[12] umgeht. Es verhält sich in der *Göttlichen Ordnung* so, daß er aufgrund des göttlichen Befehls aus der Genesis 1, 28[13] untersuchen will, wie die Worte des Schöpfers erfüllt werden. Harnack sieht also in Süßmilch einen „streng orthodoxen evangelischen Geistlichen"[14]. Dieses Bild von ihm läßt sich auch aus dem Streit Süßmilchs mit Johann Christian Edelmann erschließen, der die Bibel als ungewiß und widersprüchlich betrachtet und die Befreiung von ihr zur „Voraussetzung der erfolgreichen Suche nach dem lebendigen Gott"[15] macht. Gegen diesen Freigeist zog Süßmilch in seinen Schriften und Predigten zu Feld. Aus diesem Anlaß wurde er 1749 von Friedrich dem Großen als Zensor für die theologischen Bücher eingestellt.

---

[9] Vgl. *Versuch*, S. 118: „Ich gestehe zu, daß ich desselben [Condillacs] angezogene Schrift nicht gesehen, sonst würde mich derselben in manchen Stücken meiner Abhandlung vielleicht haben bedienen können. Auch gestehe ich, daß ich nachher nicht Lust gehabt, sie zu Rathe zu ziehen und es wird diese Roußeauische Widerlegung hinlänglich seyn können."

[10] *Versuch*, S. 98.

[11] *Versuch*, Vorrede.

[12] In dieser Arbeit wird das Wort 'Apologetik' im Sinne einer Rechtfertigungslehre der christlichen Offenbarungslehre verstanden.

[13] „Seid fruchtbar, und vermehret euch, bevölkert die Erde, unterwerft sie euch, und herrscht über die Fische des Meeres, über die Vögel des Himmels und über alle Tiere, die sich auf dem Land regen." (Die Heilige Schrift. Einheitsübersetzung. 7. Aufl. Stuttgart 1994, S. 18)

[14] Harnack, Geschichte der Königlich Preussischen Akademie, 1. Bd., S. 321.

[15] Hans Linde: Zum Welt- und Gesellschaftsbild J. P. Süßmilchs. In: Herwig Birg (Hrsg.): Ursprünge der Demographie in Deutschland. Leben und Werk Johann Peter Süßmilchs (1707-1767). Frankfurt/M u. New York 1986, S. 243.

Der theologischen Weltanschauung Süßmilchs liegt der Einfluß des Halleschen Pietismus zugrunde, der von Philipp Jakob Spener und August Hermann Francke geprägt wurde.[16] Der Pietismus entstand als Reaktion auf die nach der Reformation erstarrte protestantische Kirche und ist durch verschiedene Richtungen bestimmt. Neben den auf die individuelle, gefühlsbetonte Frömmigkeit abzielenden Richtungen gibt es eine wirklichkeitsorientierte, die eine Veränderung der Welt anstrebt. Der Hallesche Pietismus, eine „religiös-soziale Bewegung mit weltweiter, universaler Zielsetzung"[17], bemüht sich um die Ausbreitung der „′Lehre vom wahren tätigen Christentum′"[18]. Er sieht das Heil nicht nur unter einem persönlichen Standpunkt, sondern auch unter demjenigen der gesamten Gesellschaft. Diese religiöse Bewegung strebt mit asketischer Lebensführung auf der individuellen Ebene nach der realen Verbesserung der menschlichen Gesellschaft. Um das pietistische Ideal zu verwirklichen, errichtete Francke, „Systematiker und Organisator der pietistischen Bewegung"[19], das Waisenhaus, worin er seine reformorientierten pädagogischen Tätigkeiten ausübte. Für die finanzielle Unterstützung des Waisenhauses betrieb er Handel mit Waren, Medikamenten und Büchern. Deshalb geht bei Francke die Mission mit dem Handel einher.[20]

Schon ab seiner frühen Schulzeit war Süßmilch in der pietistischen Atmosphäre aufgewachsen. Im Gymnasium auf der Neustadt in Brandenburg kam er durch den Rektor Caspar Gottschling, der vorher am Pädagogium des Waisenhauses in Halle unterrichtete und später auch briefliche Kontakte mit Francke hatte, mit dem pietistischen Gedankengut in Berührung und im Berliner Gymnasium zum Grauen Kloster durch den

---

[16] Zum Verhältnis zwischen Süßmilch und dem Halleschen Pietismus vgl. Wolfgang Neugebauer: Johann Peter Süßmilch. Geistliches Amt und Wissenschaft im friderizianischen Berlin. In: Hans J. Reichhardt (Hrsg.): Berlin in Geschichte und Gegenwart. Jahrbuch des Landesarchivs Berlin 1985, S. 40ff.

[17] Carl Hinrichs: Preußentum und Pietismus. Der Pietismus in Brandenburg-Preußen als religiös-soziale Reformbewegung. Göttingen 1971, S. 10.

[18] Ebd., S. 61.

[19] Ebd., S. 13.

[20] Vgl. Ebd., S. 86: „Wie Franckes Mission Weltmission ist, so ist auch sein Handel Welthandel."

Konrektor Johann Leonhard Frisch, der auf Empfehlung Speners an diesem Gymnasium angestellt wurde. In Halle, wo Süßmilch Theologie studierte, hatte er lebendige und kontinuierliche Kontakte mit Francke:

> Ausserdem hatte er [Süßmilch] einen besondern Gönner und Freund an dem itzigen Herrn Consistorialrath Franke. Wie Süßmilch nach einer gar löblichen Gewohnheit der damahligen Zeiten in Halle, da mehrere Lehrer eine ausgesuchte Tischgesellschaft hatten, täglich an dem Tisch des Herrn Franke speisete, so hatte er hier täglich Gelegenheit, sich über die vorgetragene Lehren näher zu unterreden und sich dabey unterrichten zu lassen.[21]

Später übte Süßmilch wie Francke verschiedene soziale Tätigkeiten aus. Als Inspektor der Landgemeinden in Cölln bemühte er sich um die Verbesserung des schlechten Zustandes im Schulwesen. Im medizinischen Bereich setzte er sich für die Senkung der Säuglingssterblichkeit ein und machte den Vorschlag, eine Ausbildungsstätte für Hebammen einzurichten. Als Propst wurde er erster Posthalter für die neu einzurichtende Schnellpost zwischen Berlin und Potsdam. Zur Förderung des Seidenbaus ließ er Maulbeerbäume pflanzen.

Der *Versuch* hat, wie gezeigt, einen apologetischen Zweck. In der Tat beruft sich Süßmilch, wenn auch nicht oft, auf die Bibel, um seine Meinungen zu rechtfertigen. Aber es bedeutet nicht, daß er die apologetische Argumentationsweise schlechthin benutzt. Wenn man den Titel des *Versuch* genauer betrachtet, wird es klar, daß Süßmilch sein Augenmerk mehr auf die Unmöglichkeit der Spracherfindung durch den Menschen als auf den göttlichen Sprachursprung richtet. Gott wird erst in Anspruch genommen, nachdem die Unfähigkeit des Menschen zur Schaffung der Sprache bewiesen ist.[22]

Condillac befaßt sich mit dem Sprachursprung unter Bezug auf die Schöpfungsgeschichte der Bibel. Aber er beschränkt das Problem auf die

---

[21] Johann Christian Förster: Nachricht von dem Leben und Verdiensten des Herrn Oberconsistorialraths Johann Peter Süßmilch. Berlin 1768, S. 20.

[22] Stam (The Questions of the origin of language, S. 54) bezeichnet diese Beweisart Süßmilchs als „negativ". Kieffer (Herder's treatment of Süßmilchs theory, S. 104) weist auf die Möglichkeit des Mißverständnisses des *Versuch* hin, die vom unvollständigen Zitat des Titels herrühre.

Erfahrungsebene und unterzieht es der philosophischen Untersuchung. Ebenso gebraucht Süßmilch in der *Göttlichen Ordnung* eine „quantifizierende"[23] Methodik: „Man muß erst eine Menge einzelner und kleiner Fälle und viele Jahre sammlen, um dadurch die verborgene [sic!] Regeln der Ordnung an das Licht hervorzuziehen."[24] Im *Versuch* will er aufgrund der Erfahrung[25] das Problem der Sprache „blos philosophisch"[26] berücksichtigen, was in seiner These vom Zusammenhang von Sprache und Denken sichtbar wird. In der Einleitung des *Versuch* sagt er deutlich, daß seine Argumentation nicht apologetisch ist:

> Der Zweck dieser Abhandlung gehet dahin, daß ich suchen will zu erweisen, daß der Ursprung der Sprache nicht von Menschen herrühre. Dieser Beweis soll nicht historisch oder biblisch seyn, sondern er soll aus der innern Beschaffenheit der Sprache hergenommen werden.[27]

Deshalb läßt sich nicht behaupten, daß die Argumentation Süßmilchs zur strengen Dogmatik tendiere. In diesem Sinne unterscheidet Haßler Süßmilch von anderen Vertretern des göttlichen Sprachursprungs.[28]

---

[23] Wilke, Johann Peter Süßmilch, S. 64.

[24] *Göttliche Ordnung*, 1. Teil, S. 64.

[25] *Versuch*, S. 46: „ […] die Erfahrung, als wodurch man von der Wahrheit der Sache völlig überzeuget wird."

[26] *Versuch*, Vorrede. Die Mitteilung der Sprache durch den Schöpfer zählt Süßmilch nicht zu seinem Forschungsgegenstand: „Und da die ganze Schöpfung ein Wunderwerk und folglich für unsern schwachen Verstand unerklärlich ist; so würde es eine Verwegenheit seyn, wenn man dieses Wunderwerk der Mittheilung der Sprache zu erklären, sich unterfangen wolte." (Ebd.) Aus diesem Grunde „ist es nicht gerechtfertigt," so Haßler (Sprachtheorien der Aufklärung, S. 70), „Süßmilch einfach als Theologen und Obskurantisten beiseite zu lassen." Vgl. dazu auch Megill, The Enlightenment Debate on the origin of language, S. 313.

[27] *Versuch*, S. 13f.

[28] Haßler, Sprachtheorien der Aufklärung, S. 70. Vgl. dazu auch Gesche, Johann Gottfried Herder, S. 14f. u. Herwig Birg: Demographie und Ethik - das Werk von Johann Peter Süssmilch mit einem Blick auf David Hume und Thomas R. Malthus. In: Derselbe (Hrsg.): Ursprünge der Demographie in Deutschland. Leben und Werk Johann Peter Süßmilchs (1707-1767). Frankfurt /M u. New York 1986, S. 10. Birg ist der Meinung, daß die „unbequeme Unkonventionalität" und „naive Eigenständigkeit" für den *Versuch* kennzeichnend sind.

3.2 „Vollkommenheit", „Ordnung" und „Schönheit" der Sprache - Physikotheologie

In der Vorrede der *Göttlichen Ordnung* erklärt Süßmilch, daß seine demographische Schrift durch William Derhams Werk *Physico-Theologie, or a demonstration of Being and Attributes of God from his work of creation* (1713) angeregt wurde. Weil der Begriff[29] 'Physikotheologie' eine feste Grundlage für Süßmilchs Bevölkerungsstatistik und Sprach-auffassung ausmacht, ist er näher zu erläutern.

Wie der Titel von Derhams Werk nahelegt, besteht die Physikotheolo-gie in der Erkenntnis Gottes als Schöpfer der Welt und im Beweis Gottes aus seiner Schöpfung. Diese Theologie kam in der apologetischen Situa-tion auf.[30] Angesichts der Entwicklung der Naturwissenschaft im 17. Jahr-hundert und der davon getragenen aufklärerischen Philosophie waren her-kömmliche Frömmigkeit und Gottesgewißheit erschüttert, und in dieser Krise wurden Theologie und Kirche der Notwendigkeit gewahr, die neuen naturwissenschaftlichen und philosophischen Erkenntnisse mit der Offen-barung in Einklang zu bringen oder zumindest zu vereinbaren. Diese Konstellation motivierte die Erforschung der Wirklichkeit aus einem christlichen Standpunkt. In diesem Sinne ist die Physikotheologie ein „Einfallstor"[31] der neuen wissenschaftlichen Erkenntnisse in die christ-liche Welt. Physikotheologische Untersuchungen erfolgen in zwei Schritten. Der erste ist die Entdeckung einer Regelmäßigkeit oder Ordnung in der chaotisch scheinenden Natur, und in einem zweiten Schritt begründen die Untersuchungen, daß diese Ordnung zweckmäßig ist,

---

[29] Bezüglich des Begriffs berufe ich mich auf Horst Dreitzel: J. P. Süßmilchs Beitrag zur po-litischen Diskussion der deutschen Aufklärung. In: H. Birg (Hrsg.): Ursprünge der Demo-graphie in Deutschland. Leben und Werk Johann Peter Süßmilchs (1707-1767). Frank-furt/M u. New York 1986, S. 47-68. Zum Überblick über die physikotheologische Bewe-gung im 17. und 18. Jahrhundert vgl. Wolfgang Philipp: Das Werden der Aufklärung in theologiegeschichtlicher Sicht. Göttingen 1957.

[30] Vgl. Philipp, ebd., S. 41: „Bei den einflußreichen Verfassern ist die Physikotheologie nicht eigentlich Selbstzweck, sondern Konsequenz einer oft recht intensiven zentraltheologischen Arbeit, weltanschaulich-seelsorgerliche Anwendung von Glaubens-bekenntnissen."

[31] Dreitzel, J. P. Süßmilchs Beitrag, S. 52.

wodurch die Existenz Gottes bestätigt wird. Kant erklärt diese Arbeitsmethode der Physikotheologie angemessen:

> Das Hauptmerkmal der bis dahin gebräuchlichen physikotheologischen Methode besteht darin: daß die Vollkommenheit und Regelmäßigkeit erstlich ihrer Zufälligkeit nach gehörig begriffen, und alsdenn die künstliche Ordnung nach allen zweckmäßigen Beziehungen darinnen gewiesen wird, um daraus auf einen weisen und gütigen Willen zu schließen, nachher aber zugleich, durch hinzugefügte Betrachtung der Größe des Werks, der Begriff der unermeßlichen Macht des Urhebers damit vereinigt wird.[32]

Neben dem apologetischen Motiv, die atheistischen Strömungen zu bekämpfen und von neuem die Glaubwürdigkeit der Bibel nachzuweisen, hat die Physikotheologie die erbauliche Funktion, Glauben und Frömmigkeit zu gestalten. In pragmatischer Sicht ist die physikotheologische Methode effektvoll, denn sie bezeugt das Dasein Gottes „sinnlich" und „auch dem gemeinsten Verstande leicht und faßlich"[33]. Kant sieht diese Methode aber nicht als philosophisch und wissenschaftlich an, weil sie Gefahr läuft, sich übereilt auf Gott zu berufen, statt sich der wirkenden Gründe der Naturerscheinungen bewußt zu werden. Auf diese Weise könne die physikotheologische Methode die „Ausbreitung der philosophischen Erkenntnis"[34] verhindern.

Kant erwähnt als Beispiel für die physikotheologische Methode Süßmilchs *Göttliche Ordnung*.[35] In dieser Schrift weist Süßmilch zuerst eine Ordnung[36] oder Gesetzmäßigkeit in den scheinbar zufälligen Bevölkerungserscheinungen nach, d. h. in der Sterblichkeit, Fruchtbarkeit und Vermehrung des menschlichen Geschlechts. Dann erkennt er, daß diese Regelmäßigkeit für die Bevölkerungsentwicklung zweckmäßig ist.

---

[32] Immanuel Kant: Der einzig mögliche Beweisgrund zu einer Demonstration des Daseins Gottes (im folgenden: *Demonstration des Daseins Gottes*). In: Werke. Hrsg. von Wilhelm Weischedel. Bd. 1. 5., erneut überprüfter reprographischer Nachdruck 1983 der Ausgabe Darmstadt 1960. S. 683.

[33] Ebd.

[34] *Demonstration des Daseins Gottes*, S. 685f.

[35] Vgl. *Demonstration des Daseins Gottes*, S. 689. Von dieser Schrift Süßmilchs ist in Herders *Briefen, das Studium der Theologie betreffend* (SW X, 330) auch die Rede.

[36] Linde (Zum Welt- und Gesellschaftsbild J. P. Süßmilchs, S. 235) hält die Ordnung und deren Göttlichkeit für die „Schlüsselbegriffe" von Süßmilchs Weltbild.

Schließlich beweist er damit die Übereinstimmung[37] der Bevölkerungs-ordnung mit dem göttlichen Gebot aus der Genesis 1, 28. Dreitzel zählt aus diesem Grund Süßmilch zum „biblizistischen Typus der Physikotheo-logie"[38].

Im ersten Abschnitt des *Versuch* handelt Süßmilch vom physikotheolo-gischen Standpunkt aus von der Sprache. Er beobachtet zuerst die Sprachen der kultivierten und der primitiven Völker, gewinnt daraus als gemeinsamen Nenner die vollkommene, ordentliche und schöne Struktur der Sprache und hält dies für die grundlegenden Prinzipien der Sprache überhaupt. Er stellt fest, daß alle bekannten Sprachen aus „etlich und zwanzig Buchstaben"[39] zusammengesetzt seien, und daß durch die Kom-binationen dieser Buchstaben unermeßliche Variationen der Laute mög-lich werden. Die Wörter seien nicht zu lange und ausgedehnt, was dem Maß des menschlichen Gedächtnisses entspreche. Dieses „Gesetz[e] der

---

[37] Vgl. *Göttliche Ordnung*, 1. Teil, S. 6: „So erhellet aus diesen nachdenkenswürdigen Worten des Schöpfers, daß seine Weisheit und Güte bey dem Entschluß zur Hervor-bringung der Welt die Absicht gehabt, daß der vernünftige Mensch der Beherrscher und Bewohner des ganzen Erdballs seyn solte. Die Erfahrung bestätigt es auch, daß er alles dergestalt angeordnet, daß durch die Fruchtbarkeit und die Gesetze des Todes die Ver-mehrung, und zwar in solchem Grade erfolgen können, daß die Welt allmählig und in allen Theilen und Ländern mit Menschen hat können angefüllet werden, die denn auch ihre Herrschaft überall ausüben, und sich zum Gebrauche alle Thiere unterthänig machen. Die Offenbarung, Vernunft und Erfahrung finden wir also hier in einer völligen Übereinstimmung."

[38] Dreitzel, J. P. Süßmilchs Beitrag, S. 49. Je nach der theologischen Situation teilt Dreitzel die Physikotheologie neben dem biblizistischen Typus noch weiter in den „theistischen" und „deistischen oder neologischen" auf. Der theistische Typus erkenne „nur stillschwei-gend" (S. 50) die Harmonie zwischen den naturwissenschaftlichen Erkenntnissen und der Offenbarung an. Zu diesem Typus rechnet er Christian Wolff. Für den deistischen ist die bibelkritische Einstellung charakteristisch.

[39] Die „Buchstaben" hier bedeuten nicht Schriftzeichen, sondern Phoneme. Es erhellt aus dem folgenden Kontext: „Die verschiedenen Bestimmungen eines Schalles nennet man *Articulationen* und jeden einzelnen Theil einer Articulation, der sich unterscheiden lässet, nennet man einen *Buchstaben*." (*Versuch*, S. 20). Aber Herder mißversteht in seiner *Abhandlung* Süßmilchs Buchstabenhypothese. Er setzt die „Buchstaben" hier mit der geschriebenen Sprache in Zusammenhang: „Je lebendiger nun eine Sprache ist, je weniger man daran gedacht hat, sie in Buchstaben zu faßen, je ursprünglicher sie zum vollen, unausgesonderten Laute der Natur hinaufsteigt, desto minder ist sie auch schreibbar, desto minder mit zwanzig Buchstaben schreibbar [...]." (SW V, S.11) Zu Herders Streit mit der Buchstabenhypothese Süßmilchs vgl. Kieffer, Herder´s treatment of Süßmilchs theory, S. 102f.

Characteristic"[40] sorge dafür, daß auch die Kinder die Sprache leicht reden und erlernen könnten. Die Sprache enthalte nicht nur die Wörter für die sinnlichen Dinge, sondern auch diejenigen für die allgemeinen Begriffe, die für die Verwendung des Verstandes unentbehrlich seien. Es fehle ihr auch nicht an Zahlwörtern, die das Rechnen erleichtern. Indem er die einzelnen Materialien der Sprache herzeigt, macht Süßmilch deutlich, daß die sprachlichen Bestandteile einem Zweck der Sprache (Gedanken-austausch) gemäß eingerichtet sind. Darin sieht er die „Vollkommenheit" der Sprache. Die Tatsache, daß die Sprache nach Regeln bestimmt ist, d.h. eine Grammatik hat, führt ihn zum Begriff „Ordnung" der Sprache. Hinsichtlich der „gehörigen Abmessung und Verhältniß der Theile gegen einander, wie auch in der geschickten Verbindung des Aehnlichen und Unähnlichen"[41] findet Süßmilch die Sprache schön. Zum Beweis der sprachlichen „Schönheit" führt er die treffende Vermischung der Kon-sonanten und Vokale oder diejenige der ein- und vielsilbigen Wörter an. Die These von der vollkommenen, ordentlichen, schönen Beschaffenheit der Sprache veranlaßt Süßmilch, die Sprache mit einem „ungemein künst-lichen Gebäude"[42] oder einem „philosophischen Gebäude[s]"[43] gleich-zusetzen. Aus ihrem kunstfertigen Bau schließt er, daß die Sprache mit Plan erfunden und ein Werk der Vernunft sei:

> Ich habe also erstlich bewiesen, daß in der Sprache Vollkommenheit, Ordnung und Regeln anzutreffen sind, daher sie also nicht durch ein Ohngefehr hat entstehen können, sondern sie muß mit Absicht und mit vieler Vernunft seyn gebildet worden. Der Erfinder derselben muß sich also in einem völligen Gebrauch der Vernunft befunden haben. Der Erfinder kan nicht nach dem Diodor, Vitruv, Lucrez thierisch, dumm und er muß nach dem Horaz kein turpe pecus gewesen seyn, sonst würde er nimmermehr dieses große Meisterstück der Sprache haben können zu Stande bringen.[44]

---

[40] *Versuch*, S. 22.

[41] *Versuch*, S. 32.

[42] *Versuch*, Inhalt.

[43] *Versuch*, S. 53.

[44] *Versuch*, S. 17f.

Was die mit physikotheologischer Methode gewonnene Sprachauffassung Süßmilchs kennzeichnet, ist die Betrachtung der Sprache unter dem synchronischen Gesichtspunkt, was der diachronischen Sprachtheorie Condillacs entgegensteht. Süßmilch erklärt schon in der Einleitung des *Versuch*, daß sein Beweis nicht historisch ist. Diese synchronische Vorgehensweise begründet er mit der Schwäche der historischen Argumentation, die der natürlichen Sprachursprungsthese zugrunde liegt: „Sie [Versuche zum Beweis der Möglichkeit einer natürlichen Entstehung der Sprache] gestehen die vielen Jahrhunderte zu, die von dem ersten Urstoff der Sprache bis zu ihrer Vollkommenheit hätten verfliessen müssen. Im Anfang dieser Erklärung geht es gut, aber nachher fehlet es an Erfahrungen, um zu zeigen, wie die ersten Wilden zu abgezogenen und allgemeinen Begriffen und zu den andern Kunststücken der Sprache, zu denen Zahlwörtern und überhaupt zur Arithmetic haben kommen können."[45] Die physikotheologisch begründete, statische Sprachtheorie Süßmilchs aber ist auch problematisch. In ihr birgt sich zum einen die Gefahr, die erste Sprache der jetzt vollkommenen übertrieben nahe zu bringen.[46] Zum anderen läßt sie das Moment der Zeit beseite, das Vergangenheit (Ursprung) und Gegenwart miteinander verbindet. Das wird deutlich in Süßmilchs Unterschied der „Palläste" als vollkommener Sprachen von den als erste Sprachen geltenden „Hütten": „Es ist wahr, unsere jetzige Palläste sind anfänglich die elendesten Hütten gewesen, aber es sind auch nicht eben dieselben Gebäude. Aus einem im Anfang verdorbenen und unordentlich eingetheilten Bauerhause wird man niemahls einen regelmäßigen Pallast machen können, oder man müste die erste Hütte ganz umreissen und ein ander Gebäu aufführen. Allein so dann ist es nicht mehr eben dasselbe sondern ein anders und neues."[47] Diese ahistorische Sprachtheorie stößt später bei Herder auf scharfe Kritik.

---

[45] *Versuch*, S. 124.

[46] Der Süßmilch-Biograph Förster (Nachricht von dem Leben und Verdiensten, S. 56) bemerkte schon das Problem, das Süßmilchs Methode hat: „Ich wünschte nur, daß man ihm [Süßmilch] nicht einwenden könte, die von ihm angenommene erste Sprache werde zu gut, zu weitläufig und zu künstlich vorausgesetzt."

[47] *Versuch*, S. 54.

3.3 Sprache und Vernunft

Süßmilch sieht in der Sprache neben ihrer kommunikativen Funktion auch die kognitive Funktion, den Vernunftgebrauch zu ermöglichen. Dieses Verhältnis zwischen Sprache und Vernunft stellt das „Hauptstück"[48] des *Versuch* dar. Dabei beruft er sich auf Christian Wolff.

3.3.1 'Wirkungen der Seele'

Wie Condillac macht Süßmilch die sinnlichen Empfindungen zum Ausgangspunkt der Erkenntnis: „Wir wissen, daß in den sinnlichen Empfindungen die Anfangsgründe unserer Erkenntniß liegen [...]."[49] Süßmilch rechnet 'Perception', 'Sensation' und 'Imagination' zu den niederen Verstandestätigkeiten, während 'Gedächtnis' eine Grundlage der weiteren seelischen Wirkungen ausmacht.

Bevor Süßmilch die höheren 'Wirkungen der Seele' behandelt, geht er im Anschluß an Leibniz und Wolff der Perfektionsstufe des Begriffs[50] nach. Ein 'klarer' Begriff entsteht, wenn man „den empfundenen Gegenstand von andern zu unterscheiden" vermag. Wo das nicht erfolgt, ist der Begriff 'dunkel'. Süßmilch unterteilt dann die 'Klarheit' in 'Deutlichkeit' und 'Undeutlichkeit'. Man erlangt insofern einen 'deutlichen' Begriff, als „man in der ganzen Erscheinung auch einige Theile derselben von einander unterscheiden und als unterschieden denken kan [sic!]."[51] Wenn dieses

---

[48] *Versuch*, S. 34.

[49] *Versuch*, S. 35.

[50] In der Geschichte der Philosophie wird von der 'Klarheit' und 'Deutlichkeit' viel gesprochen. Im 45. Prinzip seiner Schrift *Les principes de la philosophie* (Descartes Œuvres et Lettres. Textes présentés par André Bridoux. Paris 1952, S. 591) definiert Descartes die beiden Begriffe im folgenden: „J'appelle claire celle [connaissance] qui est présente et manifeste à un esprit attentif [...] et distincte, celle qui est tellement précise et différente de toutes les autres, qu'elle ne comprend en soi que ce qui paraît manifestement à celui qui la considère comme il faut.," Locke (*Essay* II, xxix, §§1-4) konfrontiert *clear* mit *obscure* und *distinct* mit *confused*. Leibniz (Betrachtungen über Erkenntnis, Wahrheit und Idee. In: G. W. Leibniz. Hauptschriften zur Grundlegung der Philosophie. Übersetzt von A. Buchenau. Durchgesehen und mit Einleitungen und Erläuterungen hrsg. von Ernst Cassirer. Bd. I. Hamburg 1966, S. 22) bestimmt die 'Klarheit' noch schärfer und gliedert sie in „verworren oder distinkt". Das nimmt Wolff auf.

[51] *Versuch*, S. 36.

nicht stattfindet, ist der Begriff zwar 'klar', doch 'verworren'. Um die 'Klarheit' zur 'Deutlichkeit' zu heben, wird die 'Aufmerksamkeit' als Vermögen gefordert, Bewußtsein eines Gegenstandes zu haben, bis man zu 'klaren' Begriffen von dessen Teilen gelangt. Wenn man die 'Aufmerksamkeit' nicht nur auf einen Gegenstand, sondern auf verschiedene Gegenstände richtet, nennt Süßmilch diese Handlung 'Reflexion'. Diese Verstandestätigkeit ermöglicht, sowohl die Charaktere der Dinge als auch eine Übereinstimmung der Charaktere zu bemerken. Dadurch erreicht man die 'Vergleichung', Ähnlichkeiten und Unähnlichkeiten zwischen den Dingen wahrzunehmen. Aber 'Aufmerksamkeit', 'Reflexion' und 'Vergleichung' sind notwendig mit der 'Apperzeption' zu verknüpfen, die im ständigen Bewußtsein dessen besteht, was man „durch die Attention, Reflexion und Comparation an klaren und deutlichen Begriffen erlangt hat.“[52] Anhand von 'Reflexion' und 'Vergleichung' kann man abstrahieren. Durch diese 'Abstraktion' werden die 'allgemeinen Begriffe' gebildet, die vielen Dingen gemeinsam sind. Aufgrund der 'allgemeinen Begriffe' leitet man den 'Verstand' zu 'Urteilen', zu 'Vernunftschlüssen' fort. Diese drei Wirkungen der Seele, d. h. 'allgemeine Begriffe', 'Urteile' und 'Schlüsse', bestimmen den Begriff des 'Verstandes' und sind unbedingt erforderlich für das vernünftige Denken und Handeln. Die gehörige Verbindung von mehreren Vernunftschlüssen führt zu 'Beweisen'. Dadurch gelangt man endlich zur 'Vernunft' als „Kette der Wahrheiten“, die in der „Einsicht in den Zusammenhang allgemeiner Wahrheiten“[53] besteht.

3.3.2 Rolle der Zeichen - Christian Wolff

Bevor Süßmilchs Zeichentheorie abgehandelt wird, ist die Sprachtheorie Wolffs anzusprechen, auf deren Basis Süßmilch seine Argumentation entwickelt.[54]

---

[52] *Versuch*, S. 38.

[53] *Versuch*, S. 34. In dieser Definition der 'Vernunft' ist Süßmilch auf Leibniz angewiesen. Demgegenüber versteht Condillac darunter „connoissance de la manière dont nous devons régler les opérations de notre ame.“ (*Essai* I, II, xi, § 92)

[54] *Versuch*, S. 34: „[...] da ich in dem [sic!] grösseren philosophischen Schriften des Freyherrn von Wolfs, die Bestätigung meiner Sätze gefunden habe, daher ich auch nicht

Wolff[55] definiert Wörter als „Zeichen der Gedancken"[56] und unterteilt die Zeichen in 'natürliche' und 'willkührliche'.[57] Wie sein Beispiel „Rauch und Feuer" zeigt, sieht er in den 'natürlichen Zeichen' eine beständige, gleichzeitige Aufeinanderfolge von zwei Dingen. Die 'willkürlichen' bestehen aber in einer beliebigen Verbindung der beiden, die eigentlich zueinander in keiner Beziehung stehen. Zu diesen Zeichen werden Wörter gezählt.

Hinsichtlich der Beziehung von Zeichen und Denken wird Wolff durch Leibnizens Überlegungen zur *cognitio symbolica* angeregt. *Cognitio symbolica* und *cognitio intuitiva* finden bei Wolff jeweils als 'figürliche' und 'anschauende Erkenntnis' deutsche Entsprechungen. Die 'figürliche Erkenntnis' kommt anhand der Zeichen zustande, aber die 'anschauende' ohne die Zeichen:

> Es ist nehmlich zu mercken, daß die Worte der Grund von einer besonderen Art der Erkäntniß sind, welche wir die *figürliche* nennen. Denn wir stellen uns die Sachen entweder selbst, oder durch Wörter, oder andere Zeichen vor. [...] Die erste Erkäntniß wird die *anschauende Erkäntniß* genennet: die andere ist die *figürliche Erkäntniß*.[58]

Die 'figürliche Erkenntnis' hat Vorteile gegenüber der 'anschauenden', die zwar das eigentliche Erkenntnisziel ist, aber beim Menschen meistens „undeutlich und dunkel" bleibt. Die Wörter oder die anderen Zeichen als Mittel der 'figürlichen Erkenntnis' ermöglichen die 'Deutlichkeit' beim Urteilen, weil sie auf die Unterschiede verweisen, welche die Dinge in sich und unter sich haben. Zugleich werden mit Hilfe der Zeichen die

---

unterlassen können, dieser gründlichen Weltweisen [von Wolff und Johann Peter Reusch] eigene Worte anzuführen und meinen Beweis durch deren Zeugnisse zu bestärken."

[55] Vgl. zu Wolffs Sprachtheorie Ricken, Sprachtheorie und Weltanschauung, S. 211-231 u. Gerold Ungeheuer: Sprache und symbolische Erkenntnis bei Wolff. In: Werner Schneiders (Hrsg.): Christian Wolff 1679-1754. Interpretationen zu seiner Philosophie und deren Wirkung. Mit einer Bibliographie der Wolff-Literatur. Hamburg 1986, S. 89-112.

[56] Christian Wolff: Gesammelte Werke. 1. Abteilung. Deutsche Schriften. Band 1. Vernünftige Gedanken (1) (Deutsche Logik). Hrsg. und bearbeitet von Hans Werner Arndt. Hildesheim 1965, § 1 (S. 151).

[57] *Vernünftige Gedanken (2) (Deutsche Metaphysik)*, Band 2, §§ 293 u. 294.

[58] *Vernünftige Gedanken (2) (Deutsche Metaphysik)*, Band 2, § 316.

Ähnlichkeiten zwischen den Dingen herausgearbeitet, „so gelanget man [...] zu allgemeinen Begriffen. Und wird demnach die allgemeine Erkäntniß durch die Wörter deutlich."[59] Auf diese Weise zeigt sich, daß die Verstandestätigkeit anhand der 'figürlichen Erkenntnis' verschärft, vertieft und zum höheren Grad der 'Klarheit' vorangetrieben wird. Aber die 'figürliche Erkenntnis' ist in Gefahr, „leere Wörter, mit denen kein Begrif verknüpfet ist, für Erkäntniß halten, und Wörter für Sachen ausgeben"[60] zu können sowie dadurch die Erkenntnis der Dinge selbst beiseite zu lassen. Deshalb bedarf die 'figürliche Erkenntnis' der sinnlichen Wahrnehmung, die sich auf die Dinge als Erkenntnisobjekte bezieht, während die 'Dunkelheit' und 'Undeutlichkeit' der 'anschauenden' durch Zeichenverwendung zu 'Klarheit' und 'Deutlickeit' erhoben werden müssen. Daraus ergibt sich für Wolff die Notwendigkeit, die 'anschauende' und 'figürliche Erkenntnis' aufeinander zu beziehen.

Süßmilch kennt ebenso wie Wolff zwei Arten der Zeichen: 'natürliche' oder 'künstliche und willkürliche'. Zu den 'natürlichen Zeichen' zählen „die Gliedmassen des Leibes, die Augen, die Hände, Finger, die Füsse, die Züge und Farbe des Gesichts, wie auch die Laute, das Lachen, Heulen und die ganze Stellung des Leibes."[61] Diese Zeichen entsprechen dem *langage d'action* von Condillac und drücken Empfindungen oder Leidenschaften von Mensch und Tier aus. Zu Exempeln für die 'willkürlichen und künstlichen Zeichen' rechnet Süßmilch Sprache und Schrift.

In empirischer Perspektive bestätigt Süßmilch zuerst die Notwendigkeit der 'willkürlichen und künstlichen Zeichen' für die 'Wirkungen der Seele'. Die Gründe dafür findet er in der Schwachheit der menschlichen 'Seelenkräfte':

---

[59] *Vernünftige Gedanken (2) (Deutsche Metaphysik)*, Band 2, § 319.

[60] *Vernünftige Gedanken (2) (Deutsche Metaphysik)*, Band 2, § 320. Vgl. *Essay* III, x, § 2: „[...] the first and most palpable abuse is, the using of words, without clear and distinct ideas; or, which is worse, signs without anything signified." u. § 14: „[...] another great *abuse of words is, the taking them for things*.". Daneben zur Beziehung zwischen Locke und Wolff vgl. Ricken, Sprachtheorie und Weltanschauung, S. 225 u. 229ff.

[61] *Versuch*, S. 55

[...] wie leicht unsere Aufmerksamkeit und folglich auch der Actus reflexionis könne gestöret werden, wie leicht Sensatio die Wirkungen der Imagination unterdrücken und wie leicht auch selbst bey der Imagination ein sonst mit mehrerer Klarheit gehabter Begrif dem andern, den wir doch jetzt besonders nachdenken wollen, hinderlich seyn könne, und wie leicht wir daher durch die Association der Ideen können fortgerissen werden.[62]

Aber mit dem Gebrauch der Zeichen, die als „Führer" und „Stützen"[63] für die 'Seelenwirkungen' funktionieren, werden die damit verbundenen Begriffe leicht in Erinnerung gebracht. Dadurch erfährt das 'Gedächtnis' Stärkung und die 'Imagination' Befestigung. Das ebnet den Weg zum „Gebrauch der obern und edlern Kräfte" der Seele. Auf diese Weise gelangt man zur gehörigen 'Reflexion', die ihrerseits „zur Deutlichkeit der Begriffe, zum Licht des Verstandes" und „zur deutlichen und vollständigen Einsicht in den Zusammenhang allgemeiner Wahrheiten"[64] führt.

Um seine Zeichentheorie zu rechtfertigen, beruft sich Süßmilch auf Wolff. Im Anschluß an ihn erwähnt er das Verhältnis von *cognitio symbolica* und *cognitio intuitiva*, wobei er die Notwendigkeit der 'figürlichen Erkenntnis' für die 'anschauende' betont. Wolff zieht zwei Beispiele heran[65], um die entscheidende Rolle der Sprache für die 'Wirkungen der Seele' zu beweisen: einen unter Bären aufgewachsenen Jungen und einen Mann, der von Geburt an taubstumm war. Die Argumentation Wolffs übernimmt Süßmilch. Wolff hebe den Umgang mit den anderen Menschen hervor, der die höheren Vermögen der menschlichen Seele aufwecke.[66] Die als Beispiele genannten Personen führten aber ein sich selbst überlassenes oder von der menschlichen Gesellschaft isoliertes Leben. In dieser Lage seien sie deshalb nicht imstande, die höheren 'Seelenkräfte' zu entwickeln und blieben bloß im Besitz der niederen Kräfte. Weil der Umgang aber ohne Sprache nicht erfolge, *„so können die höhern Kräfte ohne die Sprache weder wirken , noch so weit in Uebung gesetzet werden, als*

---

[62] *Versuch*, S. 38.

[63] *Versuch*, S. 42.

[64] *Versuch*, S. 55.

[65] Vgl. *Essai* I, IV, ii.

[66] Zitiert nach *Versuch*, S. 50: „Es ist also klar, *daß nicht die Natur, sondern daß der Mensch den Menschen vernünftig mache* [...]."

zum Gebrauch der Vernunft nöthig ist.[67] Aufgrund dieser Behauptung Wolffs kommt Süßmilch zu seinem Schluß: „daß die Sprache oder der Gebrauch anderer gleichgeltenden Zeichen, ein ganz unentbehrliches Mittel sey, wodurch der Mensch zu einem vernünftigen Menschen müsse gemacht werden."[68]

An dieser Stelle ist es interessant, das Verhalten von Süßmilch und Condillac gegenüber Wolff zu betrachten. Während Süßmilch seine Beweise auf Wolffs Autorität gründet und ihn hochschätzt[69], verhält sich Condillac ihm gegenüber kritisch. Der Abbé spricht ihm zwar die Erkenntnis zu, daß der Gebrauch der Sprache denjenigen der Vernunft ermöglicht, womit er indirekt Wolffs Einfluß auf seine Sprachtheorie andeutet. Aber Condillac will die Originalität seines Denkens aufweisen, indem er die scheinbaren Unzulänglichkeiten in Wolffs Vorgehensweise hervorhebt: „Il [Wolff] en [„qu´il est bien difficile que la raison ait quelque exercice dans un homme qui n´a pas l´usage des signes d´institution"] donne pour exemple les deux faits que je viens de rapporter, mais il ne les explique pas. D´ailleurs il n´a point connu l´absolue nécessité des signes, non plus que la manière dont ils concourent aux progrès des opérations de l´ame."[70] Als Argument führt Condillac hier insbesondere die „absolute Notwendigkeit der Zeichen" für die seelischen Wirkungen an. Auch Wolff erkennt die Wichtigkeit der Zeichen bei der Erkenntnistätigkeit. Nur hat er eine nicht so überzeugte Einstellung zur Absolutheit der Zeichen wie Condillac: „*Es ist kaum glaublich*, daß jemand ohne Sprachgebrauch im Besitz der Vernunft sei." Denn Wolffs Beweisart beruhe auf der Erfahrung, und er räume auch die Möglichkeit ein, mit der höheren Entwicklung der 'Seelenkräfte' durch die 'anschauende Erkenntnis' mehr zu

---

[67] Zitiert nach *Versuch*, S. 49.

[68] *Versuch*, S. 50.

[69] Vgl. *Versuch*, S. 46: „Der Herr von Wolf, der gewiß unter allen, diese Würkungen der Seele auf das deutlichste und sorgfältigste erkläret, und der überall der Natur unermüdet nachgespüret hat [...]."

[70] *Essai* I, IV, ii, § 27.

leisten.[71] Wolffs obengenannte Beweise bestätigen aber, daß die anderen Kritiken Condillacs nicht zutreffen.[72]

3.3.3 Sprache und Vernunft - Süßmilch und Condillac

Süßmilch betrachtet die Sprache in anderer Sicht als Condillac. Vom geschichtlichen Standpunkt aus zeigt Condillac die allmähliche Entwicklung von der mangelhaften und einfältigen 'Aktionssprache' zur vollkommeneren und komplizierteren, artikulierten Lautsprache. Indessen beruht Süßmilchs Sprachauffassung auf dem „jetztigen" Gesichtspunkt. Das fordert ihm die Erkenntnis ab, daß die Sprache vollkommen, regelmäßig und schön sei. Diese elementaren Beschaffenheiten sind nach seiner Meinung allen Sprachen unabhängig vom Moment der Zeit gegeben, obwohl es ihnen anfangs an „allem äusserlichen und innerlichen Schmucke"[73] fehlt.

Es ist aber andererseits sehr bemerkenswert, daß Süßmilch die Vernunft so genetisch in Betracht zieht wie Condillac. Er glaubt, daß die Vernunft „nur nach dem Vermögen" dem Menschen angeboren sei. Das bedeutet nicht, daß der Mensch von Natur die Vernunft wirklich verwendet. Der wirkliche Gebrauch der Vernunft wird erst durch den Gebrauch der Sprache ermöglicht, was Süßmilch aus der ontogenetischen Perspektive erklärt:

> Durchgängig aber bestättigt es die Erfahrung, daß die Vernunft bey Kindern mit der Sprache wächset, [...] Unterdeß sind Kinder doch noch nicht Männer im Gebrauch der Vernunft, weil sie noch nicht die mit den Wörtern verbundene Begriffe erlernet haben, die zu Vernunftschlüssen erfordert werden. Alles beruhet also auf der Fertigkeit im Gebrauch der Zeichen oder der Sprache.[74]

---

[71] Zitiert nach *Versuch*, S. 47.

[72] Zur Beziehung zwischen Wolff und Condillac vgl. Aldo Scaglione: Direct vs. Inverted Order. Wolff and Condillac on the necessity of the sign and the interrelationship of language and thinking. In: Romance Philology 33 (1980), S. 496-501 u. Gianni Paganini: Signes, imagination et mémoire. De la pyschologie de Wolff à l'*Essai* de Condillac. In: Revue des Sciences philosophiques et théologiques 72 (1988), S. 287-300.

[73] *Versuch*, S. 53.

[74] *Versuch*, S. 51.

Damit stehen Süßmilch und Condillac in bezug auf die Überlegung zur Vernunft fast auf einer Linie. Doch ist für Condillac seine phylogenetische Sicht maßgebend, was sich in seiner Annahme der zwei Kinder nach der Sintflut und in seiner Darstellung des Spracherlernungsprozesses bei der Menschheit im Verlauf von Generationen zeigt.

Was die Beziehung zwischen Sprache und Vernunft anbelangt, stimmt Süßmilch in der Unentbehrlichkeit des Sprachgebrauchs für den Gebrauch der Vernunft mit Condillac überein. Abgesehen davon ist jedoch der Propst anderer Meinung als der Abbé. Zwar hält dieser die natürlichen Bezeichnungsmittel für Ausdrucksweisen der Perzeptionen und deutet damit an, daß der niedrigste Grad der Erkenntnistätigkeit der primitivsten Sprachform vorausgeht. In der Entwicklung der weiteren Denkoperationen und der Zeichen macht er aber auf die Wechselbeziehung von Sprache und Denken aufmerksam. Demgegenüber tritt bei Süßmilch eine einseitige Auswirkung der Sprache auf die Vernunft hervor. Er glaubt zwar, daß der Mensch ohne Sprache denken kann, aber anhand solchen Denkens bleibe er immer nur im tierischen Zustand, was dem Menschenbild von Süßmilch widerspricht. Aus diesem Grunde wendet Süßmilch einem vor der Sprache erfolgenden Denken sein Interesse nicht zu. Er sieht den vollkommenen Gebrauch der Vernunft in der „Vollkommenheit", „Ordnung" und „Schönheit" der Sprache. Daraus schließt er, daß die Sprache das Werk „eines sehr grossen und vollkommenen Verstandes"[75] sei. Die Sprache unterliegt also keiner grundsätzlichen Veränderung oder Entwicklung. Jedoch hat der Mensch, der bei der Geburt nur ein Vermögen zur Vernunft hat, die Hilfe der Sprache nötig, um vernünftig zu denken und zu handeln. Angesichts der perfekten Sprache wird die Verbesserung oder der allmähliche Fortgang nur seitens des Verstandes erfordert. Das führt zur Ausschließung der gegenseitigen Wirkung von Sprache und Denken:

> Soll er [Verstand] aus seinem natürlichen Unvermögen zur Auswickelung, Ausgeburt und Vollständigkeit gebracht werden, so ist er der Sprache als

---

[75] *Versuch*, Vorrede.

einer Hebamme benöthiget. Die Sprache und Vernunft sind daher als eine Ursache und Wirkung unzertrennlich verknüpfet [...].[76]

---

[76] *Versuch*, S. 5.

3.4 Natürlicher Ursprung der Sprache

Mit einem Überblick über die natürlichen Sprachursprungstheorien, der von der Antike über die neuere Zeit bis zu seinen Zeitgenossen reicht, und durch die anschließende Kritik daran versucht Süßmilch, die Unmöglichkeit einer Erfindung der Sprache durch den Menschen zu beweisen.

3.4.1 Die Alten, Brian Walton und Richard Simon

In der Antike werden vor allen Diodor, Vitruv, Lukrez und Horaz abgehandelt.[77] Sie vertreten nach Süßmilch die These, daß der Mensch anfangs ein tierisches Leben geführt habe. In einem solchen Zustand bleibe er ohne Sprache. Um Horaz anzuführen, ist der Mensch „inutum et turpe pecus" (ein stummes und verächtliches Vieh)[78]. Erst bei der Zusammenkunft, die ihre Ursache in der Unsicherheit vor anderen Tieren habe, beginne er, seine Gefühle durch Gebärden und Laute auszudrücken. Mit der Gewohnheit, seine Gedanken mit Lauten zu verbinden, gelange er endlich zur Sprache.

In der Neuzeit geht es um Brian Walton und Richard Simon.[79] Im Hinblick auf die Bibel und die innere Struktur der Sprache vertritt Walton den göttlichen Sprachursprung. Unter Berufung auf die Schöpfungsgeschichte behauptet er, daß die erste Sprache ihren Ursprung göttlichem Unterricht verdanke. In der künstlichen Beschaffenheit der Sprache sieht er nicht einen „blinden Naturtriebe [sic!]", sondern ein „verständig[s] Wesen"[80]. Aber er schließt die Möglichkeit einer Spracherfindung durch den Menschen nicht aus. Er findet die Gründe dafür in den zum Reden notwendigen Sprechwerkzeugen und im begabten Vermögen, die Unterschiede der Laute zu bemerken.

In bibelkritischer Sicht setzt sich Simon mit Walton auseinander. Dabei stützt er sich auf Gregor von Nyssa. Diesem Kirchenvater zufolge hat Gott

---

[77] Vgl. *Versuch*, S. 6-8.

[78] *Versuch*, S. 7.

[79] Vgl. zu Walton und Simon *Versuch*, S. 8-11; Proß, Kommentar zur *Abhandlung*, S. 142f.; ders., Materialien zur *Abhandlung* (1978), S. 198-203 u. 221.

[80] *Versuch*, S. 9.

zwar die Welt geschaffen, aber sie nicht benannt. Ihre Benennung komme dem Menschen zu, was durch das von Gott verliehene Vermögen zur Verstandestätigkeit möglich sei. Simon bezieht sich auch auf Diodor und Lukrez und hält die gesellschaftliche Natur des Menschen für ein wichtiges Element, ihn zur Erfindung der Sprache zu bringen.

3.4.2 Maupertuis

Maupertuis, der nach der Reorganisation der Berliner Akademie durch Friedrich den Großen ihr erster Präsident wurde, veröffentlichte 1748 anonym die *Réflexions*. In dieser Schrift handelt es sich weniger um den Sprachursprung, wie der Titel andeutet, als vielmehr um die Beziehung zwischen Sprache und Denken. Wegen Schwierigkeiten mit der Suche nach dem Ursprung der Sprache stellt Maupertuis den Sprachbildungsprozeß[81] unter der Annahme dar, daß man bisherige Perzeptionen und Gedanken verloren hätte. Anfangs wäre man mit den Perzeptionen konfrontiert, wie z. B. „je vois un arbre" und „je vois un cheval". Bald hätte man die Verschiedenheit dieser Perzeptionen bemerkt. Um sie voneinander zu unterscheiden, hätte man die erste 'Perzeption' mit dem einfachen Zeichen A und die zweite mit B versehen. Aber die große Menge von Perzeptionen hätte die einfachen Zeichen vervielfacht und die Fassungskraft des 'Gedächtnisses' überschritten. Das hätte veranlaßt, zu einer anderen Bezeichnungsweise zu gelangen. Man hätte den gleichen Teil der beiden Perzeptionen mit dem gemeinsamen Buchstaben bezeichnet, die unterschiedlichen Teile mit den verschiedenen. So hätte man die 'Perzeption' „je vois un arbre" mit CD und „je vois un cheval" mit CE belegt. Die weiteren Perzeptionen wie „je vois deux lions" und „je vois trois corbeaux" wären jeweils in CGH und CIK zergliedert. Auf diese Weise bildet man nach Maupertuis die Sprache. Dabei hebt Maupertuis den Einfluß der Zeichen auf die Erkenntnis hervor. Die Aufgliederung der Perzeptionen durch die Zusammensetzung und Zerlegung der Zeichen führt nämlich zur 'klaren' Erkenntnis. Diese Abhängigkeit des Denkens von der Bezeichnung der Perzeptionen beweist er mit einem Beispiel der

---

[81] Vgl. *Réflexions*, S. 264-67.

Wissenschaft: „Ce que nous appellons nos sciences dépend si intimement des manieres dont on s'est servi pour désigner les perceptions, qu'il me semble que les questions & les propositions seroient toutes différentes si l'on avoit établi d'autres expressions des premieres perceptions."[82] Die *Réflexions* kommentiert Condillac im Brief vom 25. Juni 1752 an Maupertuis. Indem er dabei indirekt auf seine eigene Sprachthese hinweist, kritisiert er dessen Ausführungen zur Anfangsphase der Sprachbildung: „Je pense donc que votre langage ne seroit dans le commencement qu'un langage d'action, que quand vous imagineriez des sons articulés, ce ne seroit d'abord que pour les objets sensibles, arbre, cheval, etc., et que ce ne seroit que longtemps après que vous donneriez des noms aux perceptions: je vois, j'entends, etc. Ainsi au lieu de commencer par des propositions pour les décomposer ensuite, il me semble au contraire que vous commenceriez par donner des signes à vos idées pour en faire ensuite des propositions."[83] Wenn man die *Réflexions* mit dem *Essai* vergleicht, ist sich Maupertuis mit Condillac über die Rolle der Zeichen bei der Erkenntnistätigkeit einig. Aber in den *Réflexions* sind die „Ansätze zu einer psychogenetischen Rekonstruktion"[84] des Erkenntnisprozesses schwer zu finden.

Die *Dissertation*, die 1756 in der Berliner Akademie vorgelesen wurde und Süßmilch Anlaß zum Entwurf des *Versuch* gab, zeigt einen anderen Gedankengang als die *Réflexion*. Während es sich bei dieser Schrift um die theoretische, „algebraische"[85] und analytische Untersuchung des Sprachbildungsprozesses handelt, geht die spätere empirisch an das Thema heran.[86] Maupertuis glaubt, daß der Mensch anfangs durch einige Gesten

---

[82] *Réflexions*, S. 268.

[83] *Correspondence*, S. 536.

[84] W. Franzen: Einleitung zu: Pierre Louis Moreau de Maupertuis: Sprachphilosophische Schriften. Mit zusätzl. Texten von A. R. J. Turgot u. E. B. Condillac übers. u. hrsg. von W. F. Hamburg 1988, S. XXXIX.

[85] *Réflexions*, S. 295.

[86] Die empirische Tendenz zeigt sich schon in *Lettre sur le progrès des sciences* (1752). Hier schlägt Maupertuis ein Sprachexperiment vor, Kinder aus verschiedenen Nationen in der Ausschließung der Kontakte mit den anderen aufwachsen zu lassen, um Einblick in den Ursprung der Sprache zu nehmen.

und Schreie seine dringenden Bedürfnisse ausdrückte und hält diese Ausdrucksmittel für „la premiere Langue [sic!] de l'homme"[87]. Im Laufe der Zeit zwinge ihn aber die sehr begrenzte Mitteilungsfähigkeit dieser Mittel zur Erfindung einer anderen Ausdrucksweise. Er füge deshalb den natürlichen Gesten und Schreien 'konventionelle Zeichen' hinzu. Damit würden die beiden Zeichen gemischt verwendet. Nachdem sehr viel Zeit vergangen sei, entwickle der Mensch eine leichtere und bequemere Sprache durch die Bewegung der Zunge und Lippen, d. h. die artikulierte Sprache als „Langue[s] proprement dite[s]"[88]. In bezug auf die Entstehung und Entwicklung der Sprache zeigt die *Dissertation* besonders viel Gemeinsamkeiten mit dem *Essai*. Einen Grund dafür kann man auf Maupertuis' Rezeption der Kritiken zurückführen, die Condillac an dessen *Réflexions* übte.

3.4.3 Moses Mendelssohn und Jakob Carpov

Mendelssohn übersetzt Rousseaus *Inégalité* und fügt dazu ein *Sendschreiben an den Herrn Magister Lessing in Leipzig* hinzu. In diesem Brief vom 2. Januar 1756 setzt er sich mit Rousseau auseinander und versucht, die Fähigkeit des Menschen zur allmählichen Erfindung der Sprache darzutun. In seiner These beginnt Mendelssohn mit der Nachahmung der tierischen Schalle, die den ersten Menschen leicht zugänglich sind. Durch das Beispiel „Schaf" stellt er dar, wie das Bild des Tiers mit dem Blöken verknüpft wird.[89] Nach seiner Meinung machen die nachge-

---

[87] *Dissertation*, S. 437.

[88] *Dissertation*, S. 442.

[89] Vgl. M. Mendelssohn: Schriften zur Philosophie und Ästhetik. Bearbeitet von F. Bamberger u. Leo Strauss. In: Gesammelte Schriften. Jubiläumsausgabe. In Gemeinschaft mit F. Bamberger... begonnen von I. Elbogen...fortges. von. A. Altmann in Gemeinschaft mit H. Bar-Dayan. Bd. 2. Stuttgart-Bad Cannstatt 1972, S. 106: „Gesetzt nun, die natürliche Menschen hätten sich ein wenig umgesehen, sie hätten in ihren Wäldern Schafe blöcken, Hunde bellen, Vögel singen, und das Meer brausen gehöret; sie hätten dieses so oft gehöret und die Gegenstände zugleich gesehen, daß die sichtbaren Bilder mit den Tönen in ihrer Seele eine Art von Verbindung erlangt hätten; so werden sie niemals ein Schaf hinter sich blöcken hören, ohne sich das Bild dieses Thieres in ihrer Einbildungskraft vorzustellen. Sie werden auch das Schaf niemals sehen können, ohne den Ton einigermassen zu empfinden, der sich in ihrer Seele mit diesem Bilde vereinigt hat. Wenn es also einem Wilden einfiele, diesen Ton nachzuahmen (wozu die Thiere

ahmten Schalle und die Bedürfnisse und Gefühle ausdrückenden, natürlichen Laute einen „ersten Grundriß der Sprache"[90] aus. Aber dieser Grundriß sei sehr weit von der Sprache entfernt, die der Kommunikation in der Gesellschaft diene. In diesem ersten Schritt zur Sprachentstehung sieht Mendelssohn keine Notwendigkeit, entweder höhere 'Seelenkräfte' oder einen übernatürlichen Eingriff vorauszusetzen. Er beschreibt den Übergang von den mimetischen, natürlichen Zeichen zu den willkürlichen, wobei er ohne Rücksicht auf die zeitliche Dimension[91] den kontinuierlichen Prozeß herausarbeitet. Seine Argumentation ist auf ein „assoziationspsychologisches Modell"[92] angewiesen, nach dem die bezüglich des Raums, der Zeit und der Umstände miteinander verknüpften Begriffe eine Reihe von Ketten bilden und Übergänge von einem Begriff auf den anderen deshalb möglich sind. Dank der Assoziation der Begriffe evoziere das Blöken des Schafs nicht nur das Tier selbst, sondern auch die Wiese, auf der es weidete und die Blumen, die auf der Wiese wuchsen. Mit Gewohnheit komme man ohne Vermittlung des Schafs und der Wiese zum Gedanken an die Blumen, wenn man das Blöken höre. Damit werde das Blöken ein willkürliches Zeichen der Blumen.[93]

Süßmilch widmet den ganzen dritten Abschnitt des *Versuch* einer Auseinandersetzung mit Carpov, seinem ehemaligen Professor an der Universität Jena. Anläßlich des Streites um den Sprachursprung hatte er brieflichen Kontakt mit ihm. Dabei bedient er sich eines Briefes Carpovs als Material, nicht nur ihn selbst, sondern auch die Vertreter des natürlichen Sprachursprungs zu widerlegen. In seinem Brief vom 21. Juni 1756 an Süßmilch behauptet Carpov die „Wahrscheinlichkeit", daß der Mensch

---

selbst nicht selten Lust bekommen) so wird ein andrer Wilde, der diesen nachgeahmten Ton von Ungefähr hörete, sich das Bild vorstellen, das er mit diesem Tone zu verknüpfen gewohnt ist."

[90] Ebd.

[91] In dieser Sicht gibt Süßmilch der These Mendelssohns einen Vorzug vor den anderen natürlichen Sprachursprungstheorien: „Er [Mendelssohn] hat einen andern Weg als alle andre eingeschlagen, welche vor ihn diese Möglichkeit haben suchen darzuthun und er hat dadurch keine gemeine philosophische Einsichten an den Tag gelegt und sie scheinen mir würdig zu seyn, sie in eine kurze Prüfung zu ziehen." (*Versuch*, S. 117)

[92] J. Gessinger u. W. v. Rahden, Theorien vom Ursprung der Sprache, S. 16.

[93] *Schriften zur Philosophie und Ästhetik*, S. 107f.

von sich aus die Sprache erfinden könne. Zuerst nimmt er den Fall an: „wenn es Gotte gefallen hätte, etliche Menschen zusammen auf den Erdboden zu setzen, die zwar verständige Wesen gewesen wären, aber keine würkliche Sprache gehabt hätten, obwohl eine natürliche Fähigkeit oder Vermögen zu derselben."[94] In solchem Fall habe die Sprache ihren Anfang in der Nachahmung der tierischen Laute. Aber dieser einfache, unvollkommene Anfang der Sprache erfahre allmählich „durch Fleiß und Mühe der Menschen"[95] Vermehrung und Verbesserung. Die Gründe für die Verbesserung sucht Carpov in der Notwendigkeit, verschiedene Dinge unterschiedlich auszudrücken und in der Zierlichkeit. Er gibt zwar zu, daß die Sprache ein Werk des Verstandes ist. Aber er leugnet auch nicht, daß die erste Sprache unordentlich und regellos ist.

3.4.4 Kritik am natürlichen Sprachursprung - Rousseau

Indem Rousseau in seiner *Inégalité* den Menschen im 'Naturzustand' darstellt, erwähnt er die Ursprungsfrage der Sprache. Dabei zieht er die Schwierigkeit des natürlichen Ursprungs in Erwägung. Nach seiner Meinung beanspruchen die Erfindung der Sprache und die allmähliche Entwicklung der seelischen Wirkungen unermeßliche Mühe und Zeit. Die eine Schwierigkeit, mit der sich Rousseau konfrontiert sieht, besteht in der Erklärung der Notwendigkeit der Sprache für den Naturmenschen. Ein Wilder im Sinne Rousseaus irrt in den Wäldern umher und führt ein solitäres Leben. Deshalb hat er kein Bedürfnis nach Sprache. Eine andere Schwierigkeit findet er in der Beziehung zwischen Sprache und Denken: „[...] si les Hommes ont eu besoin de la parole pour apprendre à penser, ils ont eu bien plus besoin encore de savoir penser pour trouver l´art de la parole [...]."[96] Außerdem weist Rousseau auf die Probleme hin, die abstrakten, allgemeinen Begriffe zu bestimmen und den Übergang von den natürlichen Lauten auf die artikulierten zu erklären. Endlich führen für Rousseau diese Schwierigkeiten dazu, die Möglichkeit der Erfindung der Sprache durch den Menschen in Abrede zu stellen:

---

[94] *Versuch*, S. 60.
[95] *Versuch*, S. 62.
[96] *Inégalité*, S. 147.

Quant á moi, effrayé des difficultés qui se multiplient, et convaincu de l'impossibilité presque démontrée que les Langues ayent pû naître, et s'établir par des moyens purement humains, je laisse à qui voudra l'entreprendre, la discussion de ce difficile Problême, lequel a été le plus nécessaire, de la Société déjà liée, à l'institution des Langues, ou des Langues déjà inventées, à l'établissement de la Société.[97]

Diese Argumente Rousseaus nutzt Süßmilch zur Unterstützung seiner göttlichen Sprachursprungsthese.[98] Zuerst kritisiert er im Hinblick auf die Beziehung zwischen Mensch und Tier die bisherigen natürlichen Sprachursprungstheorien. Das Thema bedenkt er aus aposteriorischer und apriorischer Sicht. Aposteriorisch gesehen, bedient sich das Tier der Schalle und Gebärden, um seine Empfindungen mitzuteilen, vor der bevorstehenden Gefahr zu warnen u.s.w. Weil es von Geburt bis zum Tod immer diese 'natürlichen Zeichen' verwendet, ist die tierische Sprache angeboren und notwendig. Die Tiere einer Art kommunizieren durch gleichförmige Zeichen. Das Tier hat nicht viel Bedürfnisse und nur sinnliche Vergnügen. Sein Umgang ist sehr beschränkt. Demgemäß ist seine Sprache ganz einfach. Im Unterschied dazu ist die menschliche Sprache in der Wahl der Zeichen willkürlich. Sie bleibt in ständiger Veränderung. Deshalb hat sie eine ganz andere Form als die tierische Ausdrucksweise: „Die Form der Sprache ist nicht wie die Form eines Vogelnestes oder Bienenbaues, die vermöge angebohrner Triebe, jederzeit auf einerley Art gebildet werden müssen."[99] Darin stellt Süßmilch einen

---

[97] *Inégalité,* S. 151.

[98] Vgl. *Versuch,* S. 12f.: „Der scharfsinnige Verfasser [Rousseau] erkläret sich frey heraus, daß er sich, wegen der von ihm deutlich gezeigten Schwierigkeiten, ja wohl fast erwiesenen Unmöglichkeit, überzeugt halte, daß die Sprachen nicht durch blos menschliche Kräfte haben entstehen können. Und ohngeachtet er nur mehr den Entwurf eines Beweises, als eine völlige Ausführung desselben mitgetheilet, so halte ich doch die von ihm angezeigten Knoten für ganz unauflößlich und für zulänglich, einem von Vorurtheil Entfernten, die Unmöglichkeit einer natürlichen Entstehung begreiflich zu machen. Ob ich auch gleich nicht an den übrigen Sätzen des Herrn Rousseau Theil nehme und seine Folgerungen vorietzt auf ihrem Werth oder Unwerth beruhen lasse, so hat er doch in diesem Stücke völlig Recht."

[99] *Versuch,* S. 83.

105

„himmelweiten Unterschied"[100] zwischen der menschlichen und der tierischen Sprache fest. Was die 'Wirkungen der Seele' angeht, verfügt das Tier über 'Sensation', 'Imagination' und einen geringen Grad des 'Gedächtnisses' und der 'Aufmerksamkeit'. Bei ihm wirken nur niedrige 'Seelenkräfte'. Dadurch gelangt das Tier nicht zum Gebrauch der 'Vernunft'. Beim Menschen verhält es sich anders:

> So bald nun der Mensch sich der Zeichen zu bedienen anfängt, und zu deutlichen und abgesonderten Begriffen gelanget, so bald fängt er an aus den Orden der Thiere auszugehen, und ein Mensch zu werden, als dessen wesentlicher Unterschied in dem Gebrauch der Vernunft bestehet.[101]

Aus der apriorischen Sicht schreibt Süßmilch es Gott als Schöpfer zu, daß das Tier kein Vermögen zur Vernunft hat und daher die menschliche Sprache nicht erlernen kann. Demgegenüber ist der Mensch von Gott zum Gebrauch der Sprache bestimmt, um die Herrschaft über Tier und Welt auszuüben. Also betrachtet Süßmilch die Sprache als die „ewige Scheidewand"[102] zwischen Mensch und Tier, die von Gott errichtet wurde.

In bezug auf die seelischen Wirkungen und die Sprache bei Mensch und Tier sind Condillac und Süßmilch fast einer Meinung. Auch Maupertuis, Mendelssohn und Carpov unterscheiden die Mensch und Tier gemeinsame Kommunikationsweise von der eigentlichen Sprache. Aber was Süßmilch bei der natürlichen Sprachursprungstheorie problematisiert, ist die verschwommene Beziehung des Menschen zum Tier. Die natürliche Sprachursprungstheorie beginnt mit der Annahme des Menschen im 'Naturzustand', wo er zwar die 'Aktionssprache' im Sinne Condillacs, aber noch keine menschliche Sprache besitzt. Weil er nicht über die Sprache verfügt, bleiben aber seine seelischen Wirkungen auf dem niederen Niveau wie diejenigen des Tiers. Nach Süßmilch ist dann der Mensch nur das „inutum et turpe pecus" von Horaz. Wenn der Mensch allmählich einen Weg zur Sprache gefunden hätte, wäre er lange Zeit „in einem thierischen

---

[100] *Versuch*, S. 14.
[101] *Versuch*, S. 43.
[102] *Versuch*, S. 5.

und kindischen Zustande"[103] geblieben. Das widerspricht dem Menschenbild in der Bibel, das Süßmilch heranzieht:

> So wie Gott den Menschen dem Leibe nach gleich in einer männlichen Größe und Stärke erschaffen hat, so hat er ihm auch der Seele und derselben Bestimmung nach so gleich das Mittel gegeben, wodurch er vernünftig denken und klüglich handeln kann.[104]

In dieser Hinsicht wird ein Unterschied zwischen Condillac und Süßmilch festgestellt. Während Condillac die von Descartes gezogene Grenze zwischen Mensch und Tier überschreitet, bemüht sich Süßmilch darum, auf Grund der Erfahrung und der Bibel den wesentlichen Unterschied von Mensch und Tier hervorzuheben. Auch unter der Annahme, daß der Mensch einst im 'Naturzustand' geblieben wäre, spricht Süßmilch ihm die Fähigkeit zur Erfindung der vollkommenen, regelmäßigen und schönen Sprache ab, denn der Mensch habe nur Anlage zur Vernunft. Aus diesem Grunde hält Süßmilch besonders Walton und Simon vor, dem angeborenen Vermögen zur Vernunft zu viele Leistungen zuzuschreiben, die ohne den vollkommenen Gebrauch der Vernunft nicht zustande kommen können.

Zweitens geht es um die Nachahmung.[105] Die natürliche Sprachursprungsthese betrachtet die nachgeahmten Schalle des Tiers als Keime der menschlichen Sprache. Süßmilch leugnet nicht, daß der Mensch Neigung und Geschick zur Nachahmung hat, und daß die Nachahmung die Mutter der Sprache sein könnte. Und er gesteht auch zu, daß alle Sprachen Onomatopoetika, lautmalende Wörter, haben. Aber er weist auf deren sehr geringen Umfang hin. Auf der strukturellen Ebene grenzt er die menschliche Sprache von den nachgeahmten Lauten ab. Die nachgeahmten Laute werden als eine „blosse und ganz unvollkommene Thiersprache"[106] definiert und deren Grammatik als ein „Verzeichniß von lauter Anomalien"[107]. Mit dieser qualitativen Unterscheidung der willkür-

---

[103] *Versuch*, S. 17.

[104] *Versuch*, S. 110

[105] Vgl. *Versuch*, S. 69-79.

[106] *Versuch*, S. 72.

[107] *Versuch*, S. 71.

lichen, vollkommenen, ordentlichen, menschlichen Sprache von den nachgeahmten Lauten bestreitet Süßmilch, daß die Nachahmung der tierischen
Laute eine Grundlage der Sprache sei, und daß die 'natürlichen Zeichen' in
die 'künstlichen' übergingen.

Drittens ist die Rede von der Verbesserung der Sprache.[108] Dabei setzt
Süßmilch einen Wilden im 'Naturzustand' voraus und erwähnt bei ihm die
Schwierigkeiten mit der Verbesserung. Die Beweggründe dafür sucht er in
den Eigenschaften des Wilden: in seiner Scheu vor der anstrengenden
Arbeit und in seiner Vorliebe für Freiheit und Gewohnheit. Daneben
verweist er auf dessen starken Trieb zur Selbsterhaltung. Wenn alles
befriedigt werde, was zur Erhaltung unentbehrlich ist, z. B. Speise, Trank
und Schutz vor den gefährlichen Tieren, habe der Wilde keinen anderen
Wunsch wie das Tier, was einer Verbesserung der Sprache im Wege stehe.
Süßmilch unterscheidet die Veränderung der Sprache von deren
Verbesserung. Er räumt zwar die Veränderung ein, aber deutet auf die
Behinderung der Verbesserung mit der Tatsache hin, daß auch die
kultivierten Völker die Entlehnung der Bildung neuer Wörter vorziehen.
Damit läßt er die Verbesserung durch die Veränderung beiseite, was die
statische Sprachauffassung Süßmilchs kennzeichnet. In historischer Perspektive erklärt die natürliche Sprachursprungstheorie durch die Wechselwirkung zwischen Bedürfnissen und elementaren Vermögen des Menschen die schrittweise Verbesserung der Sprache, das aber zeigt, wie
Süßmilch meint[109], nicht die konkreten Belege für den Übergang von den
natürlichen Lauten zu den artikulierten auf. Währenddessen trägt Süßmilch
der progressiven Disposition des menschlichen Vermögens und dem
zeitlichen Moment jedoch nicht Rechnung, indem er behauptet, daß die
Verbesserung den geschickten Gebrauch der Sprache und den ausge-
bildeten Verstand sowie sogar die Wissenschaft zur Voraussetzung
habe.[110]

---

[108] Vgl. *Versuch*, S. 79-96.

[109] Vgl. *Versuch*, S. 124.

[110] *Versuch*, S. 86 u. 96.

3.5 Gott als Urheber der Sprache

Süßmilch stellt unter Berufung auf Wolff philosophische Überlegungen zur Beziehung zwischen Sprache und Vernunft an und kommt zu dem Satz, daß die Sprache das unentbehrliche Mittel sei, zum Gebrauch der Vernunft zu gelangen. Aufgrund der empirischen Materialien für die Konstruktion der Sprache stellt er fest, daß sie vollkommen, regelmäßig und schön sei. Daraus leitet er noch den Satz ab, daß die Sprache ein Werk eines großen Verstandes sei. Da aber der Mensch ihm zufolge von Natur nur über die Anlage zur Vernunft verfügt, spricht er ihm die Fähigkeit zur Erfindung der Sprache mit einer künstlichen Struktur ab. Rousseaus Argumente gegen den natürlichen Sprachursprung werden zur Stütze von Süßmilchs These, daß der Mensch für sich selbst die Sprache nicht erfinden könne. Dieser Denkvorgang erfordert endlich Gott als Urheber der Sprache:

> Es bleibt uns also nichts übrig, als daß wir zu dem Wesen ausser dem menschlichen Geschlecht unsre Zuflucht nehmen, dessen Weisheit, Macht und Güte das Geschlecht der Menschen zu erhabenen Endzwecken bestimmet hat, so uns auch zu deren Erreichung die edle und göttliche Gabe der Sprache mitgetheilet hat.[111]

Was die Beziehung zwischen Sprache und Vernunft betrifft, hält Rousseau sie für ein Dilemma, aus dem nicht herauszukommen ist, und begründet damit die Unmöglichkeit der menschlichen Spracherfindung. In der Einleitung des *Versuch* stimmt Süßmilch zwar der Einstellung Rousseaus zu. Aber er löst in seinem Gedankengang den als unauflösbar geltenden „Knote[n]" dadurch auf, daß er die Urheberschaft der Sprache Gott als Schöpfer zuschreibt. Der (göttliche) Verstand schafft die Sprache, die ihrerseits Anlaß zur Entwicklung des (menschlichen) Verstandes gibt. Damit wird der ewig scheinende Zirkel von Sprache und Denken in die folgende Hierarchie aufgelöst: den „vollkommenste[n]" Verstand Gottes an der Spitze, dann Sprache als „göttliche[s] Geschenk"[112] und zuletzt der

---

[111] *Versuch*, S. 97.
[112] *Versuch*, S. 98.

menschliche Verstand. Diese Hierarchie regt Süßmilch an, gegensätzliche Einstellungen zu Sprache und (menschlicher) Vernunft zu haben. Weil die Sprache von Gott verliehen ist und nicht der Verbesserung unterliegt, stellt Süßmilch aus synchronischer Perspektive Überlegungen zu ihr an. Demgegenüber betrachtet er die Vernunft in diachronischer Sicht. Die (menschliche, angeborene) Vernunft ist nämlich dank der Sprache auszubilden. In Süßmilchs Überlegungen zu Sprache und Vernunft kreuzen sich also der synchronische Standpunkt mit dem diachronischen, was der konsequent geschichtlichen Auffassung Condillacs entgegensteht.

Die These Süßmilchs von Gott als „Lehrmeister der Sprache"[113] beschränkt seine sprachliche Perspektive im Vergleich zu derjenigen von Condillac und Maupertuis. Diese beiden ziehen die zur Erkenntnis beitragende und zugleich sie beeinträchtigende[114] Funktion der Sprache in Erwägung, während Süßmilch nur positive Einstellungen zur Sprache hat.[115] Nach seiner Meinung bleibt die Sprache immer in der vollkommenen, regelmäßigen und schönen Beschaffenheit und fördert die Erkenntnistätigkeit. Die Vernachlässigung der negativen Seite der Sprache wirkt sich auf sein Denken über das Verhältnis zwischen der 'anschauenden' und der 'figürlichen Erkenntnis' aus. Süßmilch betont zwar die Notwendigkeit der 'figürlichen Erkenntnis' für die 'anschauende', läßt aber im Unterschied zu Wolff die Rolle der 'anschauenden' bei der Beseitigung der Nachteile der 'figürlichen' beiseite.

Süßmilchs Argumentationsweise ist vermischter Art. Er erbringt einerseits die empirischen Beweise für die Unmöglichkeit der menschlichen Spracherfindung und führt die Schöpfungsgeschichte an, um seine Be-

---

[113] *Versuch*, S. 17.

[114] Vgl. *Essai* I, IV, ii, § 26: „c'est que si notre esprit ne fixe ses idées que par des signes, nos raisonnemens courent risque de ne rouler souvent que sur des mots; ce qui doit nous jeter dans bien des erreurs." u. *Reflexions*, S. 261f.: „A peine sommes-nous nés, que nous entendons répéter une infinité de mots qui expriment plutôt les préjugés de ceux qui nous environnent, que les premières idées qui naissent dans notre esprit: nous retenons ces mots, nous leur attachons des idées confuses; & voilà bientôt notre provision faite pour tout le reste de notre vie, sans que le plus souvent nous nous soyons avisés d'approfondir la vraie valeur de ces mots, ni la sûreté des connoissances qu'ils peuvent nous procurer, ou nous faire croire que nous possédons."

[115] Vgl. Stam, The Questions of the origin of language, S. 66f.

weise zu stützen: „Da nun die Erzehlung Mosis diesen philosophischen Beweiß gleichfals bestättiget, so halte es für ganz unumstößig, daß der Mensch die herrliche Wohlthat der Sprache nicht von sich, sondern allein von Gott habe."[116] Andererseits ist seine Überzeugung unmittelbar in der Bibel begründet[117], obwohl er in der Anfangsphase des *Versuch* seine Beweisführung nicht für „biblisch", sondern für „blos philosophisch" erklärt.

---

[116] *Versuch*, S. 97.

[117] Vgl. ebd.: „Die Geschichte der Schöpfung lässet gar keinen Zweiffel übrig, daß nicht Gott dem ersten Menschen die Gabe der Sprache und eine Fertigkeit in derselben Gebrauch solte gegeben und anerschaffen haben."

4. Kapitel: Herder

4.1 Anthropologisches Denken in Herders Frühwerken als gedankliches Fundament der *Abhandlung*

4.1.1 Anthropologische Theologie

Ab der Rigaer Zeit übt Herder sein ganzes Leben hindurch das geistliche Amt aus.[1] Seine Werke sind daher mittelbar oder unmittelbar mit Denken und Erfahrungen aus dieser Amtspraxis verknüpft.[2] Er ist von seinem geistlichen Beruf so überzeugt, daß er ihn für „ein so nützliches Werkzeug der Menschen, ein[en] Gott der Erde, ein[en] Seligmacher der Menschen"[3] hält. Den Zweck der pastoralen Tätigkeit sieht er darin, „dies Wort, was Seelen selig machen kann, in Menschliche Herzen zu pflanzen". Bei Herder bezieht sich das geistliche Amt auf das Menschliche. Als Prediger will er zugleich „ein würdiger Lehrer der Menschheit"[4] werden. Sein Predigtamt soll ihm als ein praktisches Mittel zur Bildung des Menschen dienen.

Im *Redner Gottes* (1765) zeichnet Herder das Vorbild eines zur Menschenbildung befähigten Predigers, das „aus meinem Gedächtniß" und „aus meinem Herzen"[5] entsteht. Einen solchen idealen Prediger sucht er nicht in der Außenwelt, die keine Beziehung zu den Zuhörern hat, sondern unter ihnen selbst. Der Prediger kennt sich deshalb in der Lebenswirklichkeit seiner Zuhörer gut aus. Zum Ausgangspunkt seiner Predigt nimmt er „Einige Erfahrungen, eine Beobachtung, einen Vorfall aus dem Menschlichen Leben"[6], was die Aufmerksamkeit der Zuhörer weckt. Auf

---

[1] Nach Haym (Herder, S. 103f.) wurde Herder am 10. Juli 1767 ordiniert. Aber er war auch zuvor als Prediger tätig.

[2] Aus dieser Sicht sieht Wilhelm Ludwig Federlin (Vom Nutzen des Geistlichen Amtes. Ein Beitrag zur Interpretation und Rezeption Johann Gottfried Herders. Göttingen 1982, S. 261) im geistlichen Amt den „Angelpunkt" und „Drehpunkt der Herderschen Existenz und Denkweise".

[3] SW XXXI, 135.

[4] SW XXXI, 125.

[5] SW XXXII, 4.

[6] SW XXXII, 9.

der Kanzel vermittelt er keine abstrakte Sittenlehre, sondern prägt anhand des unwissenschaftlichen und emotionalen Wortes ein Bild in die Seele der Zuhörer ein. Dabei dient die Bibel ihm nicht als „Schmuck oder Beweise", er schöpft aus ihr vielmehr „Saft und Kraft". Auf diese Weise bildet seine Predigt ein Ganzes: „[...] die bedeutungsvolle Idee eines Bildes, die Moral, wird durch die *Züge* sichtbar, die er [Prediger] aus dem Menschlichen Herzen und Bürgerlichen Leben hernimmt: und jeder Zug erscheint in dem strahlenden Glanze der Religion."[7] Durch diese anschauliche, der Situation angemessene Rede bewegt der Prediger das Pflichtgefühl der Zuhörer und regt sie zum freiwilligen Entschluß an:

> [...] er [Prediger] zeigt mir wieder meine Sphäre, meine Welt, Beruf und mein Herz! Ich sehe genau, *wozu* ich mich entschlossen, *wenn* und *wie* und *warum* ichs thun muß. Ich entschließe mich nochmals, und nun tritt er mit mir *vor Gott*, damit mein dargebrachtes Opfer des Herzens die Glut des Himmels trinke [...].[8]

So trägt seine Predigt zur Erbauung seiner Zuhörer bei.

Der im *Redner Gottes* ausgeführte Predigtaufbau[9] wird auch in der am 17. Mai 1769 gehaltenen *Abschiedspredigt von Riga* aufgegriffen. Herder stellt dort die Glückseligkeit der menschlichen Seele in den Mittelpunkt seiner Predigt. Als eine unentbehrliche Bedingung zur Erfüllung dieses Ziels setzt er die Kenntnis der menschlichen Seele voraus: „*Das Wort des Predigtamts soll Menschliche Seelen selig machen*, und was kann also wohl eine frühere Pflicht als die seyn, Menschliche Seele zu kennen, sie von ihren guten und bösen Seiten, von ihren Höhen und Tiefen, von ihren Schlupfwinkeln und offnen Seiten aus zu kennen"[10]. Als Werkzeuge seiner Predigt benutzt er die auf den Menschen bezogenen Materialien. Um die Zuhörer ihre Seele öffnen zu lassen, redet er auf der Kanzel „in

---

[7] SW XXXII, 8.

[8] SW XXXII, 11.

[9] Nach Christoph Bultmann und Thomas Zippert (DKV 9/1, 881ff.) ist dieser Predigtaufbau dem Göttinger Theologen Johann David Heilmann *Der Prediger und seine Zuhörer in ihrem wahren Verhältnis betrachtet* (1763) zuzuschreiben.

[10] SW XXXI, 127.

Menschlichen Worten, in verständlichen Ausdrücken unsres Umgangs"[11]. Deswegen zieht Herder folgende Zwischenbilanz seiner während fünf Jahren in Riga gehaltenen Predigten: „Das, was ich auf Kanzeln und vor Altären vorgetragen, ist nie etwas weniger, als Gelehrsamkeit, es sind immer wichtige Menschliche Lehren und Angelegenheiten gewesen."[12]

Die auf den Menschen ausgerichtete Predigtpraxis Herders erregte bei den orthodoxen Geistlichen in Riga Anstoß und führte zu einem Kanzelverweis seines Ordinarius.[13] Auch einige Zuhörer seiner Predigten sahen Herder als keinen „Theolog[en]" an, sondern als „einen Weltweisen in schwarzen Kleidern"[14]. Es ist zwar Tatsache, daß Herders Kanzelreden „kein Donnern auf die Ketzer, noch Schimpfen auf die Freigeister"[15] zum Inhalt hatten, aber das bedeutet nicht, daß Herder Neigung zur Freigeisterei gehabt hätte. Er bekennt sich öffentlich als Christ[16], was sich auch in seinem Umgang mit der Bibel zeigt. Mit ihrer Hilfe versucht er, die menschliche Seele zu erbauen und zu bessern, und er legt sie seiner Predigt zugrunde: „[...] sie [„heilige Schriften"] sind in allen meinen Predigten der Grund meiner Betrachtungen, und die Quelle meines Wortes, das ich in Menschliche Herzen zu pflanzen suchte."[17]

Diese religiösen und anthropologischen Aspekte verdeutlichen sich in einer Predigt *Über die Göttlichkeit und Gebrauch der Bibel* (1768). Hier befaßt sich Herder mit der Inspirationslehre und der Bibelinterpretation. Er

---

[11] SW XXXI, 132.

[12] SW XXXI, 129. In dieser Hinsicht grenzt Tadeusz Namowicz (Der Aufklärer Herder, seine Predigten und Schulreden. In: Gerhard Sauder (Hrsg.): Johann Gottfried Herder 1744-1803. Hamburg 1987, S. 23-34) die Predigt Herders von derjenigen der altprotestantischen Orthodoxie und des Pietismus ab.

[13] Vgl. Haym, Herder, S. 110.

[14] SW XXXI, 129.

[15] SW XXXII, 5.

[16] „Wir alle sind Christen: wir bekennen also mit diesem Namen schlechthin, daß wir eine Offenbarung Gottes durch Jesum annehmen, daß wir mit dem bloßen Lichte der Natur in allem nicht so weit kommen können, daß wir die Bibel für eine Vollfüllung, für den Supplement dieses Lichts ansehen [...] wir wären Naturalisten und Freidenker, wenn wir schon aus dem Licht der Vernunft alle Nötige Wahrheiten zu erkennen glaubten." (19) Daher muß Katharina Mommsens Meinung überprüft werden: „Der Theologe Herder war jederzeit aller möglichen Freigeisterei fähig." (*Reisejournal*, S. 214)

[17] SW XXXI, 134.

definiert die Bibel als Offenbarungsbuch. Es stellt sich dann die Frage, wie Gott sich offenbarte. Herder vertritt die Ansicht, daß sich die Offenbarung in der dem Menschen verständlichen Sprache, in bestimmter Zeit, Gegend und Nation sowie in jedem Bibelschreiber vermittelte. In dieser Hinsicht beharrt er zwar auf der Göttlichkeit der Offenbarung, aber er behauptet zugleich, daß die Offenbarung gemäß der menschlichen Natur zustande kam. Dies begründet er zuerst mit der Beziehung von Sprache und Denken bei Gott und Mensch. Während beim Menschen die Vernunfttätigkeit immer abhängig von der Sprache bleibt, ohne die er nicht denken kann, ist Gott im Gegenteil vollkommen und allwissend und denkt demnach ohne Zuhilfenahme des Wortes. In diesem Sinn widerspricht die dem Menschen als „Krücke[n]"[18] dienliche Sprache der Vollkommenheit Gottes.[19] Um sich ihnen zu offenbaren, muß Gott sich jedoch „den Menschen, ganz Menschlich, ganz nach ihrer Art und Sprache, ganz nach ihrer Schwachheit und Eingeschränktheit der Begriffe, erklären: er kann nicht göttlich, er muß ganz Menschlich reden."[20] Das bestätigt Herder, wenn auch leicht überspitzt, in seiner Schrift *Über die ersten Urkunden des menschlichen Geschlechts. Einige Anmerkungen* (1769): „[...] ein Wort der Bibel Göttlich nennen, ist die größte Hyperbel von Anthropomorphismus."[21]

Zweitens geht es Herder um Gottes Offenbarung zu irgendeiner Zeit, Gegend und Nation. Er nimmt die in der Bibel bestimmten menschlichen Umstände wahr und stellt darin insbesondere die Spuren des Morgenlandes fest. Als Beispiele führt er die Stile der „Verblümtheit und bildvollen Einkleidung"[22] und die an dem biblischen Inhalt abzulesende orientalische Denkart an. Demgemäß wird in *Über die ersten Urkunden* die Bibel auch als eine „'heilige, uralte, Poetische, Nationalurkunde[n] des Orients'"[23] bezeichnet.

---

[18] SW XXXI, 103.

[19] Vgl. *Versuch*, S. 5.

[20] SW XXXI, 104.

[21] DKV 5, 28. Diese Schrift wird im folgenden als *Über die ersten Urkunden* zitiert. Vgl. dazu auch SW XXXIII, 28.

[22] SW XXXI, 107.

[23] DKV 5, 30.

Daß die Offenbarung Gottes in der menschlichen Seele erfolgte, ist Herders drittes Argument. Die vom Geist Gottes inspirierten Menschen schrieben, so meint Herder, die Bibel entsprechend ihren eigenen Denkarten, Charakteren und Fähigkeiten, ohne dabei ihre Individualitäten einzubüßen:

> [...] das sehe ich und ein jeder ja aus der Bibel, daß jeder Schriftsteller so gedacht hat, als er, nach der Fähigkeit seines Geistes, nach der Richtung und Proportion seiner Seelenkräfte, nach der Mischung seines Temperaments, ja selbst nach seinen erworbnen Kenntnissen und Geschicklichkeit in der Schreibart hat denken können und denken wollen.[24]

In dieser Hinsicht unterscheidet sich Herders Inspirationslehre von derjenigen der Orthodoxie. Die Orthodoxen sehen die Bibel als das bis ins Detail hinein inspirierte Wort Gottes an und negieren damit die Mannigfaltigkeit der biblischen Schriftsteller zugunsten der „Einheit und Nichtwiderspüchlichkeit der Bibel und der göttlichen Offenbarung"[25]. Diese orthodoxe Verbalinspirationslehre kritisiert Herder scharf: „[...] wie geschah dies [Gottes Offenbarung an einen Menschen]? Etwa so, daß derselbe Mensch den Augenblick zu denken aufhörte, und Gott für ihn dachte? Unmöglich! Denken ist das Wesen der Menschlichen Seele, eine Seele, die nicht mehr selbst denkt, hat ihre Vernunft, die Freiheit ihres Willens, ihr Wesen verloren, sie ist nicht mehr Menschliche Seele: sie ist ein Unding."[26]

Auch mit der Hermeneutik der Bibel steht es nicht anders. Wenn die Schriftsteller das göttliche Wort nach ihren Denkarten schrieben, bedarf man, so Herder, bei der Bibelinterpretation seiner eigenen Lesart. Dabei wird die Hilfe „des edlen Kritischen Geistes"[27] in Anspruch genommen.

---

[24] SW XXXI, 111.

[25] T. Zippert: Die theologischen Grundlagen für Herders Kategorien von Individualität und Mannigfaltigkeit. In: Regine Otto (Hrsg.): Nationen und Kulturen. Zum 250. Geburtstag Johann Gottfried Herders. Würzburg 1996, S. 417.

[26] SW XXXI, 110. In *Über die ersten Urkunden* betrachtet Herder diese orthodoxe Inspirationslehre als eine „schwärmende Vorstellung" (DKV 5, 28).

[27] DKV 5, 20.

Herder fordert also dazu auf, mit der Aufwendung aller Denkfähigkeit die Bibel selbst zu lesen:

> [...] laßt uns [...] jedesmal unsre Vernunft, unsre Redlichkeit und Wißbegier aufbieten, wenn wir lesen oder etwas aus dem Wort Gottes hören. Laßt uns nicht erwarten, daß es durch eine Zauberkraft in uns würke, ohne daß wir etwas denken, sondern unsere Gedanken und Begabung aufbieten, um jeden in uns eindringenden Lichtstral zu empfangen, und jede Ueberzeugung in unsere Herzen aufzunehmen.[28]

Hier unterscheidet er deutlich das vernünftige Bibellesen vom schwärmerischen, das durch „Seelenschlaf" oder „Gedankenträgheit"[29] herbeigeführt wird. Zudem beansprucht das Bibellesen zugleich eine historische Perspektive, was besagt, daß man die zeitliche Distanz zwischen Bibelschreiben und -lesen erkennt. Dementsprechend hat man sich zuerst in die damalige Zeit und Gegend der Bibel zurückzuversetzen und diese dann aus der Sicht seiner Zeit zu betrachten. Daher bemüht sich Herder in seiner Predigt, „die biblische Sprache in die fließende Sprache unserer Zeit und Lebens"[30] zu übertragen und zu erklären.

4.1.2 Humane Erziehung

Wie Herder in seinen theologischen Schriften das Ideal von Prediger und Predigt abbildet, so stellt er seine Bildungsvorstellung in einer Rede *Von der Grazie in der Schule* dar, die anläßlich der offiziellen Einführung in die Stelle eines Kollaborators[31] an der Rigaer Domschule am 8. Juli 1765 gehalten wurde.

---

[28] SW XXXI, 113.

[29] SW XXXI, 119.

[30] SW XXXI, 109.

[31] Diese Lehrerstelle wurde neu geschaffen, um einen „brauchbaren" Bürger zu bilden, der der Forderung der Handelsstadt Riga Genüge tut: „Die verdienten Väter dieser Schule beliebten die Palingenesie, den ehemals gewesenen *Calligraph* [...] in einen Lehrer umzuschaffen, der die großen Lücken im Plan dieser Schule einigermaßen ausfüllen, der die Schulwißenschaften mehr mit dem Angenehmen, mit dem Brauchbaren, mit der Welt versöhnen sollte." (SW XXX, 30)

Als Pädagoge legt Herder einen Schwerpunkt auf die Jugenderziehung, wobei er die Rolle des Lehrers hervorhebt.[32] Die damalige Erziehungssituation stößt ihm bitter auf: „Und wo hat man mehr falschen Reiz, schädlichen Anstand, und betrügerische Grazie eingeführt, als bei Erziehung der Jugend? Statt Menschen zu bilden, bildet man Affen, die Artigkeit nachahmen, Puppen in Lebensgröße, die unter den Kleidern der Schönheit, Stroh und Holz verbergen; oder höchstens Marionetten."[33] Der „Handwerkslehrer"[34], in dem Herder ein traditionelles Bild vom Erzieher sieht, kommt nicht aus seinem greisenhaften Gesichtskreis heraus, paukt zwanghaft den Jugendlichen seine schulmäßige Gelehrsamkeit ein. Durch diese trockne, nicht reizende Lehrart verlieren sie an Lust zum Lernen und an Vertrauen zu ihm, lernen zwar, um aber später nur zu vergessen. Das führt endlich zu den durch Zwang und Strafe gekennzeichneten Schulen, die den Jugendlichen als „die ersten Gefängniße"[35] erscheinen.

Angesichts dieser schlimmen Bildungslage versucht Herder, das auf dem griechischen Mythos beruhende Bild von der Grazie[36] auf die Schulerziehung zu übertragen. Dieses Bild bezieht er vor allem auf den Lehrer, denn dieser ist „Schöpfer der Jugendseele"[37]. In bezug auf den Schul-

---

[32] Vgl. *Ineuntem hominis aetatem maximis commodis ac periculis obnoxiam. Examinis vernalis oratio. 1764*: „Glücklich sind, die, denen die Natur wie eine Gönnerin körperliche Schönheit verliehen hat, glücklicher die, die sie mit Gaben des Geistes verwöhnt hat, und am glücklichsten sind, denen sie bei der Zuteilung eines Lehrers gewogen war." Demnach ist er genauso voller Überzugung von seinem Lehramt wie von seinem Predigeramt: „Zwar liegt, wie ich fest glaube und bekenne, die Last eines Sisyphus auf den Schultern der Lehrer, aber wie groß ist das, was sie bewirken, wenn sie richtig erziehen. [...] Sie werden die Schmiede des Glücks der Kinder sein, Schutzherren ihres Wohlergehens, Ratgeber in Gefahren wie Mentor, Helfer in der Not wie Minerva, Lenker fast ihres ganzen Lebensschicksals und damit Götter der Menschen." (In: SW XXX, 5f. Übersetzung nach Klaus Pradel: DKV 9/2, 982f.)

[33] SW XXX, 30.

[34] SW XXX, 15.

[35] SW XXX, 19.

[36] Herder verwendet den Begriff 'Grazie' in einem umfangreichen Sinne: „[...] nennen Sie es *Reiz, Anstand, Schönheit, Anmut, Annehmlichkeit, Holdseligkeit*; alles dies sind Theile, sind Grade, sind Karaktere der Grazie, aber kein Wort einzeln erschöpft ihren Begriff ganz." (SW XXX, 17.) Vgl. zu diesem Begriff Franz Pomezny: Grazie und Grazien in der deutschen Literatur des 18. Jahrhunderts. Hamburg u. Leipzig 1900.

[37] DKV 9/2, 162.

unterricht sieht Herder die Grazie beim Lehrer nicht im Besitz vieler Kenntnisse, sondern in der anziehenden Didaktik:

> Nicht eigentliche Gelehrsamkeit, aber Talente, Talente muß ein Schullehrer haben, um leicht und doch gründlich, ganz und doch spielend seinen Lieblingen die Wißenschaften einzuzaubern. Und dies ist die *Gratie*, ohne die er immer ein unvollendeter Lehrer bleibt.[38]

Damit rückt der Reiz als „Leitband"[39] der Schulmethodik in den Vordergrund. Der graziöse Lehrer erkennt die Jugend in ihrem Eigenwert an und geht liebenswürdig mit ihr um. Dies bedeutet, daß er über einen Standpunkt verfügt, „die Jugend zu betrachten als den Teil des Menschen, der keinen Zwang leiden kann"[40]. Zudem versetzt er sich aus seinem Alter heraus in die Jugend und erteilt seinen Unterricht aus ihrer Sicht: „[...] der Lehrer wandelt mit heitrer und ein nehmender [sic!] Stirn unter seinen Schülern nein - unter seinen Freunden [...]. Er setzt sich in ihr Alter; er trägt ihnen die Wahrheiten vor, wie<,> wenn er Jugend wäre, er sie am liebsten hören wollte; er verbirgt den Lehrer, und wird gleichsam ihr Mitschüler"[41]. Laut Herder zeigt der ideale Lehrer die Grazie am deutlichsten durch seine „Sitten" auf, die aus dem „vollen Schatz des Herzens, der Gewissenheit und Gottesfurcht"[42] entspringen. Anhand dieses konsequenten, moralischen, religiösen Bewußtseins für das Lehramt[43] wird die Unterweisung des Lehrers noch reizender. Er regt dadurch das Gemüt der Jugend an, entzündet ihren Lerneifer und flößt ihr die „Liebe zu den Wißenschaften, zur Tugend, und Grundsäzze zu leben"[44] ein. Durch die auf

---

[38] SW XXX, 21.

[39] Ebd.

[40] DKV 9/2, 148.

[41] DKV 9/2, 164.

[42] DKV 9/2, 167.

[43] Zu Herders Verbindung von Religion und Schulbildung führen einerseits seine Tätigkeiten als Prediger und Lehrer, andererseits die „Tradition, nach welcher wiederholt die Rektoren und Lehrer der Domschule zugleich Prediger am Dom gewesen" (Haym, Herder, S. 103) sind. In diesem Sinne kann man die folgende Rede Herders verstehen: „Ich will mich bestreben, den Theologen und Schullehrer [...] zu verbinden [...]." (SW XXX, 28)

[44] SW XXX, 18.

der Grazie beruhende Bildung ist für die Jugend der Schulunterricht keine „Arbeit" mehr, sondern „Vergnügen, Zeitvertreib, Ergötzung"[45]. Demgemäß verwandelt sich die bestehende Schule als „Pedantische Höhle[n]" in einen „Tempel mit Blumen der Gratie"[46]. Indem Herder diese ästhetischen Erziehung mit der von der Stelle eines Kollaborators verlangten, nützlichen Wissenschaft vereinigt, strebt er die nutzbare und zugleich anmutige Schule an.

4.1.3 „Menschliche Philosophie"

In einem Brief vom November 1768 an Kant erklärt Herder im Zusammenhang mit seinem geistlichen Beruf, daß die Philosophie für den Menschen den Kernpunkt seiner Arbeit ausmacht:

> [...] da ich aus keiner andern Ursache mein geistliches Amt angenommen, als weil ich wuste, u. es täglich aus der Erfahrung mehr lerne, daß sich nach unsrer Lage der bürger*lichen* Verfassung von hieraus am besten Cultur u. Menschenverstand unter den ehrwürdigen Theil der Menschen bringen laße, den wir Volk nennen: so ist diese Menschliche Philosophie auch meine liebste Beschäftigung.[47]

Dieses Bekenntnis zur „menschliche[n] Philosophie" als seiner Lieblingsarbeit bringt Herder schon in der Schrift[48] *Wie die Philosophie zum Besten des Volks*[49] *allgemeiner und nützlicher werden kann* (1765) zum

---

[45] DKV 9/2, 164.

[46] DKV 9/2, 160.

[47] J. G. Herder: Briefe. Erster Band April 1763-April 1771. Bearbeitet von Wilhelm Dobbek und Günter Arnold. Weimar 1977, S. 120. Im folgenden werden die Briefe Herders mit dem Sigel DA unter Angabe der Band- und Seitenzahl angeführt.

[48] Diese Schrift verfaßt Herder, angeregt durch eine in den *Briefen, die neueste Literatur betreffend* abgedruckte Preisfrage, welche die Berner Patriotische Gesellschaft 1763 stellte: „Wie können die Wahrheiten der Philosophie zum Besten des Volks allgemeiner und nützlicher werden." (SW XXXII, 533f.) Aus der nur wenig veränderten Preisfrage entsteht der Titel der Schrift.

[49] Was den Begriff 'Volk' auf dem Titel betrifft, erscheint er hier als die „positive[n] Gegenkategorie der skeptisch beurteilten Philosophie" (DKV 1, 970). Im Vergleich zum Philosophen gehorche das Volk „bloß den Gesetzen der gesunden Vernunft", „ohne die höhere Philosophie zur Leiterin zu erwählen" (DKV 1, 108). Es sei „noch näher am Stand der Natur" (SW XXXII, 41) als der Philosoph. Das Volk habe keine „üble[n] Grundsätze wider die Moralite" (SW XXXII, 42). Und „seine [des Volkes] Sprache sind Sachen und

Ausdruck. Hier legt er seine Einstellung zum Idealbild der Philosophie dar. Zuerst führt er vor Augen, daß die Frage nach der Nützlichkeit der Philosophie von Gesichtspunkten der Mathematik, Theologie und Physik aus nicht richtig zu beantworten ist. Nach seiner Meinung verlange die Mathematik von der Philosophie die „Mathematische Gewißheit, Evidenz und Nützlichkeit". Die Physik versuche, die philosophischen Erscheinungen in der gleichen Weise wie die Naturphänomene zu behandeln. Das theologische Verfahren führe zur unangemessenen Verpflanzung der Philosophie in die Religion und zur Entstellung der Philosophie.[50] Deswegen geht Herder die Frage aus einer anderen Sicht an:

> Wäre ich ein Präsident von einer vier- oder mehrzünftigen Akademie [...], so foderte dies Problem eine andre Auflösung vom Theologen, vom Meßkünstler, vom Natur- und Staatskündigen - und ich würde als Mensch darüber urteilen, ohne Interesse auf die Philosophie, über die der Stab gebrochen wird, auf eine meiner eignen Lieblingsneigungen oder auf eine meiner Klassen: und so würde die Wahrheit offenbar, wenn man nicht widerlegen, nicht Neuigkeiten sagen, nicht berühmt werden will, sondern als Mensch schriebe, der lerne und sich zu überzeugen sucht.[51]

Den „menschlichen Standpunkt"[52] hält Herder für einen Weg zur Lösung des Problems. Demgemäß übt er Kritik an den traditionellen Teilen der Philosophie: Logik, Moral und Metaphysik. Der bisherigen Logik wirft er die unergiebige Arbeit vor, ein trocknes „Wörterregister"[53] hervorzubringen, willkürliche Regeln aufzustellen und sich endlich anhand dieser in unnötige Streitgespräche zu verwickeln. Der Moralphilosophie hält Herder deren theorieorientiertes Vorgehen vor, mit Hilfe eines

---

nicht Worte; seine Denkart lebhaft, nicht deutlich, gewiß, nicht beweisend" (SW XXXII, 49). In dieser Hinsicht sind für das Volk die Natürlichkeit, Einfältigkeit und Lebendigkeit in der Lebensweise, in der Denkweise und in der Sprache charakteristisch. Vgl. zu Herders Volksbegriff DKV 3, 865-878 u. Rudolf Große: Zur Verwendung des Wortes „Volk" bei Herder. In: Herder-Kolloquium 1978. Weimar 1980, S. 304-314. Gaier findet in dem Begriff „die allgemeinmenschliche und die ethnische Bedeutungsrichtung", während Große ihn vom „ethnischen" und „soziologischen" Aspekt her berücksichtigt.

[50] SW XXXII, 32.

[51] SW XXXII, 34.

[52] Federlin, Vom Nutzen des Geistlichen Amtes, S. 46.

[53] SW XXXII, 37.

„Lexikon[s] von Kunstwörtern"[54] nicht auf das wirkliche Leben anzuwendende Grundsätze der moralischen Pflichten herzustellen. Und gegen die Metaphysik, die voll von nutzlosen Terminologien und Hypothesen ist, wendet sich Herder, weil sie „Ideenreiche" sowie „Luftgebilde"[55] hervorbringt. Er verurteilt mit dieser Begründung die damalige Philosophie entschieden: „Die Philosophie ist überhaupt den Menschen unnütz, jedem Menschen unnütz; aber auch der Gesellschaft schädlich [...]."[56]

Die Möglichkeit, die Philosophie vor Unnützlichkeit und Schädlichkeit zu bewahren, sieht Herder in der Philosophie selbst: „Blos die Philosophie kann ein Gegengift seyn, für alles das Uebel, wohin uns die Philosophische Wißbegierde gestürzt."[57] Auf der Basis seiner Diagnose stellt er konkrete Programme für den Nutzen der Philosophie auf. Als Vorbild der Logik kommt „eine negative Logik" in Betracht, die im Unterschied zur überkommenen Logik nicht auf die Regeln oder die höheren 'Seelenkräfte' abzielt. Sie sei vielmehr eine „Methode", „'dem menschlichen Geiste seine natürliche Stärke in voller Lebhaftigkeit zu erhalten und auf jeden Fall anwenden zu können.'"[58] Herder fordert den Philosophen auf, nicht nach den Regeln mechanisch denken zu lehren, sondern empfinden und die Sinne gebrauchen, erst dann den philosophischen Geist einzuprägen. Das letzte Ziel des Philosophen in der Logik sieht Herder in der Bildung des selbstdenkenden Menschen, mit einem anderen Wort in der „'negativen Erziehung'"[59] im Rousseauschen Sinn: „[...] laß ihn [den auszubildenden Menschen] sehen, anstatt daß du [Philosoph] seinen Kopf bilden wolltest, so laß ihn sich selbst bilden und bewahre ihn nur, daß er sich nicht mißbildet."[60] Der bestehenden Moralphilosophie stellt Herder eine

---

54 SW XXXII, 44.

55 SW XXXII, 46.

56 SW XXXII, 48.

57 Ebd. Vgl. auch SW XXXII, 51: „[...] du [Philosoph] und nicht das Volk weiß, ob du ein Gift warest, du und nicht das Volk sey auch ein Gegengift."

58 SW XXXII, 41.

59 DKV 1, 978.

60 SW XXXII, 53.

praktische gegenüber, welche die Tugend nicht instruiert, sondern sie erweckt und nach den „Stimmen des Gewissens"[61] handeln läßt. Von der Metaphysik verlangt Herder eher eine „glückliche[n] Unwissenheit"[62], die sich von der abstrakten, unverständlichen Gelehrsamkeit befreit.

Nach Herder hängt der Erfolg seines neuen Reformplans für die nutzbare Philosophie von ihrer Veränderung zugunsten des Menschen ab. Das bedeutet, daß die Philosophie sich von ihrer Neigung zur Selbstgenügsamkeit[63] abwendet und ihre Aufmerksamkeit auf den Menschen lenkt. Der Philosophie wird infolgedessen die Aufgabe zugewiesen, „sich von den Sternen zu den Menschen"[64] herabzulassen und ihn zu ihrem „Mittelpunkt"[65] zu machen. Das bedarf eines Umdenkens von seiten des Philosophen. Deswegen fordert Herder ihn auf, in erster Linie „mit den Augen des Menschen"[66] zu philosophieren. Dann sei er verpflichtet, „zu dem Volke in seiner Sprache, in seiner Denkart, in seiner Sphäre"[67] zu reden. Zudem hebt Herder die Notwendigkeit der Zusammenarbeit von Philosoph und Volk hervor: „Du Philosoph und du Plebejer! macht einen Bund um nützlich zu werden"[68]. Bei Herder geht zuletzt die dem Volk nützliche Philosophie mit ihrer Verwandlung in die Anthropologie einher, die er mit einem Wendepunkt in der Naturwissenschaft gleichsetzt:

> [...] wenn man den Gesichtspunkt der Weltweisheit in der Art ändert, wie aus dem Ptolomäischen, das Kopernikanische System ward, welche neue fruchtbare Entwickelungen müssen sich hier nicht zeigen, wenn unsere ganze Philosophie Anthropologie wird.[69]

---

[61] SW XXXII, 42.

[62] SW XXXII, 45.

[63] Vgl. SW XXXII, 51: „Indessen ist's allerdings nicht gut, daß der Philosoph für sich selbst blos sey."

[64] SW XXXII, 49.

[65] SW XXXII, 52.

[66] SW XXXII, 45.

[67] SW XXXII, 49.

[68] SW XXXII, 51.

[69] SW XXXII, 61. In *Von Baumgartens Denkart in seinen Schriften* (1767) bezieht Herder diese „kopernikanische" Wende auf die griechische Philsophie, insbesondere Sokrates: „Aus diesem Aether der Spitzfündigkeit würde uns - wer so sehr, als die Griechische Muse, herunterführen: denn eben dies war ja der Unterschied zwischen Philosophie und

4.1.4 *Journal meiner Reise im Jahre 1769*

Während seiner Seereise erinnert sich Herder an seine bisherigen Tätigkeiten als Prediger, Lehrer und philosophischer Schriftsteller, wobei er überwiegend Reue empfindet.[70] Er stellt in seinem Leben in Riga eine Neigung zur theoretischen Gelehrsamkeit fest und kritisiert sich selbst als „ein Repositorium voll Papiere und Bücher"[71]. Diese Selbstkritik regt ihn an, eine neue Denkart anzustreben, die auf „Fakta und Realitäten"[72] aufbaut.

Im *Reisejournal* werden viele Pläne aufgestellt, die Mommsen im Register der „Projekte und Skizzen Herders" zusammenfaßt. Darunter fallen die drei Programme für die Menschheit, Erziehung und Religion besonders auf.[73] In diesen Projekten ebenso wie in Herders früheren Schriften macht das Interesse am Menschen den Hauptgesichtspunkt aus. Herder will den Menschen recht kennen und plant, durch seine eigenen Erfahrungen und die Schriften der anderen die Kenntnisse vom Menschen zu sammeln. Das führt zum Entwurf des „Jahrbuch[s] der Schriften für die Menschheit"[74], das umfangreiche Bereiche enthält:

Sophisterei, daß jene immer, wie über vorhandne Dinge urtheilte, immer Nachbarin der Erfahrung, und so auch fast immer Nachbarin der Nutzbarkeit und Wahrheit. So blieben die Urtheile Sokrates entweder völlig auf der Erde, wohin er sie aus der Höhe gerufen hatte; oder, auch selbst im geistigen Fluge des Plato, noch wenigstens im Gesichtskreise gesunder Augen, ich meine, in der Sphäre der Bemerkung." (SW XXXII, 191) In den *Ideen zur Philosophie der Geschichte der Menschheit* (1784-91) spricht Herder aber Sokrates die Urheberschaft der „menschlichen Philosophie" ab: „Es ist ein zwar oft wiederholter, aber wie mich dünkt, überspannter Lobspruch des menschenfreundlichen Sokrates, daß Ers zuerst und vorzüglich gewesen sei, der die Philosophie vom Himmel auf die Erde gerufen und mit dem sittlichen Leben der Menschen befreundet habe; wenigstens gilt der Lobspruch nur die Person Sokrates selbst und den engen Kreis seines Lebens. Lange vor ihm waren Philosophen gewesen, die sittlich und thätig für die Menschen philosophirt hatten, da vom fabelhaften Orpheus an eben dies der bezeichnende Charakter der griechischen Cultur war." (SW XIV, 126f.)

[70] Vgl. *Reisejournal*, S. 7.

[71] *Reisejournal*, S. 9.

[72] *Reisejournal*, S. 14.

[73] *Reisejournal*, S. 310f. Außerdem gibt es viele geplante Bücher über Frankreich. Das hat vielleicht seine Ursache darin, daß Herder sein *Reisejournal* in Nantes und Paris verfaßte.

[74] *Reisejournal*, S. 34.

[...] ein grosser Plan! ein wichtiges Werk! Es nimmt aus Theologie und Homiletik; aus Auslegung und Moral; aus Kirchengeschichte und Ascetik, nur das, was für die Menschheit unmittelbar ist; sie aufklären hilft; sie zu einer neuen Höhe erhebt, sie zu einer gewissen neuen Seite verlenkt; sie in einem neuen Licht zeigt; oder was nur für sie zu lesen ist. Dazu dient alsdenn *Historie* und *Roman*, *Politik*, und *Philosophie*, *Poesie* und *Theater* als Beihülfe [...].[75]

In diesem Projekt hegt Herder den Wunsch, „ein Schriftsteller der Menschheit" zu werden. Die Hinwendung zum Menschen prägt auch sein philosophisches Wirken, und er setzt es sich als Philosoph zum Ziel, „als Mensch und für Menschen"[76] zu denken.

Die auf die Menschheit bezogenen Pläne Herders stehen in Zusammenhang mit der Menschenbildung.[77] Das zeigt sich zuerst in bezug auf Livland, wo Herder als Prediger und Lehrer fast viereinhalb Jahre tätig war. Herder will als „Genius Lieflands"[78] das ungebildete Land erneuern, was seinen demopädischen Charakter bestätigt: „Liefland, du Provinz der Barbarei und des Luxus, der Unwißenheit, und eines angemaßten Geschmacks, der Freiheit und der Sklaverei, wie viel wäre in dir zu thun? Zu thun, um die Barbarei zu zerstören, die Unwißenheit auszurotten, die Cultur und Freiheit auszubreiten [...]."[79] Dann konkretisiert sich der Plan für die Menschenbildung in Herders Reformprogramm für das Rigaer Lyzeum. Er richtet diese Schule auf das sich auf die Realien stützende, lebendige Wissen aus. Dafür ordnet er die Klassen und Lehrpläne entsprechend den 'Seelenkräften' des Kindes, des Knaben und des Jünglings. Beim Kind geht es um die Entwicklung von „Sinn und Gefühl", beim Knaben um die Erweckung der „Phantasie" und beim Jüngling um die

---

[75] *Reisejournal*, S. 34f.

[76] *Reisejournal*, S. 35.

[77] Rainer Wisbert (Das Bildungsdenken des jungen Herder. Interpretation der Schrift „Journal meiner Reise im Jahr 1769". Frankfurt/M u. a. 1987, S. 76f.) arbeitet den universalen Charakter von Herders Bildungskonzeption heraus: „Im Reisetagebuch erfolgt nicht die Darlegung einer geschlossenen Theorie der Bildung des Menschen. Vielmehr ist hier nur der Horizont einer neuen Bildungskonzeption eröffnet, wobei zum ersten Mal in der Geschichte des Bildungsdenkens das Bildungsproblem in einer solchen Universalität erörtert wird."

[78] *Reisejournal*, S. 29.

[79] *Reisejournal*, S. 28.

Ausbildung von „Verstand und Vernunft"[80]. Dieses pädagogische Reformprojekt wird im „Werk über die Jugend und Veraltung Menschlicher Seelen"[81] aufgegriffen und fortgeführt.

Zu seinem Bildungskonzept der Menschheit setzt Herder die Religion in Beziehung. Er nutzt den geistlichen Stand zur Bildung des livländischen Volks,[82] worin das geistliche Amt als „Volksbildungsinstitution"[83] erscheint. Mit Gottes Willen verknüpft sich Herders Idealbild des Menschen: „der aufgeklärte, unterrrichtete, feine, vernünftige, gebildete, Tugendhafte, geniessende Mensch"[84]. Vor diesem Hintergrund entwirft er „Ein Buch zur Menschlichen und Christlichen Bildung"[85]. Dabei verdient es Beachtung, daß in dem Buchentwurf religiöse Themen nicht überwiegen. Das Buch besteht aus sechs Teilen, unter denen nur der letzte sechste „Christliche Känntniße"[86] enthält. Diese Tendenz gilt auch für den Religionsunterricht im Lyzeumsprogramm, in dem nur das beigebracht wird, „was würklich Menschlich ist"[87]. Ein „Pragmatisches Studium der Religion für Nutzen"[88] rückt dabei in den Vordergrund. In der Bibel sieht Herder „eine Jüdisch-Hellenistische Farbe"[89]. Auf dieser historisch-kritischen Lesart der Bibel baut er die Lehre von Glauben und Heil auf.[90] Auch auf der Kanzel verhält es sich nicht anders. Das Hauptanliegen

---

[80] *Reisejournal*, S. 56.

[81] *Reisejournal*, S. 134.

[82] „Liefland ist eine Provinz, den Fremden gegeben! Viele Fremde haben es, aber bisher nur auf ihre Kaufmännische Art, zum Reichwerden, genoßen; mir, auch einem Fremden, ists zu einem höhern Zwecke gegeben, es zu bilden! Dazu sei mein geistliches Amt; die Colonie einer verbeßerten Evangelischen Religion zu machen; nicht schriftlich, nicht durch Federkriege, sondern lebendig, durch Bildung." (*Reisejournal*, S. 30)

[83] Federlin, Vom Nutzen des Geistlichen Amtes, S. 11.

[84] *Reisejournal*, S. 31.

[85] *Reisejournal*, S. 36.

[86] *Reisejournal*, S. 37.

[87] *Reisejournal*, S. 42.

[88] *Reisejournal*, S. 51.

[89] *Reisejournal*, S. 44.

[90] „Ordnung des Heils wird nicht anders getrieben, als so fern sie jedesmal aus der Bibel im Zusammenhange der Zeit, Geschichte und Sinnes folgt: das einzige Mittel eine wahre Dogmatik zu bekommen, die weder eine Sammlung Biblischer Sprüche, noch ein Scholastisches System sey." (*Reisejournal*, S. 51)

Herders als Prediger besteht in der Menschenbezüglichkeit: „Suche also auch selbst aus den Zeiten der Bibel nur Religion, und Tugend, und Vorbilder und Glückseligkeiten, die für uns [Menschen] sind: werde ein Prediger der Tugend *deines Zeitalters!*"[91] Seine Predigt wendet er ihren Zuhörern zu. Seine Kanzelrede besteht aus verständlichen, situationsmäßigen und herzhaften Worten.[92] Dieses anthropologische Verständnis Herders von der Religion ist jedoch nicht einer Absicht zu deren Humanisierung zuzuschreiben, wie sie Haym begründet,[93] vielmehr besteht der Grund, warum Herder die Religion vom menschlichen Standpunkt aus betrachtet, in ihrem richtigen Verstehen:

> Alles im Gesichtspunkt der Menschheit - und hieraus Lehren für Toleranz: Liebe zur Protestantischen Religion: wahrer Geist derselben im Akademischen Lehrer, Prediger, Zuhörer, Privatchristen.[94]

Was die theologischen, pädagogischen und philosophischen Schriften des jungen Herder durchzieht, ist sein anthropologisches Denken. Dies mündet ins *Reisejournal*, wo es aufgegriffen und weiter entwickelt wird. In der *Abhandlung* erfährt es eine Konkretisierung und hat die These des menschlichen Sprachursprungs zur Folge. Wenn in der Sprachschrift von der religiösen Ebene auch die Rede ist, rückt sie in der Tat zugunsten der anthropologischen in den Hintergrund.

---

[91] *Reisejournal*, S. 31. Dabei versteht Herder unter der Tugend „Nichts, als Menschliches Leben und Glückseligkeit" (*Reisejournal*, S. 12).
[92] Vgl. *Reisejournal*, S. 38.
[93] Vgl. Haym, Herder, S. 355.
[94] *Reisejournal*, S. 37.

4.2 Anthropologie

4.2.1 Natursprachtheorie

Herders *Abhandlung* nimmt ihren Anfang mit einem provokativen Satz: „*Schon als Thier hat der Mensch Sprache.*"[95] Der Satz birgt jedoch Herders strategische Absicht, gegen Süßmilch zu polemisieren. Wenn Herder hier den Menschen zum Tierreich rechnet, meint er damit, daß Mensch und Tier die Empfindungssprache gemeinsam haben.

Herder unterwirft Mensch und Tier einem 'Naturgesetz': „*Hier ist ein empfindsames Wesen, das keine seiner lebhaften Empfindungen in sich einschließen kann; das im ersten überraschenden Augenblick, selbst ohne Willkühr und Absicht Jede laut äußern muß.*"[96] Die nach diesem 'Naturgesetz' hervorbrechenden affektiven Laute oder Töne machen die „Natursprache"[97] aus. Diese ist frei von Intentionalität und Überlegung. Sie ist spontaner und sinnlicher Art. Diese unwillkürlichen „Töne der Natur"[98] haben durch ihre rührenden Elemente einen universalen Charakter: „Wer ists, dem bei einem zuckenden, wimmernden Gequälten, bei einem ächzenden Sterbenden, auch selbst bei einem stöhnenden Vieh [...] dies Ach, nicht zu Herzen dringe?"[99]

Für Herder ist ein Lebewesen nicht als „egoistische Monade[n]"[100] geschaffen, sondern als „sympathetische[s] Geschöpf"[101]. Es ist nicht in sich isoliert, sondern steht mit den anderen Wesen im Bund. Um die Verbundenheit der Geschöpfe klar zu machen, verwendet Herder das damals übliche Saitengleichnis[102]. Wie eine angeschlagene Saite ein Echo bei gleichartig konstruierten Saiten erweckt, so lösen auch die natürlichen Töne aus einem Wesen die Resonanz bei den anderen, mitfühlenden aus.

---

[95] SW V, 5.
[96] SW V, 6.
[97] SW V, 10.
[98] SW V, 14.
[99] SW V, 15.
[100] SW V, 5.
[101] SW V, 17.
[102] Vgl. Gesche, Johann Gottfried Herder, S. 55f.

Nach dieser „Mechanik fühlender Körper"[103] erfolgt zwischen den gleichartigen Wesen eine reflektorische Kommunikation. Daraus gewinnt Herder noch ein anderes 'Naturgesetz':

> 'deine Empfindung töne deinem Geschlecht Einartig, und werde also von Allen, wie von Einem mitfühlend vernommen!' [...] die Natur hat in diese Saiten Töne verborgen, die, gereizt und ermuntert, wieder andre gleichzart gebaute Geschöpfe wecken, und wie durch eine unsichtbare Kette, einem entfernten Herzen Funken mittheilen können, für dies ungesehene Geschöpf zu fühlen.[104]

Das erinnert an Condillacs Sprachursprungshypothese, die auf der natürlichen Sympathie[105] zwischen zwei in der Wüste herumirrenden Kindern beruht. In diesem 'Naturgesetz' grenzt Herder die gattungsspezifische „Natursprache" von der universalen ab. Jene nennt er die „Völkersprache"[106], die nur unter der gleichen Gattung verstanden wird.[107] Damit taucht ein virtueller Ansatz zum Unterschied einerseits zwischen Mensch und Tier als Gattungswesen, andererseits zwischen der menschlichen und der tierischen Sprache auf: „[...] je weniger die menschliche Natur mit einer Tierart verwandt; je ungleichartiger sie mit ihr am Nervenbaue ist: desto weniger ist ihre Natursprache uns verständlich."[108]

Neben ihrer Universalität und Gattungsgebundenheit sind natürliche Töne durch ihre Einfachheit gekennzeichnet. Die heftigen Gefühle brechen plötzlich und kurz hervor. Diese „Töne der Natur" sind zwar in ihrer

---

[103] SW V, 5. Descartes betrachtet Tiere als unbeseelte Automaten. Der menschliche Körper ist nur eine fühllose Maschine. Das ist auch bei Herder der Fall. Der Körper fungiert als eine „unfehlbare Maschine" (SW V, 28), die sich nach einem komplizierten Mechanismus bewegt. Im Unterschied zu Descartes spricht Herder jedoch dem menschlichen und dem tierischen Körper die Fähigkeit zum Mitfühlen und -leiden zu: „leidende[n] Maschiene" (SW V, 15) „empfindsame[n] Maschiene" (SW V, 17) und „empfindende[n] Maschiene" (SW V, 24).

[104] SW V, 6.

[105] Vgl. zum Sympathiebegriff im 18. Jahrhundert Ralf Simon: Das Gedächtnis der Interpretation. Gedächtnistheorie als Fundament für Hermeneutik, Ästhetik und Interpretation bei Johann Gottfried Herder. Hamburg 1998, S. 163ff.

[106] SW V, 8.

[107] Vgl. Gaier, Herders Sprachphilosophie, S. 90f.

[108] SW V, 7.

Anzahl begrenzt, aber in ihrer Wirksamkeit stark. Sie existieren, nicht um Empfindungen zu beschreiben, sondern bringen diese nur auf reflektorischer Ebene zum Ausdruck. Diese Charakteristiken der Naturtöne führt Herder gegen Süßmilchs Buchstabenhypothese[109] ins Feld. Wie schon im 3. Kapitel dieser Arbeit gezeigt wurde, versteht Süßmilch unter „Buchstaben" Phoneme, aber Herder mißversteht sie als Schriften.[110] Trotz dieses Mißverständnisses ist es Herders eigentliche Intention, den Beweis zu erbringen, daß es extrem schwierig ist, die lebendigen Töne der Natur auszusprechen, und daß es unmöglich ist, sie in zwanzig Schriften wiederzugeben. Als Zeugnisse dafür führt er Reiseberichte über die Sprache der alten und der wilden Völker an. In diesem Zusammenhang sieht Herder einen göttlichen Sprachursprung nicht bestätigt, sondern eher umgekehrt:

> Wollen wir also diese unmittelbaren Laute der Empfindung Sprache nennen; so finde ich *ihren Ursprung allerdings sehr natürlich. Er ist nicht blos nicht übermenschlich: sondern offenbar Thierisch* [...]."[111]

Diese Natursprachtheorie verliert in der Polemik Herders gegen den natürlichen Sprachursprung jedoch an Bedeutung. Dabei tritt die „´progressive Systematik´" als „stufenweise Überwindung jeweils ganzer argu-

---

[109] *Versuch*, S. 21: „Es ist eine anmerkungswürdige Sache, daß in allen uns bekanten Sprachen [...] die verschiedene und vielfache Bestimmung der Schalle durch etliche und zwanzig Buchstaben geschehe."

[110] Herder kritisiert unter Bezugnahme auf die Buchstabenhypothese auch Süßmilch, als ob dieser die Reihenfolge von Sprache und Schrift nicht kennen würde: „und wenn die Sprache, je näher ihrem Ursprunge desto unartikulierter ist - was folgt, als daß sie wohl nicht von einem höhern Wesen für die vier und zwanzig Buchstaben, und diese Buchstaben gleich mit der Sprache erfunden, daß diese ein weit späterer nur unvollkommener Versuch gewesen, sich einige Merkstäbe der Erinnerung zu setzen, und daß ganz natürlich nicht aus Buchstaben der Grammatik Gottes, sondern aus wilden Tönen freier Organe entstanden sei." (SW V, 14) Aber Süßmilch gibt deutlich die zeitliche Folge von Sprache und Schrift zu erkennen: „Denn so ist I) offenbahr, daß die Kunst zu schreiben [...] jünger seyn müsse als die Sprache selbst." (*Versuch*, S. 56) Dadurch wird Herders Mißverständnis und verzerrte Wiedergabe des *Versuch* sichtbar. Vgl. dazu Kieffer, Herder´s treatment of Süßmilch´s theory, S. 96-105 u. Proß, Anmerkungen zur *Abhandlung*, S. 937.

[111] SW V, 17.

mentativer Positionen"[112] auf, die Herders Vorgehensweise kennzeichnet. Diese Argumentationsweise zeigt sich im folgenden deutlich:

> Aber ich kann nicht meine Verwunderung bergen, daß Philosophen, das ist, Leute, die deutliche Begriffe suchen, je haben auf den Gedanken kommen können, *aus diesem Geschrei der Empfindungen den Ursprung menschlicher Sprache zu erklären*: denn ist diese nicht offenbar ganz etwas anders?[113]

Hier beginnt Herder gegen Condillac, den Vertreter der natürlichen Sprachursprungsthese, zu polemisieren. Im Umgang mit Condillac versteht Herder aber die Bedeutung des Zeichens im *Essai* nicht richtig: „avant qu'ils connussent l'usage d'aucun signe."[114] Mit „aucun signe" meint Condillac kein 'natürliches Zeichen', wie Herder den Begriff auslegt, sondern ein 'konventionelles'. Die beiden Kinder in der Wüste verfügen am Anfang über die unreflektive 'Aktionssprache', aber der Ausdruck *usage* setzt die Wirkung der 'Reflexion' voraus.[115] Das Wort 'Gebrauch' kann deshalb mit dem ohne Überlegung verwendeten 'natürlichen Zeichen' nicht kombiniert werden. Zudem verwendet Condillac Wendungen wie „souvent", „enfin", „insensiblement" und „commença à"[116], um die stufenweise Entwicklung der Sprachbildung zu akzentuieren. Aber Herder ersetzt diese Wörter durch den die Handlungsfertigkeit bezeichnenden Ausdruck „schon". Damit wird der langsame Prozeß bei der Sprachentstehung verkannt.[117] Aus diesem Grunde sind die folgenden

---

[112] DKV 1, 1319.

[113] SW V, 17.

[114] *Essai* II, I. Zum Mißverständnis Herders von Condillac *Essai* in der *Abhandlung* vgl. DKV 1, 1293; Proß, Anmerkungen zur *Abhandlung*, S. 948; Aarsleff, The tradition of Condillac, S. 141f.; ders., Herder's Cartesian *Ursprung*, S. 165f. Aarsleff führt die Ursachen dafür zurück auf „personal factors", die Augenoperation und die eilige Verfassung der *Abhandlung* in Straßburg, und auf keine Lektüre Herders von dem ersten Teil des *Essai*. Herders Sprachschrift wurde zwar „flüchtig in Eile, in den letzten Tagen des Decembers [im Jahre 1770]" (DA II, 130) geschrieben, aber es ist auch Tatsache, daß er sich zuvor mit dem Sprachproblem beschäftigte.

[115] Vgl. Schottlaender, Die verkannte Lehre Condillacs, S. 159 u. DKV 1, 1294.

[116] *Essai* II, I, i, § 3.

[117] Modigliani, La céleste étincelle de prométhée, S. 260. Daneben erwähnt Modigliani die Inkonsequenz und Unangemessenheit von Herders Übersetzung: „A l'effet de brouillage

Kritiken Herders an Condillacs Sprachursprungstheorie unzutreffend: „diesen Kindischen Ursprung"[118], „seine hole [sic!] Erklärung von Entstehung der Sprache" und „dieser verdeckte Trugschluß"[119]. Gleichwohl ist Herders Hinweis auf die Schwäche der Condillacschen Sprachtheorie sachgemäß. Condillac stützt seine These auf die zwei Kinder, d. h. die Gesellschaftlichkeit, und auf die Sympathie zwischen den beiden. Aber für den menschlichen Verkehr muß auch eine Kommunikationsweise vorausgesetzt werden. In diesem Sinne hält Herder Condillac vor: „Kurz es entstanden Worte, weil Worte da waren ehe sie da waren [...]."[120].

Herders Einstellungen zum natürlichen Sprachursprung lassen eine Veränderung erkennen. In seiner unveröffentlichten Schrift *Geschichte des Liedes* (1764) nimmt er positiv Stellung zu Diodor und Vitruv.[121] In der zweiten Ausgabe der ersten Sammlung der *Fragmente* hält er die beiden und Maupertuis für Vorbilder zu seinem Entwurf einer Sprachtheorie:

> Und wie interessant wird die Philosophie über die Kindheit der Sprache, wenn ich in ihr zugleich die Menschliche Seele sich entwickeln, die Sprache nach sich, und sich nach der Sprache bilden sehe! - Ich folge also diesmal zween blinden Heiden, dem Diodor von Sicilien und Vitruv: zween Katholischen Christen, dem heiligen Gregor, und für mich noch heiligern Richard Simon, und in der neuern Zeit einem Akademischen und einem Jüdischen Weltweisen: Maupertuis und Moses Mendelssohn - und setze, wenn nicht mehr, so zum Spaas voraus: 'Menschengeschlechter haben sich ihre Sprache selbst gebildet.[122]

---

s'ajoute l'inconsistance en matière de traduction, les 'operations de l'âme' rendues successivement par *Seelenwürkugen* et *Seelenkräfte*. Et les 'perceptions' par Gedanken et Ideen, notions étendues impropres à rendre compte de la distinction introduite par Condillac." (ebd., S. 262)

[118] SW V, 19.

[119] SW V, 20.

[120] Ebd. Vgl. dazu auch *Inégalité*, S. 146.

[121] SW II, 370: „Eine jede Gesellschaft in ihrer Kindheit, muß auch eine Sprache der Kindheit haben [...]. Das erste, das ein Grieche, Diodor von Sicilien [...], ein Römer, Vitruv [...]: dazu noch ein alter und neuer Catholischer Christ (Gregor. Nyssen. ...) behauptet, scheint immer wahrscheinlicher und dem Naturgange ähnlicher, wenigstens für einen Weltweisen, der es dem Sinn des Orakels gemäß hält: durch das Auflösen und nicht das Zerhauen des Knotens ein Mann zu werden."

[122] SW II, 68f.

Aber in der *Abhandlung* wird die Autorität dieser Forscher nicht mehr anerkannt. Im Falle von Maupertuis weist Herder auf dessen theoretische Schwäche hin[123], und die Sprachursprungsthese von Diodor und Vitruv wird aufs schärfste verurteilt: „Diodor endlich und Vitruv, die zudem den Menschenursprung der Sprache mehr geglaubt als hergeleitet, haben die Sache am offenbarsten verdorben; da sie die Menschen, erst Zeitenlang, als Thiere, mit Geschrei in Wäldern schweifen, und sich nachher, weiß Gott, woher? und weiß Gott, wozu? Sprache erfinden laßen - - "[124]. Der veränderte Umgang Herders mit den Vertretern des natürlichen Sprachursprungs ergibt sich aus dem Stolz auf sein Sprachdenken, was man schon im *Reisejournal* gewahr werden kann: „[...] kein Mensch hat mehr Anlage zur Philosophie der Sprache, als ich [...]."[125]

Dieser Meinungsumschlag bei Herder trifft auch auf seine Beziehung zu Condillac zu. In seinen Frühschriften ist eine Anlehnung an Condillacs sensualistische Sprachtheorie unverkennbar.[126] In den *Fragmenten* charakterisiert er unaussprechbare Töne und optische Bewegungen als wichtige Kommunikationsmittel in der frühesten Sprachphase: „[...] die Spra-

---

[123] SW V, 21: „[...] so hat auch er [Maupertuis] den Ursprung der Sprache nicht gnug [sic!] von diesen Thierischen Lauten abgesondert [...]."

[124] Ebd.

[125] *Reisejournal*, S. 60. Vgl. dazu auch Herders Brief an Johann Friedrich Hartknoch (DA I, 168). Drei Jahre vor der Seereise hatte er aber in *Fragmenten* nicht überzeugte Einstellungen zum Sprachursprungsproblem: „Ich bin nicht dies glückliche Genie [, das den Ursprung der Sprache erklären kann], sondern sezze, da ich von einer ähnlichen, nicht aber derselben Aufgabe [dem Sprachursprung] schreiben will, diese Entschuldigunge [für die Unfähigkeit zur Erklärung des Sprachursprungs] zum Voraus, weil ich ihrer nötig habe." (SW I, 150)

[126] Vgl. DKV 1, 1036; Gesche, Johann Gottfried Herder, S. 57; Aarsleff, Herder's Cartesian *Ursprung*, S. 165; Stückrath, Der junge Herder, S. 82f. Aber es bleibt die Frage offen, wann sich Herder mit Condillacs *Essai* bekannt machte. Herder gibt an, daß er erst 1767 durch die *Allgemeine Deutsche Bibliothek* die Schrift Condillacs kennenlernte: „Ich bin durch die D. Bibliothek auf ein Buch aufmerksam gemacht, das ich jetzt mit Vergnügen durchblättere. Der zweite Theil von dem Essai sur l'origine des connoissances humaines enthält Betrachtungen, die mein Fragment *von den Lebensaltern der Sprache* sehr ins Licht setzen." (SW I, 529). Diese Angabe ist jedoch falsch. Denn Herder nimmt den *Essai* schon in der *Dithyrambischen Rhapsodie über die Rhapsodie kabbalistischer Prose* zur Kenntnis. Die Suphan-Ausgabe (SW II, 370) führt die Bekanntschaft Herders mit dem *Essai* noch früher auf die Skizze *Allgemeine Betrachtung über die Sprache* (1763) zurück. Vgl. dazu Genaueres Proß, Anmerkungen zur *Abhandlung*, S. 943f.

che dieser Empfindungen sind Töne, - und Geberden. Zu den Tönen sind ihre [einer „Nation in ihrem ersten wilden Ursprunge"] Werkzeuge noch ungebraucht: folglich sind jene hoch und mächtig an Accenten; Töne und Geberden sind Zeichen von Leidenschaften und Empfindungen, folglich sind sie heftig und stark: ihre Sprache spricht für Auge und Ohr, für Sinne und Leidenschaften [...]."[127] Herder weist auch auf die starke Wirksamkeit und die Wichtigkeit der 'Gebärdensprache' bei den wilden Völkern und den Alten hin[128]. Im unveröffentlichten *Vierten Kritischen Wäldchen* (1769) behauptet Herder sogar, daß die unartikulierten Töne der Empfindung sowohl „die erste Sprache" als auch „die erste Basis der Sprache"[129] sind.

Auch in der *Abhandlung* schließt sich Herder bei seiner Skizze der Natursprachtheorie an Condillac an. Er stellt die „Natursprache" in den ursprünglichen Sprachen und im Augenblick heftigen Affekts fest und räumt ein, daß der Mensch diese reflektorische Sprache mit dem Tier gemeinsam hat. Aber es geht in dieser Preisschrift nicht nur um Auf-greifen und Weiterführen von Condillacs sensualistischer These, sondern vielmehr um deren Kritik zugunsten des menschlichen Ursprungs der Sprache. Die 'Gebärdensprache', die bei Condillac die Basis der artiku-lierten Lautsprache bildet, nimmt eine wesentliche Position in seiner Sprachthese ein. Herder richtet sich dagegen auf Töne und Laute aus, und die 'Gebärdensprache' findet hier keine Beachtung. Bei Condillac sind Empfindungsschrei und 'Gebärdensprache' vorsprachliche Ausdrucks-

---

[127] SW I, 152f.

[128] „Ich verweise nur darauf, daß wie wilde und freie Nationen, die noch mehr Menschen, und weniger Bürger sind, durch Geberden des Körpers weit mehr sprechen, als uns das eingeführte Sittsame, der Wohlstand erlaubt: so auch die Alten weit mehr mit Geberdungen gesprochen, und die Rede deklamirt haben, als wir. Ich verweise auf Homer, der in seinen kleinsten Beschreibungen es zu schildern weiß, wie mächtig die Leidenschaft durch eine einzige Geberde, und die freie Seele durch einen freien Körper spricht [...]." (SW II, 73f.) Früher als Herder ist Condillac schon zu einer solchen Erkenntnis gelangt: „[...] que le langage d´action étoit chez les juifs une manière commune et familière de converser [...]. 'L´antiquité profane en [„des exemples de discours exprimés par des actions"] est pleine...'" (*Essai*, II, I, i, § 9) und „'Son [du Romain] action rend intelligibles bien des choses que notre action ne feroit pas deviner; et ses gestes sont encore si marqués, qu´ils sont faciles à reconnoître lorsqu´on les revoit.'" (*Essai*, II, I, iv, § 38)

[129] SW IV, 114.

135

weisen. Aufgrund des menschlichen Verkehrs entwickeln sie sich durch einen kontinuierlichen Gewöhnungsprozeß über konventionalisierte Zeichen zur artikulierten Lautsprache. Damit kommen den spontanen, 'natürlichen Zeichen' die Ansätze zur menschlichen Sprache zu. Im Gegenteil sind für Herder die Naturtöne weder „Hauptfäden" noch „Wurzeln" der menschlichen Sprache, sondern nur „Säfte"[130], die sie beleben. Vor allem weist er die stufenweise Entwicklung der vorsprachlichen Ausdrucksarten zur menschlichen Sprache wie Süßmilch zurück und grenzt diese strikt von jenen ab. Zum entscheidenden Kriterium dafür rechnet er die Intentionalität:

> Man bilde und verfeinere und organisire dies Geschrei, wie man wolle; wenn kein Verstand dazu kommt, diesen Ton mit Absicht zu brauchen: so sehe ich nicht, wie nach dem vorigen Naturgesetze je Menschliche, willkührliche Sprache werde?[131]

Herder spricht zwar dieser „Natursprache" die Grundlage für die menschliche Sprache ab, läßt aber ihre wichtige Rolle im Zeitalter der Aufklärung nicht außer Betracht, wo „unsre künstliche Sprache [...] die Sprache der Natur so verdränget: unsre bürgerliche Lebensart und gesellschaftliche Artigkeit [...] die Fluth und das Meer der Leidenschaften so gedämmet, ausgetrocknet und abgeleitet"[132] hat. Dabei erscheint die „Natursprache" als Therapiemittel gegen die an Sinnlichkeit verlierende, begriffliche Sprache. In den Naturtönen äußern sich die spontanen, leidenschaftlichen Gefühle des Subjekts. Hier ist die Einheit von Empfindung und Ausdruck festzustellen, die dem Dichten unentbehrlich ist. An diesen Charakteristika erkennt Herder die Kraft der „Natursprache", die einerseits die alte Poesie und Musik belebte und andererseits der verfeinerten, aber von abstrakten Begriffen bedrohten Sprache wieder Lebendigkeit verschaffen kann.[133]

---

[130] SW V, 9.

[131] SW V, 18.

[132] SW V, 7.

[133] Zum Sinn der Natursprache bei Herder vgl. Hans Dietrich Irmscher (Hrsg.): Nachwort zu: Johann Gottfried Herder: Abhandlung über den Ursprung der Sprache. Stuttgart 1966,

4.2.2 Differenz zwischen Mensch und Tier

Mit Bezug auf die Absichtlichkeit grenzt Herder die menschliche Sprache vom tierischen Empfindungslaut ab. Dabei tritt die Sprache als Unterscheidungsmerkmal des Menschen vom Tier auf. In diesem Aspekt unterscheidet sich Herder nicht von Condillac und Süßmilch. Denn auch diese beiden betrachten den Menschen als den alleinigen Sprachträger. Was aber hier Herder kennzeichnet, besteht darin, daß er aufgrund der artspezifischen Sprache die Differenz zwischen Mensch und Tier zum Ausgangspunkt für seine Sprachursprungstheorie wählt:

> Und da die Menschen für uns die Einzigen Sprachgeschöpfe sind, die wir kennen, und sich eben durch Sprache von allen Thieren unterscheiden: wo finge der Weg der Untersuchung sichrer an, als bei Erfahrungen über den Unterschied der Thiere und Menschen?[134]

Diesbezüglich übt Herder Kritik an Condillac und Rousseau. Im *Traité des animaux* unterwirft Condillac den Menschen „dem allgemeinen System"[135], unter dessen Kontrolle auch das Tier steht. Die Unterscheidung, die er zwischen dem tierischen Instinkt und der menschlichen Vernunft trifft, ist nicht so klar. Er will zwar die damaligen Vorurteile gegen das Tier überwinden, aber er überbrückt damit den Abgrund zwischen Mensch und Tier, was im Stufengefüge der Lebewesen eine Kontinuität vom Tier zum Menschen ermöglicht. In diesem Sinne wirft Herder Condillac vor, daß er die Tiere zu Menschen mache.[136] Dann

---

141f. u. Brigitte Schnebli-Schwegler: Johann Gottfried Herders Abhandlung über den Ursprung der Sprache und die Goethe-Zeit. Winterthur 1965, 65ff.

[134] SW V, 21. In dieser Hinsicht ist die Ansicht von Christian Grawe (Herders Kulturanthropologie. Die Philosophie der Geschichte der Menschheit im Lichte der modernen Kulturanthropologie. Bonn 1967, S. 78) zutreffend: „Herders Sprachphilosophie ist kein autonomes Denkgebäude, sondern basiert auf seiner Anthropologie."

[135] „Mais, quoique le systême de ses [du homme] facultés et de ses connoissances soit sans comparaison le plus étendu de tous, il fait cependent partie de ce systême général qui enveloppe tous les êtres animés; de ce systême où toutes les facultés naissent d'une même origine, la sensation, où elles s'engendrent par un même principe, le besoin; où elles s'exercent par un même moyen, la liaison des idées. Sensation, besoin, liaison des idées: voilà donc le systême auquel il faut rapporter toutes les opérations des animaux." (*Traité des animaux*, S. 379)

[136] SW V, 21.

wendet sich Herder gegen Rousseau, der in seiner Schrift *Inégalité* den Menschen im 'Naturzustand' schildert. Nach ihm bleibt dieser Naturmensch als ein solitäres Wesen ohne Kontakt mit dem anderen gleichartigen. Er hat auch kein Bedürfnis zur Gesellschaftlichkeit. Die Sprache ist für ihn unnötig. Er gibt nur die instinktmäßigen Töne der Gefühle von sich, weshalb er sich weiter im tierischen Zustand befindet. Deswegen hält Herder Rousseau vor, daß er die Menschen zu Tieren mache.[137]

Um zwischen Mensch und Tier zu differenzieren, führt Herder den Sphärenbegriff[138] ein. Die 'Sphäre' hier bedeutet den Wirkungskreis, in dem Mensch und Tier bleiben. Mit diesem Begriff erklärt er einerseits die wunderbare Kunstfähigkeit des Tiers, andererseits die hilflose Konstitution des Menschen. Herder stellt am Tier fest, daß es scharfe, starke Sinne hat und dementsprechend ausgezeichnete Kunstwerke hervorbringt. Als Beispiel führt Herder die Biene und die Spinne an. Diese beiden Insekten haben so hervorragende Kunsttriebe, daß sie jeweils Honigwaben und das Spinnweben erzeugen. Aber sie sind von Natur aus an den festen Kreis von Honigzelle und Spinnnetz gebunden. Ihre Sinne und Vorstellungen sind auf einerlei Arbeit, Zellebauen und Netzspinnen, gerichtet, woraus der Instinkt entsteht. Aus dieser Betrachtung erschließt Herder eine „umgekehrte Proportion zwischen der mindern Extension ihrer [der Tiere] Bewegungen, Elemente, Nahrung, Erhaltung, Paarung, Erziehung, Gesellschaft und ihren Trieben und Künsten."[139]

Aber mit dem Menschen verhält es sich ganz anders. Er ist „zu einem großen Kraise [sic!] bestimmt [...]."[140] Sein Interesse ist nicht auf einen

---

[137] SW V, 21f.

[138] Herders Sphärenbegriff bezieht sich nicht auf etwas Quantitatives. Er fügt ihm zwar Ausdrücke wie „klein" und „groß" hinzu. Aber es ist keine Steigerung vom „kleinen" zum „großen" festzustellen. Die Spinne hat z. B. einen „kleinen" Kreis wie Spinnnetz, während der Mensch zu einem „großen" bestimmt ist. Dabei bedeutet das „groß" entweder „Alles" oder „die Welt". Der Mensch hat nämlich „Sinne für alles", und seine 'Vorstellungskräfte' sind „über die Welt verbreitet". Vgl dazu Heidegger, Vom Wesen der Sprache, S. 162.

[139] SW V, 22.

[140] SW V, 26.

Punkt festgestellt wie das Tier. Es ist diese Ungebundenheit an einen vorgegebenen Kreis, die seine Begierde zerstreut, seine Aufmerksamkeit verteilt und seine Sinnlichkeit schwächt. Deshalb verfügt er nicht über solche Kunstfähigkeiten und Kunsttriebe, die dem Tier inhärent sind. Eben daran liegt es, daß er außer dem mechanischen Naturschrei keine Tiersprache hat, die „ein dunkles sinnliches Einverständnis einer Thiergattung unter einander über ihre Bestimmung, im Kreise ihrer Würkung"[141] ist. Die Tiersprache unterstellt sich dem Instinkt und ist durch Angeborenheit und Natürlichkeit gekennzeichnet. Aber der Mensch ist nicht an den Instinkt gebunden und hat keine instinktive Sprache wie das Tier. Dadurch wird für Herder das Verhältnis zwischen der menschlichen Sprache und der Tiersprache sichtbar. In seiner Natursprachtheorie räumt er die Gemeinsamkeit von Mensch und Tier ein, aber jetzt gibt er eine tiefe Kluft zwischen der menschlichen Sprache und der Tiersprache zu erkennen.

Das „negative"[142] Menschenbild verdeutlicht Herder am Beispiel eines neugeborenen Kindes.[143] Während das Tier als „eine unfehlbare Maschiene in den Händen der Natur"[144] scharfe Sinne, wunderbare Fähigkeiten und sichere Triebe hat, ist das Kind als „das verwaisteste Kind der Natur" geboren mit der schwachen Sinnlichkeit, dem virtuellen Vermögen und dem ungesicherten Drang. Herder glaubt nicht, daß diese konstitutive Schwäche den Menschen als solchen bestimmt. Unter Berufung auf die Ordnung der Natur deutet er an, daß auch eine andere Seite des Menschen existiert: „Nein! ein solcher Wiederspruch [sic!] ist nicht die Haushaltung der Natur. Es müssen statt der Instinkte andre verborgne Kräfte in ihm schlafen!"[145]

---

[141] SW V, 24.

[142] Salmony, Die Philosophie des jungen Herder, S. 73.

[143] Vgl. dazu auch das erste und zweite 'Naturgesetz' im zweiten Teil der *Abhandlung*. Proß (Kommentar zur *Abhandlung*, S. 147f.) führt Herders Überlegungen zur hilflosen Konstitution des Menschen und zu deren Kompensation auf Pufendorfs Naturrechtstheorie zurück.

[144] SW V, 28.

[145] SW V, 26.

Unter der „Haushaltung der Natur"[146] kann man die „Billigkeit" der Natur gegenüber allen Lebewesen verstehen. Wie die Natur dem Tier starken und scharfen Instinkt verschafft, so muß sie auch den Menschen mit etwas versorgen, das seine Mängel ersetzt. In diesem Ersatz sieht Herder das Wesen des Menschen:

> [...] so wäre nach aller Analogie der Natur diese Schadloshaltung *seine Eigenheit, der Charakter seines Geschlechts*: und alle Vernunft und Billigkeit foderte, diesen Fund für das gelten zu laßen, was er ist, für Naturgabe, ihm so wesentlich als den Thieren der Instinkt.[147]

Die „Schadloshaltung"[148] betrachtet Herder aus zweierlei Sicht. Einerseits sieht er darin den Grund für die konstitutionelle Hilflosigkeit des Menschen und andererseits zugleich den Ansatz zu deren Überwindung. Damit verändert sich das „negative" Menschenbild zum positiven, und Herder gelangt zu dem Kernpunkt seiner Sprachursprungsthese:

> Und *fänden wir in diesem neugefundnen Charakter der Menschheit* [in der Ergängzung der menschlichen Mängel] *sogar den nothwendigen genetischen Grund zu Entstehung einer Sprache für diese neue Art Geschöpf,* wie wir in den Instinkten der Thiere den unmittelbaren Grund zur Sprache für jede Gattung fanden: so sind wir ganz am Ziele.[149]

---

[146] Herder behauptet, daß er keine sprunghafte Argumentation benutzt: „Doch ich thue keinen Sprung. Ich gebe dem Menschen, nicht gleich plötzlich neue Kräfte, keine Sprachschaffende Fähigkeit, wie eine willkührliche qualitas occulta." (SW V, 26) Um den ersten Schritt zur menschlichen Fähigkeit zur Spracherfindung zu tun, setzt er aber, wie Heidegger (Vom Wesen der Sprache, S. 167f.) meint, die "Haushaltung der Natur" voraus. In dieser Sicht tritt in Herders Beweismethode ein „Sprung" in Erscheinung, obwohl er das ablehnt.

[147] SW V, 27.

[148] Im zweiten Teil der *Abhandlung* bedeuten die „verborgene[n] Kräfte" im Menschen keinen Ersatz für die Mängel mehr, sondern etwas Artspezifisches. Damit wird der Begriff 'Schadloshaltung' aufgehoben: „Alle Mängel und Bedürfniße, als Thier, waren dringende Anläße, sich mit allen Kräften, als Mensch zu zeigen: so wie diese Kräfte [Verstand und Besonnenheit] der Menschheit nicht etwa blos schwache Schadloshaltungen gegen die ihm versagten größern Thiervollkommenheiten waren, [...] sondern sie waren, ohne Vergleichung und eigentliche Gegeneinandermeßung seine Art." (SW V, 94) Auch hier ist die für Herder typische Argumentationsweise der „progressiven Systematik" feststellbar, die das vorher Gesagte für ungültig erklärt.

[149] SW V, 27.

Den „genetischen Grund" zur Sprachentstehung stellt Herder nach der „Haushaltung der Natur" dar. Zuerst steht der Mensch dem Tier an Schärfe und Sicherheit der Sinnlichkeit nach. Während das Tier auf einen engen Kreis festgelegt ist und seine Sinne sich verschärfen, ist der Mensch nicht an eine Sphäre gebunden, und seine Sinne sind schwächer. Aber durch diese Ungebundenheit bleiben die menschlichen Sinne nicht begrenzt, sondern offen. Sie genießen den „Vorzug der Freiheit"[150] und gewinnen damit an Allgemeinheit. In diesem Sinne ist der Mensch „der erste Freigelassene der Schöpfung"[151].

Dann geht es um die 'Vorstellungskräfte'. Das Tier spezialisiert sich auf eine bestimmte Arbeit, während der Mensch mit seinen 'Vorstellungskräften' nicht auf ein einziges Kunstwerk beschränkt ist. Seine 'Vorstellungskräfte' wenden sich der "Welt" zu, was ihnen eine „weitere Aussicht"[152] verschafft. Dadurch verfügt der Mensch über die Möglichkeit zur Verbesserung und zur Progression.[153] Das erste 'Naturgesetz' im zweiten Teil der *Abhandlung* gibt Aufschluß über dieses prospektive Menschenbild:

> gleichsam nie der *ganze* Mensch: immer in Entwicklung, im Fortgange, in Vervollkommung. Eine Würksamkeit hebt sich durch die andre: Eine baut auf die Andre: Eine entwickelt sich aus der Andren. [...] Wir wachsen immer aus einer Kindheit, so alt wir seyn mögen, sind immer im Gange, unruhig, ungesättigt: das Wesentliche unsres Lebens ist nie Genuß sondern immer Progression, und wir sind nie Menschen gewesen, bis wir - zu Ende gelebt haben; dahingegen die Biene, Biene war, als sie ihre erste Zelle bauete.[154]

Das Tier steht unter der Herrschaft des Instinkts. Im Menschen dominiert dagegen „kein dunkler, angebohrner Trieb"[155], und der Mensch hat deswegen die „mehrere Helle". Das helle Licht wendet er nicht nur der

---

[150] Ebd.

[151] SW XIII, 146.

[152] SW V, 27.

[153] Condillac (*Traité des animaux*, S. 359) findet in der Fähigkeit des Menschen zur Nachahmung dessen progressive Disposition.

[154] SW V, 98.

[155] SW V, 93.

Welt zu, sondern auch sich selbst. Dadurch ist er begabt mit der Freiheit, sich zu bespiegeln, und hört damit auf, dem blinden Gesetz der Natur Gehorsam zu leisten. Infolgedessen „wird er sich selbst Zweck und Ziel der Bearbeitung."[156]

In diesen Kräften, welche die konstitutionellen Mängel des Menschen ersetzen, ihm zugleich die ihm eigene Richtung verschaffen, sieht Herder keine quantitative Beziehung zwischen Mensch und Tier, sondern die qualitative Differenz, so daß „*die Menschengattung über den Thieren nicht an Stuffen des Mehr oder weniger stehe, sondern an Art.*"[157]

---

[156] SW V, 28.
[157] SW V, 27.

4.3 Psychologie

4.3.1 'Seelenkräfte'

Nachdem Herder von der anthropologischen Ebene aus an das Sprachproblem herangegangen ist, befaßt er sich nun mit den 'Seelenkräften', in
denen er den „genetischen Grund" zur Sprachentstehung sieht.

Der Mensch verfügt nicht über Sinnlichkeit und Trieb wie das Tier, aber
nach der „Haushaltung der Natur" hat er statt dessen die Zugang zur Welt
verschaffenden, allgemeinen Sinne und die Selbstbespiegelung
ermöglichende, freie Sphäre. Diese Disposition des Menschen nennt
Herder die 'Vernunft'. Als „die Einzige positive Kraft des Denkens"[158]
orientiert sie alle Kräfte in der dem Menschen eigenen Richtung. Dieses
Vermögen ist dem Menschen vom ersten Augenblick seines Lebens an
gegeben. Das gilt auch für den nicht natürlichen Fall eines unter Bären
aufgewachsenen Jungen: „Seine Vernunft lag unter dem Druck der
Sinnlichkeit, der bärartigen Instinkte begraben: aber sie war noch immer
Menschliche Vernunft, weil jene Instinkte nimmer völlig Bärmäßig
waren."[159] In dieser Hinsicht hat Herder einen anderen Vernunftbegriff als
Condillac. Der Abbé lehnt die angeborenen Vorstellungen ab und ist der
Meinung, daß die 'Seelenoperationen' erst aus der Erfahrung erwachsen.
Daraus folgert er, daß die 'Vernunft' nicht inhärent, sondern erworben ist.
In dem widernatürlichen Fall ist der Junge dem menschlichen Verkehr
entzogen, weshalb Condillac ihm die Möglichkeit zur Zeichenbildung
nicht zuteil werden läßt und in ihm keine Spur der 'Vernunft' sieht.

Herder bestimmt die 'Vernunft' nicht als „Bloße, nackte Fähigkeit",
sondern als „würkliche Kraft". Auch im sinnlichsten Zustand zeigt sie
Wirksamkeit, wenn auch nicht auffällig. Diesbezüglich übt Herder Kritik
an Rousseaus „Vernunftfähigkeit (reflexion [sic!] en puissance)"[160]. Nach
der *Inégalité* führt der Naturmensch ein einsames Leben ohne Anstoß von
außen. Rousseau läßt deshalb die Seelenfähigkeiten bei ihm nur in
virtueller Form existieren. So verhält es sich ihm zufolge beim Kind.

---

[158] SW V, 28.
[159] SW V, 43.
[160] SW V, 32.

Hierin schließt sich Süßmilch an Rousseau an. Auch bei Süßmilch hat das Kind nur die Anlage zur Vernunft, macht aber nicht wirklichen Gebrauch von ihr: „Kindern ist das Vermögen, vernünftig zu werden, angebohren; sie sind vernünftig zu nennen actu primo, aber nicht actu secundo oder exercito [...].“[161] Im Unterschied zu Süßmilch spricht Herder auch dem Kind wirkliche Wirksamkeit der Vernunft zu. Dabei räumt er freilich ein, daß es keinen so geschickten, umfassenden Gebrauch von der Vernunft wie ein Erwachsener macht: „Heißt denn vernünftig denken, mit ausgebildeter Vernunft denken? heißts, der Säugling denke mit Besonnenheit, er räsonnire wie ein Sophist auf seinem Katheder oder der Staatsmann in seinem Cabinett?“[162]

Die 'Besonnenheit' ist die „Naturgabe“[163], die das Wesen des Menschen ausmacht. Sie mäßigt alle seine Kräfte auf die für ihn kennzeichnende, wahre Richtung. Sie äußert sich schon im ersten Moment des Lebens. Daraus geht hervor, daß Herder die 'Besonnenheit' in demselben Kontext verwendet wie die 'Vernunft', obwohl er die beiden Begriffe voneinander zu unterscheiden versucht. Vor allem ist die 'Besonnenheit' das konstitutive Element in Herders Sprachursprungstheorie: „*Der Mensch in den Zustand von Besonnenheit gesetzt, der ihm eigen ist, und diese Besonnenheit (Reflexion) zum erstenmal frei würkend, hat Sprache erfunden.*“[164] Aufgrund dieses Satzes ist die 'Besonnenheit' aus zwei Perspektiven zu betrachten. Sie stellt einerseits die wesentliche Beschaffenheit des Menschen dar, was aus dem Verständnis von der 'Besonnenheit' als dem „Zustand [...], der ihm eigen ist“, ersichtlich ist. Diese 'Besonnenheit' stellt sich der 'Besinnung' als der positiv wirkenden Kraft gegenüber: „man vergeße aber nicht, daß es [„dies gewordne Geschöpf“: der Mensch] gleich vom Ersten Momente an kein Thier, sondern ein Mensch, zwar noch kein Geschöpf von Besinnung, aber schon von Besonnenheit ins Universum erwache.“[165] Wie der folgende Kontrast zeigt: „ein Geschöpf von

---

[161] *Versuch*, S. 51.
[162] SW V, 31.
[163] SW V, 27.
[164] SW V, 34.
[165] SW V, 94.

Besonnenheit und Sprache, von Besinnung und Sprachschaffung!"[166], differenziert sich die 'Besonnenheit' als der „genetische[n] Grund" zur Sprachentstehung von der 'Besinnung', welche die Spracherfindung zustande bringt. Andererseits ist die 'Besonnenheit' auch die freiwirkende Kraft. Dabei wird die 'Besonnenheit' als Zustand aufgehoben und kommt nun als die 'Besinnung' oder 'Reflexion' zur Wirksamkeit.[167]

Den Begriff 'Reflexion' erklärt Herder über drei Schritte. Im ersten Schritt bedeutet er das Selbstbewußtsein, das in der 'Aufmerksamkeit' auf die durch die Sinnestätigkeit erworbenen Empfindungen zustande kommt: „Der Mensch beweiset Reflexion, wenn die Kraft seiner Seele so frei würket, daß sie in dem ganzen Ocean von Empfindungen, der sie durch alle Sinnen durchrauschet, Eine Welle, wenn ich so sagen darf, absondern, sie anhalten, die Aufmerksamkeit auf sie richten, und sich bewußt sein kann, daß sie aufmerke."[168] Im Hinblick auf das Ich-Bewußtsein entspricht Herders 'Reflexion' der 'Erinnerung'/*réminiscence* von Condillac, die der Erfahrung zugrundeliegt. Aber die 'Erinnerung' hat keine Kontrolle über die 'Aufmerksamkeit', wohingegen diese Operation der 'Reflexion' zur Verfügung steht. Im zweiten Schritt stellt die 'Reflexion' die 'klare' Vorstellung von einem Gegenstand durch die Verarbeitung der sinnlichen Materialien her: „Er beweiset Reflexion, wenn er aus dem ganzen schwebenden Traum der Bilder, die seine Sinne vorbeistreichen, sich in ein Moment des Wachens sammeln, auf Einem Bilde freiwillig verweilen, es in helle ruhigere Obacht nehmen, und sich Merkmale absondern kann, daß dies der Gegenstand und kein andrer sey." Zuletzt gewinnt die 'Reflexion' den 'deutlichen' Begriff von dem Gegenstand, der sich auf dessen 'klare' Erkenntnis stützt: „Er beweiset also Reflexion, wenn er nicht blos alle Eigenschaften, lebhaft oder klar erkennen; sondern Eine oder mehrere als unterscheidende Eigenschaften bei sich *anerkennen* kann [...]."[169] Nach dieser Definition rezipiert die 'Reflexion' die Sinnesempfindungen nicht

---

[166] SW V, 69.

[167] Vgl. zur Zweideutigkeit der 'Besonnenheit' Jochen Schütze: Die Objektivität der Sprache: einige systematische Perspektiven auf das Werk des jungen Herder. Köln 1983, S. 108.

[168] SW V, 34f.

[169] SW V, 35.

bloß passiv, sondern erscheint als die „freiwürkende[n] Positive[n] Kraft"[170], die sie analysiert, vergeicht und zum Urteil kommt. In diesem Sinne ist es nicht angemessen, daß Martha B. Helfer die 'Reflexion' als „static"[171] bestimmt, wenn auch mit Humboldt´s 'Reflectiren' verglichen. Was das Verhältnis zwischen 'Besonnenheit' und 'Reflexion' angeht, setzt Trabant jene zum „ruhige[n], sanfte[n], passive[n] Hören"[172] in Beziehung, und diese zum Sehen. Manfred Krüger betrachtet die 'Besonnenheit' als einen den Menschen konstituierenden, aber statischen Zustand und kontrastiert sie mit der 'Reflexion' als einer wirkenden Kraft. Entsprechend korrespondiere die 'Besonnenheit' mit dem „Woraus des Ursprungs", doch die 'Reflexion' mit dem „Wie des Entspringens". In Hinsicht auf die zeitliche Dimension sei die 'Besonnenheit' unabhängig von der Zeit vorhanden, insofern der Mensch als Mensch existiert. Demgegenüber komme die 'Reflexion' an einen bestimmten Zeitpunkt gebunden zur Wirksamkeit, der die Konfrontation mit der Außenwelt besagt.[173] Aber Herders Verständnis von der 'Besonnenheit' hat zwei Aspekte. Er nimmt sie sowohl als Zustand wie auch als „positive Kraft" in Anspruch. Im ersten Fall begründet die 'Besonnenheit' die 'Reflexion', im letzteren wirkt sie selbst als 'Reflexion'. Daraus folgt, daß bei Herder die 'Besonnenheit' die 'Reflexion' umfaßt. Aus diesem Grunde hat man nur eine einseitige Sicht von der 'Besonnenheit', wenn man allein ihre statische Seite in den Vordergrund stellt.

Wenn man die Psychologie bei Herder, Condillac und Süßmilch vergleicht, stellt man fest, daß die letzten beiden sie umfassender als Herder besprechen und im Detail erläutern. Insbesondere beschreibt

---

[170] SW V, 31.

[171] M. B. Helfer: Herder, Fichte, and Humboldt´s „Thinking and Speaking". In: Kurt Mueller-Vollmer (Ed.): Herder Today. Contributions from the International Herder Conference, Nov. 5-8, 1987, Stanford, California. Berlin u. New York 1990, S. 373.

[172] Trabant, Artikulation, S. 114.

[173] M. Krüger: Der menschlich-göttliche Ursprung der Sprache. Bemerkungen zu Herders Sprachtheorie. In: Wirkendes Wort 17 (1967), S. 5. Diese Meinung wird von Erich Ruprecht (Vernunft und Sprache. Zum Grundproblem der Sprachphilosopie Johann Gottfried Herders. In: Johann Gottfried Maltusch (Hrsg.): Bückeburger Gespräche 1975. Rinteln 1976, S. 66) aufgegriffen.

Condillac das Panorama der 'Seelenoperationen' und widmet ihnen fast die Hälfte seines *Essai*. Dagegen zieht Herder meistens die artspezifischen 'Seelenkräfte' des Menschen in Betracht. Aber seine Psychologie kennzeichnet sich durch Dynamik. Das wird daran sichtbar, daß er den Ausdruck 'Seelenkräfte' vorzieht. Was die Entwicklung der seelischen Kräfte betrifft, versteht Herder darunter „einen mehr oder minder gebildeten Gebrauch der Seelenkräfte"[174] oder deren „leichtern, stärkern, vielfachern Gebrauch"[175]. Dabei geht es um den „Gebrauch" dessen, was schon vorhanden ist und vom ersten Moment des Lebens an wirkt. Bei Condillac bedeutet dagegen die Entwicklung der 'Seelenoperationen' eine qualitative Veränderung von den passiven hin zu den aktiven, bei Süßmilch von den niederen hin zu den höheren. Während der Propst die 'Seelenwirkungen' von der 'Perzeption' bis zur 'Vernunft' hierarchisiert, betrachtet Herder die 'Seelenkräfte' in einheitlicher Sicht. Er unterstreicht die Ungeteiltheit der Seele und hält alle 'Seelenkräfte' für „Bestimmung[en] einer Einzigen Kraft"[176]

4.3.2 Spracherfindung - „Wort der Seele"

Die Erklärung der 'Seelenkräfte' führt bei Herder zur Aufklärung der Spracherfindung. Die 'Besonnenheit' als die eigentliche Beschaffenheit des Menschen stellt den ursprünglichen Grund zur Erfindung der Sprache dar, während die 'Reflexion' oder 'Besinnung', die als positive Kraft wirkende 'Besonnenheit', der wirkliche Grund ist. Genau gesagt, wird die menschliche Sprache mit dem „Erste[n] Merkmal der Besinnung"[177] erfunden.

---

[174] SW V, 31.

[175] SW V, 32.

[176] SW V, 31. Salmony (Die Philosophie des jungen Herder, S. 77) wirft Herder vor, die verschiedenen Begriffe nicht voneinander zu unterscheiden. Die undeutliche Unterscheidung der Begriffe liegt an Herders Betonung der ganzen ungeteilten Seele: „Man nenne diese ganze Disposition seiner Kräfte, wie man wolle, *Verstand, Vernunft, Besinnung* u.s.w. Wenn man diese Namen nicht für abgesonderte Kräfte, oder für bloße Stufenerhöhungen der Thierkräfte annimmt, so gilts mir gleich." (SW V, 28)

[177] SW V, 35.

Anhand eines Beispiels „Schaf" legt Herder den Prozeß der Spracherfindung dar:

> Laßet jenes Lamm, als Bild, sein [des Menschen] Auge vorbeigehen: ihm
> wie keinem andern Thiere. […] So bald er in die Bedürfnis kommt, das
> Schaaf kennen zu lernen: so störet ihn kein Instinkt: so reißt ihn kein Sinn
> auf dasselbe zu nahe hin, oder davon ab: es steht da, ganz wie es sich seinen
> Sinnen äußert. Weiß, sanft, wollicht - seine besonnen sich übende Seele
> sucht ein Merkmal, - das Schaaf *blöcket*! sie hat Merkmal gefunden. Der
> innere Sinn würket. Dies Blöcken, das ihr am stärksten Eindruck macht, das
> sich von allen andern Eigenschaften des Beschauens und Betastens losriß,
> hervorsprang, am tiefsten eindrang, bleibt ihr. Das Schaaf kommt wieder.
> Weiß, sanft, wollicht - sie sieht, tastet, besinnet sich, sucht Merkmal - es
> blöckt, und nun erkennet sies wieder! 'Ha! du bist das Blöckende!' fühlt sie
> innerlich, sie hat es *Menschlich* erkannt, da sies deutlich, das ist mit einem
> Merkmal erkennet, und nennet.[178]

Zunächst fällt das Demonstrativpronomen „jenes" am Textanfang auf.
Wie Grob erwähnt, ist aber sein „intratextueller und grammatisch kor-
rekter Bezug"[179] nicht zu finden. Es deutet vielmehr seinen Bezug zu
einem anderen Text, Intertextualität, an. Das „jenes" hier ist auf das
Beispiel des Schafes im *Sendschreiben an den Herrn Magister Lessing in
Leipzig* von Mendelssohn bezogen. Was die Motivation zur Namengebung betrifft, geht es dabei um ein „reines intellektuelles Bedürfnis"[180]
zum Kennenlernen eines Gegenstandes. Auf dieser kognitiven Ebene
entwickelt Herder seine Sprachthese. Bei Condillac motiviert demgegenüber „ein physisches Bedürfnis"[181] nach einem Gegenstand die Sprachgenese. Als Beweggründe für die Sprachentstehung werden die Gebärden,
die „cris de chaque passion" und die Sympathie, mit einem anderen Wort,
die Emotionalität, herausgestellt. Nach Condillacs These stellt die Sprache
ursprünglich „a communicative event" dar, weil er in seiner Sprachtheorie
zwei Kinder, „a *communicative* situation"[182], voraussetzt.

---

[178] SW V, 35f.

[179] Karl Grob: Ursprung und Utopie. Aporien des Textes. Versuche zu Herder und Novalis.
Bonn 1976, S. 17.

[180] Aarsleff, Herder's Cartesian *Ursprung*, S. 172.

[181] Trabant, Ethische Momente in Sprachursprungstheorien, S. 228.

[182] Trabant, Inner Bleating, S. 2.

Was das „Merkmal" angeht, ist es ein Resultat, das aus den rezipierten Sinneseindrücken herausgenommen wird. Der Mensch nimmt die Sinnesreize wie „weiß, sanft, wollicht" usw. wahr, die ihm das Schaf vermittelt. Mit Hilfe der 'Reflexion' greift er aber eine aus den mannigfaltigen Eigenschaften an dem Schaf heraus und verarbeitet sie, hier das Blöken, zum „Kennzeichen des Schaafs"[183]. Dies Merkmal ist zwar nur die eindrucksvollste Eigenschaft des Gegenstandes, vertritt aber dessen Gesamtvorstellung.[184] Wenn der Mensch das Schaf blöken hört, erkennt er an diesem Blöken das Schaf selbst. Deshalb hat das Blöken einen zeichenhaften Charakter[185], wird zugleich zum „Name[n] des Schaafs"[186].

Aber dieser „Name" ist durch die Innerlichkeit gekennzeichnet. Er braucht durch die Zunge nicht verbalisiert zu werden:

> Käme er [Mensch] also auch nie in den Fall, [...] dies Merkmal der Besinnung ihm [seinem Mitmenschen] mit den Lippen vorblöcken zu wollen, oder zu können; seine Seele hat gleichsam in ihrem Inwendigen geblöckt, da sie diesen Schall zum Erinnerungszeichen wählte, und wiedergeblöckt, da sie ihn daran erkannte - *die Sprache ist erfunden!*[187]

Die Spracherfindung ist zudem keine intersubjektive Erscheinung. Sie kommt „intrasubjektiv in jedem Individium"[188] zustande:

> [...] der Wilde, der Einsame im Walde hätte Sprache für sich selbst erfinden müßen; hätte sie auch nie geredet. Sie war Einverständniß seiner Seele mit sich, und ein so nothwendiges Einverständniß, als der Mensch Mensch war.[189]

---

[183] SW V, 36.

[184] In dem Sinne, daß ein Einzelmerkmal des Schafes, das Blöken, dessen Gesamtvorstellung repräsentiert, bezieht Grob (Ursprung und Utopie, S. 22) das Blöken auf eine „Synekdoche" als rhetorische Figur.

[185] Vgl. Irmscher, Nachwort, S. 157.

[186] SW V, 36.

[187] SW V, 37.

[188] Gaier, Herders Sprachphilosophie, S. 115.

[189] SW V, 38.

Aus diesen Gründen wird bei Herder die Sprache „ohne Mund und Gesellschaft"[190] erfunden. Daraus erklärt sich, daß Herder die überkommenen Sprachursprungstheorien kritisiert, die als Argumente die körperliche Organisation der Sprachwerkzeuge und die Konvention beziehungsweise das Einverständnis unter den Mitmenschen vorbringen. Auch hier ist ein deutlicher Unterschied der These Herders von derjenigen Condillacs festzustellen, in der die Expressivität[191] und Gesellschaftlichkeit entscheidende Positionen einnehmen.

Den im Inneren und auf der individuellen Ebene realisierten Namen nennt Herder das „Wort der Seele"[192]. Es ist ein „Discours der Seele"[193] mit sich selbst und hat einen so rein mentalen Charakter, daß sich in ihm kein materielles Moment äußert. In diesem Sinne hat die Sprache einen „monologischen Charakter"[194]. Nach Saussure besteht ein sprachliches Zeichen aus zwei Seiten, nämlich dem *concept* und der *image acoustique*, wobei das erste als *signifié* bezeichnet wird, das letztere als *signifiant*.[195] Demnach bezieht sich das innere Wort auf den *signifié*.[196] Herder bestimmt die auf diese Weise gesammelten inneren Worte als die menschliche Sprache. Damit erweist sich bei ihm die Sprache als „eine psychische Erscheinung"[197].

Das Beispiel des Schafes zeigt, daß die Spracherfindung ein Vorgang ist, einen Gegenstand an dessen bestimmtem Merkmal zu erkennen und ihn innerlich zu benennen. Dabei erfolgt die Spracherfindung kraft der

---

[190] Ebd.

[191] Vgl. Aarsleff, Herder's Cartesian *Ursprung*, S. 168.

[192] SW V, 35. Unter dem „Wort der Seele" versteht Herder neben „Merkmal" und „Name" auch „innerliches Merkwort" (SW V, 36) und „gefaßtes Zeichen" (SW V, 36f.) sowie „Erinnerungszeichen" (SW V, 37). Vgl zur Tradition vom „Wort der Seele" Gaier, Herders Sprachphilosophie, S. 104.

[193] SW V, 46.

[194] Irmscher, Nachwort, S. 162f.

[195] Ferdinand de Saussure: Cours de linguistique générale. Hrsg. von Charles Bally und Albert Sechehaye. Paris u. Lausanne 1916, S. 100.

[196] Genau genommen, stellt, wie Gaier (DKV 1, 1306) sagt, das innere Wort einen „Teil des 'signifié'" dar. Denn es steht für die Gesamtvorstellung eines Gegenstandes, und zwar nur als dessen anerkanntes Merkmal.

[197] Erhard Albrecht: Sprachphilosophie. Berlin 1991, S. 37.

'Besinnung' oder 'Reflexion', welche die wesentliche Disposition des Menschen ausmacht. Folglich sind Spracherfindung und Menschsein so untrennbar voneinander, daß zwischen den beiden ein „Wesenszusammenhang"[198] besteht: „[...] *die Sprache ist erfunden! eben so natürlich und dem Menschen nothwendig erfunden, als der Mensch ein Mensch war.*"[199]

Bezüglich dieses Kontexts ist es sinnvoll, die Bedeutung der 'Erfindung' und des 'Ursprungs' in der *Abhandlung* zu berücksichtigen. Zuerst ist die 'Erfindung' eine zweckhafte Handlung, etwas Neues zu erzeugen. Davon kann die Rede sein, wenn man einem Gegenstand einen bestimmten Namen gibt. Aber hinsichtlich des Zusammenhangs zwischen Sprache und Mensch tritt der eigentliche Sinn des Worts 'Erfindung' zurück.[200] Nach Herder ist die Sprache nämlich kein bloß nachträgliches Produkt der menschlichen 'Seelenkräfte', sondern vielmehr ein natürlicher, unentbehrlicher Ausdruck der Menschlichkeit. Was den 'Ursprung' anbelangt, ist er zweideutig. Einerseits ist er im Sinne des Anfangs an die Zeit gebunden. Andererseits wird darunter der „Wesensgrund"[201] verstanden, der auf die überzeitliche Dimension hinweist.[202] Bei seiner historischen Betrachtung der Sprache verwendet Herder den Ursprung im ersten Sinne. Wenn es

---

[198] Irmscher, Nachwort, S. 164.

[199] SW V, 37.

[200] Vgl. Irmscher, Nachwort, S. 163.

[201] Heidegger, Vom Wesen der Sprache, S. 208.

[202] In medientheoretischer Perspektive zieht Ralf Simon Herders Denken über den Ursprung in seinem unveröffentlichten Beitrag zur Internationalen Herder-Tagung 1998 in Madison *Die Nachträglichkeit des Ursprungs. Medientheoretische Überlegungen zu Herders Ursprungsdenken* in Betracht. Simon meint, daß das „Wort der Seele" die „Sprache als System von Merkmalen und Erinnerungszeichen" (S. 3) voraussetzt, wobei er dieses „System" als „Schrift" (ebd.) definiert. Mit der Sprachverwendung, d. h. der Verwendung des „Systems", wird die „Mündlichkeit" (ebd.) gemeint. Demnach ermöglicht und produziert die „Schrift" als „System" jedes „innerliche Merkwort". Das heißt, daß „ein zeitlich Erstes, das medial der Mündlichkeit zugehört, [...] durch ein zeitlich Zweites, das medial der Schriftlichkeit folgt, seines Ursprungs enthoben" (S. 11) wird. Daraus folgert Simon die „Nachträglichkeit des Ursprungs". In dieser Hinsicht interpretiert er den Ursprung im Herderschen Sinne als Struktur oder „System", weshalb im Begriff 'Ursprung' die zeitliche Dimension ausgeklammert wird: „er [Herder] denkt den Ursprung als Reflexionskategorie und als Vereinheitlichung schon mannigfaltiger Bestimmungen und eben nicht verdinglichend als Ur-Sache, der Einfachheit qua Anfänglichkeit zukommt." (S. 11).

aber um das innerlich enge Verhältnis der Sprache mit dem Menschen geht, verliert das zeitliche Moment an Bedeutung, rückt im Gegenteil die Überzeitlichkeit in den Vordergrund. In dieser Sicht ist bei Herder die Frage nach dem Ursprung der Sprache die „nach dem Wesen der Sprache"[203].

4.3.3 Sprache und Vernunft

Mit der Polemik gegen Süßmilch entwickelt Herder seine These von der Beziehung zwischen Sprache und Vernunft. Dabei ist die Bedeutung der 'Sprache' zu beachten. Herder und Süßmilch verstehen sie nämlich jeweils auf einer anderen Ebene. Bei Süßmilch bedeutet die 'Sprache' ein „sinnliche[s]... Zeichen"[204], bei Herder jedoch ein Merkmal als „innerliches Merkwort". Nach Süßmilch geht der Mensch mit dem Gebrauch der sinnlichen Zeichen „bis zum hellen Licht der Vernunft"[205] fort. Ohne die Sprache ist er „zu Werken der Vernunft ganz ungeschickt"[206]. Auf diese Weise betont Süßmilch die entscheidende Rolle der Sprache bei der Vernunfttätigkeit. Bei Herder verhält es sich so mit dem Verhältnis der 'inneren Sprache' zur Vernunft: „Ich habe erwiesen, daß der Gebrauch der Vernunft nicht etwa *blos füglich*, sondern daß nicht der mindeste Gebrauch der Vernunft, nicht die einfachste, deutliche Anerkennung, nicht das simpelste Urtheil einer Menschlichen Besonnenheit ohne Merkmal möglich sey [...]."[207]

Herder bezeichnet Süßmilchs Argumentation bezüglich des Verhältnisses zwischen Sprache und Vernunft als „einen ewigen Kreisel"[208].

---

[203] Salmony, Die Philosophie des jungen Herder, S. 11f.

[204] *Versuch*, S. 20.

[205] *Versuch*, S. 102.

[206] *Versuch*, S. 52.

[207] SW V, 39. Indem Herder das „nicht etwa bloß füglich" dem „nicht [...] möglich" gegenüberstellt, gibt er dem Leser den Anschein, als übersähe Süßmilch die unbedingte Notwendigkeit der Sprache für den Gebrauch der Vernunft. In der Tat verhält es sich anders. Süßmilch ist auch davon überzeugt: „[...] daß die Sprache oder der Gebrauch anderer gleichgeltenden Zeichen, ein ganz unentbehrliches Mittel sey, wodurch der Mensch zu einen [sic!] vernünftigen Menschen müsse gemacht werden." (*Versuch*, S. 50)

[208] SW V, 40.

Wenn man aber den *Versuch* näher betrachtet, kommt man zur Erkenntnis, daß Süßmilch vielmehr den Zirkel auflöst. Genau genommen, entgeht er dem Zirkel, indem er strikt zwischen der göttlichen und der menschlichen Vernunft unterscheidet. Kraft der göttlichen Vernunft wird der Mensch mit der vollkommenen, ordentlichen und schönen Sprache beschenkt. Erst durch diese Sprache entwickelt sich die menschliche Vernunft von ihrem angeborenen, kindischen Zustand „bis zum männlichen Alter und Stärke"[209]. Aber Herder hat Gott bei seiner Befassung mit dem Sprachursprung nicht im Sinne.[210] Dann verliert bei ihm die Unterscheidung zwischen der göttlichen und der menschlichen Vernunft an Bedeutung, was zum Zusammenbruch von Süßmilchs Argumentationssystem führt. Es ist deshalb natürlich, daß ihm die Schlußweise Süßmilchs als Zirkel erscheint.

Süßmilchs Denken über die Vernunft auf den zwei Ebenen hat den einseitigen Einfluß der Sprache auf die menschliche Vernunft oder das kausale Verhältnis zwischen Sprache und Vernunft zur Folge. Auf den ersten Blick scheint bei Herder das Umgekehrte, die Wirkung der Vernunft auf die Sprache, hervorgehoben zu werden. Das zeigt sich scheinbar in den Ausdrucksweisen wie „Erfindung der Sprache" und „Gebrauch der Vernunft". Das Wort „Gebrauch" setzt etwas schon Vorhandenes voraus. Und man kann die „Erfindung" in dem Sinne auslegen, daß etwas erst gebunden an einen bestimmten Zeitpunkt erzeugt wird. Demzufolge hat es den Anschein, als ginge die Vernunft, die mit dem „Gebrauch" verbunden wird, der Sprache vor, die sich auf die „Erfindung" bezieht. Als ein anderes Argument kann man vorlegen, daß Herder den Beitrag der Sprache zu der Entwicklung der 'Seelenkräfte' nicht so eingehend wie Condillac und Süßmilch bespricht. Daraus wäre zu schließen, daß die Sprache nur als Produkt der Denktätigkeit aufzufassen sei.[211] Aber Herder geht nicht im

---

[209] *Versuch*, S. 102.

[210] Vgl. SW V, 95.

[211] Diesbezüglich weist Salmony (Die Philosophie des jungen Herder, S. 77) auf eine Problematik in Herders Überlegungen zur Beziehung zwischen 'Besonnenheit' und Sprache hin: „Wenn nun aber neben der [...] These von der Sprache als 'Produkt' der Besonnenheit auch behauptet wird, daß die Besonnenheit ihr Dasein überhaupt erst in der Sprache gewinnt, daß, wie ohne Besonnenheit keine Sprache, umgekehrt auch ohne

zeitlichen Nacheinander auf die Beziehung zwischen Sprache und Vernunft ein, es handelt sich ihm vielmehr um die Zusammengehörigkeit der beiden, genauer um deren Einheit. Das folgt aus seiner Formel „ratio et oratio"[212].

Für Herder beziehen sich Sprache und Vernunft nicht nur eng aufeinander, sondern sind ineinander verwobene Erscheinungen. Die Sprache steht weder außerhalb des Denkens, noch stellt sie einen nachträglichen Ausdruck des Gedankens dar, wie Descartes behauptet. Sprache ist selbst etwas Mentales. Im Denkvorgang entsteht sie nämlich: „[...] bei dem ersten deutlichen Gedanken war schon Sprache in seiner Seele da [...]."[213]. Dabei hat sie einen begrifflichen Charakter. Ebenso kommt das Denken auch nicht unabhängig von der Sprache zutage. Jeder Denkvorgang vollzieht sich in der 'inneren Sprache': „[...] *'auch kein Zustand in der Menschlichen Seele sey, der nicht Wortfähig oder würklich durch Worte der Seele bestimmt werde.'*"[214]. Folglich „*werden alle Zustände der Besonnenheit in ihm [Menschen] Sprachmäßig: seine Kette von Gedanken wird eine Kette von Worten.*"[215] Demnach ist das Denken sprachlich.[216] Daraus geht hervor, daß bei Herder Sprache und Denken ursprünglich identisch sind. Diese „monistische Konzeption"[217] unterscheidet Herder von Condillac und Süßmilch. Bei den beiden sind Sprache und Vernunft verschiedenen Ursprungs. Condillac entwickelt die 'konventionellen Zeichen' aus den tierischen Kommunikationsweisen wie Empfindungslaute und Gebärden. Die Vernunft hat demgegenüber ihren Ursprung in der einfachen 'Perzeption' als der ersten 'Seelenoperation'. Süßmilch grenzt die Sprache aus Gott von der menschlichen Vernunft ab.

Sprache keine Besonnenheit möglich ist, so erweist sich hierin ein Widerspruch." Aber diese Meinung ergibt sich aus Salmonys Mißverständnis von Herder.

[212] SW V, 40.

[213] Ebd.

[214] SW V, 100.

[215] SW V, 99.

[216] In Herders Ansicht von der Sprachlichkeit des Denkens sieht Trabant (Inner Bleating, S. 5) „the cognitive turn in linguistic theory".

[217] Adam Schaff: Sprache und Erkenntnis und Essays über die Philosophie der Sprache. Hamburg 1974, S. 122.

In dieser Hinsicht hat Kieffer unrecht: „[...] what Süßmilch actually writes in the *Versuch* about the relationship between language and reason is precisely what Herder presents in the *Abhandlung* as a new view supposedly opposed to Süßmilch."[218]

4.3.4 Sprechen und Denken

Der „monistischen" These Herders von der Identität von Sprache und Vernunft liegt seine Auffassung zugrunde, daß der „genetische[n] Punkt" der Sprache auf die menschliche Seele zurückgeht. Deswegen hat er bisher den äußeren Teil des sprachlichen Zeichens beiseite gelassen, nur dessen inneren Teil, den *signifié*, ins Auge gefaßt. Aber nun verändert sich die Szene. Jetzt interessieren ihn „die äußern Schälle der Worte"[219], er bestimmt demgemäß die Sprache als das äußere Unterscheidungsmerkmal des Menschen vom Tier und die Vernunft als das innere: „Hier sei es gnug *die Sprache, als den würklichen Unterscheidungscharakter unsrer Gattung von außen zu bemerken, wie es die Vernunft von innen ist.*"[220] Der Begriff 'Sprache' macht damit auch eine Veränderung der Bedeutung vom *signifié* in den *signifiant* durch.

Die Sprache als äußeres Wort verwandelt die Beziehung von Sprache und Vernunft. Die Sprache, das kraft der 'Besinnung' deutlich erkannte Merkmal, befindet sich als Inneres nicht im Gegensatz zur Vernunft. Aber zwischen Sprache als Externalisierung des inneren Wortes und Vernunft entsteht die „Polarität Innen-Aussen"[221]. Die 'innere Sprache' und Vernunft haben einen gemeinsamen Ursprung und sind wechselseitig bedingt. Die 'äußere Sprache' leitet sich aus der 'inneren Sprache' ab. Die „Kunst zu denken" schafft die „Kunst zu sprechen"[222]. Ein „inwendig sprechender Mensch" erfindet „über kurz oder lang seine äußerliche Sprache"[223]. Kurz gesagt, verbalisiert sich das Denken zur 'äußeren Sprache'. Neben der

---

[218] Kieffer, Herder´s treatment of Süßmilch´s theory, S. 101.

[219] SW V, 45.

[220] SW V, 47.

[221] Grob, Ursprung und Utopie, S. 30.

[222] SW V, 44.

[223] SW V, 45.

zeitlichen Folge dieser beiden Sprachen entsteht die 'innere Sprache' aus dem Zusammentreffen von Ich und Welt (zum Beispiel dem Schaf), das heißt, aus der „Ich-Welt-Relation"[224]. Deshalb sind zu ihrer Entstehung „Mund und Gesellschaft" nicht notwendig. Diese Sprache als inneres Merkzeichen verschafft die Kognition der Welt. Im Gegenteil beansprucht die lautliche Verwirklichung der 'inneren Sprache' die entsprechenden Sprachwerkzeuge und Partner, weshalb die 'äußere Sprache' in der „Ich-Du-Relation"[225] erfolgt. Sie trägt zur gegenseitigen Kommunikation oder Mitteilung bei. In diesem Sinne bezieht sich die 'innere Sprache' auf die Semantik, aber die 'äußere' auf die Pragmatik.[226]

Aber die 'innere' und die 'äußere Sprache' haben einen gemeinsamen Aspekt: „als tönend oder wesentlich tönbar"[227]. Im „Wort der Seele" werden die tönenden Eigenschaften an einer Sache zum Merkmal emporgehoben. Ebenso ist das äußere Wort ein lautlicher Ausdruck des anerkannten Merkmals. Und Herder ist der Meinung, daß die 'äußere Sprache' nicht bloß der 'inneren' zugeordnet ist:

> Vortreflich daß dieser neue, selbstgemachte Sinn des Geistes [Sprache] **gleich in seinem Ursprunge** wieder ein Mittel der Verbindung ist - Ich kann nicht den ersten Menschlichen Gedanken denken, nicht das Erste besonnene Urteil reihen, ohne daß ich in meiner Seele dialogire oder zu dialogiren strebe; der erste Menschliche Gedanke bereitet also **seinem Wesen nach**, mit Andern dialogiren zu können! Das erste Merkmal, was ich erfaße, ist Merkwort für mich, und Mittheilungswort für Andre![228]

Nach ihm sind die beiden Sprachen vielmehr ursprünglich und wesentlich miteinander verknüpft. Dementsprechend wird der polare Gegensatz zwischen Sprechen und Denken aufgehoben. Statt dessen geraten Sprechen und Denken in untrennbaren Zusammenhang. Und die Erkenntnisfunktion

---

[224] Trabant, Artikulation, S. 116.

[225] Ebd.

[226] Vgl J. Trabant: Herder's Discovery of the Ear. In: Kurt Mueller-Vollmer (Ed.): Herder Today. Contributions from the International Herder Conference, Nov. 5-8, 1987, Stanford, California. Berlin u. New York 1990, S. 362.

[227] Heidegger, Vom Wesen der Sprache, S. 201.

[228] SW V, 47. Hervorhebungen von mir.

des Denkens und die Mitteilungs- oder Kommunikationsfunktion des Sprechens sind nicht voneinander unabhängig.

Um die enge Beziehung zwischen Denken und Sprechen zu bestätigen, führt Herder den eigentümlichen Sprachgebrauch der alten Völker an:

> In mehr als einer Sprache hat also auch *Wort* und *Vernunft*, *Begrif* [sic!] und *Wort*, *Sprache* und *Ursache* Einen Namen, und diese Synonymie enthält ihren ganzen genetischen Ursprung. Bei den Morgenländern ists der gewöhnlichste Idiotismus geworden, das *Anerkennen* einer Sache *Namengebung* zu nennen: denn im Grunde der Seele sind beide Handlungen Eins. Sie nennen den Menschen das *redende Thier*, und die unvernünftigen Thiere die *Stummen*: der Ausdruck ist sinnlich charakeristisch [...].[229]
> Ueberhaupt drückten die Griechen *Vernunft* und *Rede* mit Einem Wort aus, λογοσ.[230]

Dieses Verhältnis von Denken und Sprechen ist schon in demjenigen von Gedanke und Ausdruck in den *Fragmenten* formuliert. Im alltäglichen Leben verhalten sich Gedanke und Ausdruck so wie Körper und Haut,[231] in der Dichtung wie Seele und Körper. Auch in *Eine[r] Metakritik zur Kritik der reinen Vernunft* (1799) prägt es sich ähnlich aus: „Was heißt *Denken*? *Innerlich sprechen*, d. i. die innegewordnen Merkmahle [sic!] sich selbst aussprechen, sprechen heißt laut denken."[232]

Bisher hat Herder die Sprache aus zwei Perspektiven betrachtet: zuerst als inneres Wort, dann als äußeres Wort. Nun werden wieder die beiden Bedeutungen der Sprache aufgehoben, und es entsteht durch ihre Synthese eine neue Bedeutung von Sprache. Das zeigt sich in Herders Zitat von Horaz: „Sic verba, quibus voces sensusque notarent. Nominaque invenere".[233] Folglich besteht die Sprache (Wort oder Name) so aus Laut als äußerem Wort und Bedeutung als innerem Wort wie das sprachliche Zeichen Saussures. Dabei sind Sprechen und Denken nur „zwei Seiten

---

[229] SW V, 47.

[230] SW XXI, 21.

[231] Vgl. auch SW II, 18: „[...] und im gemeinen Leben ists ja offenbar, daß denken fast nichts anders sey, als sprechen."

[232] SW XXI, 88.

[233] „So erfanden sie Wörter und Namen, mit denen sie Wortlaute und Bedeutungen aufzeichnen konnten." (DKV 1, 733; Übersetzung von Gaier)

eines einzigen, einheitlichen Prozesses"[234]. Daraus ergibt sich nicht nur die Mehrdeutigkeit der Sprache, sondern vielmehr die Dialektik der Sprache.

Condillac und Süßmilch betrachten zwar die Sprache als Kombination von Laut und Bedeutung. Aber bei ihnen erfolgt kein Versuch zu ihrer Aufteilung in eine 'innere' und eine 'äußere'. Sie verstehen die Sprache bloß im allgemeinen Sinn. Mit der 'Sprache' meint Süßmilch „*die Kunst zu reden*"[235], genau gesagt, „die Kunst und Fertigkeit, seine Gedanken mit Worten als Zeichen zu verbinden"[236]. In seinem *Dictionnaire des synonymes* definiert Condillac den *langage* wie folgt: „L'art de communiquer ses pensées. Il y en a de deux sortes: le *langage* d'action, le *langage* de sons articulés." Darunter bezeichnet er den letzten besonders als *langue*.[237] Das zeigt, daß bei Condillac und Süßmilch die Dynamik schwer festzustellen ist, wie sie sich in Herders Einstellung zur Sprache erkennen läßt.

Was die Erkenntnis- und Kommunikationsfunktion der Sprache anbelangt, legen Condillac und Süßmilch großen Wert auf jene Funktion, statt auf die Beziehung der beiden Funktionen zueinander. Wenn Condillac auch mit der „communicative situation" von zwei Kindern verschiedenen Geschlechts ansetzt, lenkt er doch seine Aufmerksamkeit überwiegend auf den Einfluß der Sprache auf die 'Seelenoperationen'. Für Süßmilch ist die Kommunikationsfunktion nur eine sekundäre Rolle. Ihm zufolge besteht der „erste" Zweck der Sprache darin, dem Menschen zum Vernunftgebrauch zu verhelfen, während ein Beitrag zur zwischenmenschlichen Beziehung ihren „nächste[n]"[238] Zweck darstellt. Nach dieser Einstufung der Zwecke der Sprache beschäftigt er sich allein mit der kognitiven Funktion der Sprache.

---

[234] Schaff, Sprache und Erkenntnis, S. 135.

[235] *Versuch*, S. 3.

[236] *Versuch*, S. 4.

[237] *Dictionnaire des synonymes*. In: Œuvres philosophiques de Condillac. Texte établi et présenté par G. Le Roy. Vol. 3. Paris 1951, S. 353.

[238] *Versuch*, 20.

4.4 Sinnesphysiologie

4.4.1 Töne als grundlegende Merkmale zur Sprachentstehung

Im zweiten Abschnitt des ersten Teils der *Abhandlung* handelt Herder den Erfindungsprozeß der Sprache in der menschlichen Seele eingehend ab. Dabei wird durch die 'Besonnenheit' eine der Eigenschaften an einem Gegenstand als dessen Merkmal bestimmt, das zugleich dessen Merkzeichen wird. In diesem Zusammenhang wird eine Frage aufgeworfen, welches Element des Gegenstandes die menschliche Seele bei der Spracherfindung zum Merkmal prägt, worum es in der Anfangsphase des dritten Abschnittes geht.

Indem er das Beispiel „Schaf" wieder anführt, charakterisiert Herder ansatzweise drei Sinne: Gesicht, Gefühl als Tastsinn und Gehör. Das Gesicht hat etwas Oberflächliches wie Bild oder Farbe zum Gegenstand. Diese optischen Phänomene stehen zu sehr „neben einander"[239], um ausgegrenzt werden zu können. Deshalb berühren sie Herder zufolge die Seele nur flüchtig. Die taktilen Eigenschaften wie sanft und wollicht sind „so dunkel in einander" verwoben, daß sie sich nicht aussprechen lassen. Das führt dazu, daß sie bloß verschwommen auf die Seele wirken. Im Unterschied zu den Empfindungen von Gesicht und Gefühl erblickt Herder aber in den vom Gehör vermittelten akustischen Erscheinungen ihren starken Eindruck auf die menschliche Seele:

> Aber horch! das Schaaf *blöcket*! Da reißt sich Ein Merkmal von der Leinwand des Farbenbildes, worinn [sic!] so wenig zu unterscheiden war, von selbst los: ist tief und deutlich in die Seele gedrungen: 'Ha! sagt der lernende Unmündige [...]: nun werde ich wieder erkennen - du blöckst!'[240]

Diese Töne aus der Natur berühren „tief und deutlich" die Seele - anders als die Reize der anderen Sinne. Entsprechend ergreift sie an den Lauten die Merkmale der Gegenstände. Im Hinblick auf ihre Beziehung zur Seele sind die Töne im *Vierten kritischen Wäldchen* durch die Innigkeit und

---

[239] SW V, 48.
[240] SW V, 49.

Unmittelbarkeit charakterisiert.[241] Eben in diesem engen Zusammenhang zwischen Tönen und Seele sieht Herder die Entstehung der Sprache: „es klang! die Seele haschte - da hat sie ein tönendes Wort!"[242] Aus diesem Grund machen die Töne als akustische Merkmale der Gegenstände die Grundelemente der Sprache aus.

Wenn im zweiten Abschnitt des ersten Teils der *Abhandlung* von der Spracherfindung die Rede ist, wird der Mensch als das freiwirkende, vernünftige Geschöpf definiert. Doch läßt Herder die sinnliche Seite des Menschen nicht außer acht. Um die Wichtigkeit der akustischen Elemente bei der Spracherfindung zu betonen, bestimmt Herder nun im dritten Abschnitt den Menschen als ein „hörendes, aufhorchendes Geschöpf"[243] und gibt einen Blinden und Stummen als Beispiel an. Obwohl dieser Mensch körperliche Mängel hat, kann er Herder zufolge die Sprache erfinden, insofern er die Fähigkeit zum Hören und Fühlen besitzt:

> Setzet ihn [den Blinden und Stummen] gemächlich und behaglich auf eine einsame Insel: die Natur wird sich ihm durchs Ohr offenbaren: tausend Geschöpfe, die er nicht sehen kann, werden doch mit ihm zu sprechen scheinen, und bliebe auch ewig sein Mund und sein Auge verschloßen, seine Seele bleibt nicht ganz ohne Sprache.[244]

In diesem Beispiel rückt die Natur in den Vordergrund, von der der Blinde und Stumme umgeben ist, und die Laute von sich gibt. Die Leistung der Natur bei der Sprachentstehung verdeutlicht Herder, indem er die wilden Völker heranzieht, die in der lebendigen und unmittelbaren Beziehung zu ihr leben. Diese "sinnlichen" Menschen halten die tönende Natur für handelnd, lebend und sprechend. Sie sammeln die Laute aller Geschöpfe um sich und fertigen daraus ihr „erste[s] Wörterbuch"[245]. In dieser Hinsicht ist ihre Sprache „ein tönendes Pantheon"[246]. Dabei tritt die

---

[241] Vgl. SW IV 160f.

[242] SW V, 49.

[243] SW V, 51.

[244] SW V, 49.

[245] SW V, 52.

[246] SW V, 54.

Natur als „Sprachlehrerin"[247] auf. Diese instruktive Rolle, die Süßmilch Gott zuschreibt, spricht Herder der Natur zu und übt dann Kritik am göttlichen Sprachursprung. Vor allem in bezug auf die Struktur der Sprache weist er auf die Unangemessenheit dieses Ursprungs hin. Er betrachtet allgemeine Begriffe als „Himmlische, Geistige Begriffe"[248]. Diesen Elementen billigt er aber nicht die erste Stelle bei der Sprachbildung zu. Nach seiner Meinung sind die Verben, die sich auf die Laute der Natur stützen, die „Grundwurzeln der Sprache"[249] und nehmen eine Vorrangstellung ein.[250] Weder die Sache noch was sich bewegt, sondern die tönende Bewegung selbst dringt tief in die sinnlichen, primitiven Menschen ein. Deswegen nennen sie das Schaf nicht „Schaaf", sondern „ein blöckendes Geschöpf"[251].

In diesem Spracherfindungsprozeß wird die Rolle der unterweisenden Natur herausgestellt. Es hat den Anschein, als ob Natur eine überwältigende Macht auf den Menschen ausübte und seine freien 'Seelenkräfte' dabei außer Betracht blieben. Zudem scheint die Nachahmung der Natur im Mittelpunkt der Spracherfindung zu stehen. Bei näherer Betrachtung ist jedoch zu erkennen, daß die Hervorhebung der Natur und deren Nachahmung als Strategie gegen die göttliche Sprachthese dient.[252] Die Natur spielt zwar eine Rolle bei der Spracherfindung durch die „sinnlichen" Menschen, aber Herder geht es um die menschliche Seele. Die Natur erscheint ihm als Katalysator, der die menschlichen 'Seelenkräfte' belebt. Sie verschafft ihnen eine Menge Materialien, die sie zur menschlichen Sprache verarbeiten. Deshalb kommt er zur Ansicht,

---

[247] SW V, 50.

[248] SW V, 51.

[249] SW V, 52.

[250] Condillac (*Essai* II, I, ix, §§ 81-84) ist anderer Meinung als Herder. Ihm zufolge erscheint zuerst der Name des begehrten Gegenstandes, dem das Verb folgt, die Bewegung der Seele zum Ausdruck zu bringen. Auch der allgemeine Begriff gehe dem Verb voran.

[251] SW V, 53.

[252] Diese Argumentationsweise erinnert daran, daß Herder mit Hilfe der Natursprachtheorie Süßmilchs These widerlegte.

´eben der Verstand, durch den der Mensch über die Natur herrschet, war der
Vater einer lebendigen Sprache, die er aus Tönen schallender Wesen zu
Merkmalen der Unterscheidung sich abzog!´[253]

Hierin wird aufs neue auf die ausschlaggebende Diskrepanz zwischen der
„Natursprache" und der menschlichen Sprache abgestellt. Die „Natursprache" ist zwar einfach und lebendig, aber es fehlt ihr die Intentionalität,
die für die menschliche Sprache kennzeichnend ist.

Was die Nachahmung der Natur betrifft, gesteht Herder dieser These
eine gewisse Bedeutung im Vergleich mit überkommenen Sprachtheorien
zu. Daneben räumt er auch die onomatopoetische Eigenschaft der ersten
Sprache ein. Die Lautnachahmung ist für ihn aber nur Anlaß zur Entstehung der menschlichen Sprache, ein entscheidender Beitrag dazu wird
ihr jedoch abgesprochen: „Kein Principium der Nachahmung in der Seele;
die etwannige Nachahmung der Natur ist blos ein Mittel zu Einem und
dem Einzigen Zweck, der hier erklärt werden soll."[254] Von diesem
Gesichtspunkt aus gesehen, entsteht die menschliche Sprache nicht aus der
exakten, reflexiven Imitation von Tönen der Natur, sondern aus deren
bewußter Rezeption. Das zeigt sich deutlich in Herders Stellungnahme zu
der traditionellen Ansicht, daß die ursprüngliche Sprache ein Gesang sei.
Diese Meinung widerlegt er nicht ganz, stimmt ihr jedoch insoweit nicht
zu, als die menschliche Sprache aus dem Nachäffen der singenden Vögel
herrühren soll. Bei Herder ist zwar die erste Sprache des Menschen
Gesang, aber nur in dem dafür geeigneten körperlichen Zustand und unter
dem Eingriff des Verstandes. Die menschliche Sprache ist daher Verarbeitung des Gesangs oder der Laute der Natur gemäß dem menschlichen
Geschlecht:

Da sang und tönte also die ganze Natur vor: und der Gesang des Menschen
war ein Concert aller dieser Stimmen, so fern sie sein Verstand brauchte,
seine Empfindung faßte, seine Organe sie ausdrücken konnten - Es ward
Gesang, [...] Ausdruck der Sprache aller Geschöpfe, innerhalb der natürlichen Tonleiter der Menschlichen Stimme![255]

---

[253] SW V, 50.
[254] SW V, 38.
[255] SW V, 58.

4.4.2 Gefühl als *sensorium commune*

Aus dem bisherigen Kontext ergibt sich bei der Sprachentstehung das enge Zusammenspiel von Tönen und Verstand. Dabei tritt ein Problem auf, daß nicht alle Gegenstände der Natur Laute von sich geben. Zur Lösung dieses Problems dient Herder der Begriff *sensorium commune*:

> Wie hat der Mensch, seinen Kräften überlaßen, sich auch [...] *eine Sprache, wo ihm kein Ton vortönte*, erfinden können? Wie hängt Gesicht und Gehör, Farbe und Wort, Duft und Ton zusammen? Nicht unter sich in den Gegenständen; aber was sind denn diese Eigenschaften in den Gegenständen? Sie sind blos sinnliche Empfindungen in *uns*, und als solche fließen sie nicht alle in **Eins**? Wir sind **Ein** denkendes sensorium commune, nur von verschiedenen Seiten berührt - **Da liegt die Erklärung**.[256]

Der Mensch als sinnliches Geschöpf wird zur gleichen Zeit durch verschiedene Sinne affiziert. Dann wird er den zusammenströmenden, mannigfaltigen Empfindungen ausgesetzt. Das führt zur Notwendigkeit, das Gedränge in Ordnung zu bringen, weil sonst die Erkenntnis nicht zustande kommt. Dieses Sachverhalt erfordert das *sensorium commune*.[257] Es ist ein „´Totalorgan´ sinnlicher Empfänglichkeit". Doch verschafft es auch als das „´innere Band´ der fünf Sinne"[258] den einzelnen, unzusammenhängenden Sinnen eine Einheit. In diesem Sinne enthält der Begriff die „sinnliche Perzeption und verstandesmäßige Apperzeption"[259]. Wenn die

---

[256] SW V, 60f. Fettdrücke von mir.

[257] „Und da jedes Organ *seine* Typen empfängt, da Bilder, Töne, Gerüche, Geschmacks- und Gefühlsarten sich in Ansehung ihrer Beschaffenheit nicht, höchstens in Ansehung des Grades ihres Eindrucks vergleichen lassen, so wird unser innere [sic!] Sinn, das sensorium commune, das aller dieser verschiedenen Eindrücke *inne ward*, nothwendig eine Versammlung der *Abdrücke*, [...] *sehr verschiedner Typen*." (SW XXI, 117)

[258] Vgl. den Artikel „sensus communis", III. Neuzeit. Sp. 639-661 (A. von der Lühe) im *Historischen Wörterbuch der Philosophie*. Hrsg. von Joachim Ritter und Karlfried Gründer. Bd. 9. Bern 1995, hier Sp. 651.

[259] Proß, Anmerkungen zur *Abhandlung*, S. 970. Diese Art Interpretation findet sich schon in Heidegger, Vom Wesen der Sprache, S. 197. Zuerst versteht er unter dem *sensorium* nicht nur „Fühlung" von der Außenwelt, sondern auch „ein Hereinnehmen in das Innere". Dabei legt er mehr Akzent auf diese letzte Bedeutung. Das *commune*, das „gemeinsam" im eigentlichen Sinne des Wortes bedeutet, wird dann mit dem „Hereinnehmen in ein Einheitliches" oder „einigen" gleichgesetzt. Nach der jeweiligen Erklärung der Wörter

fünf äußeren Sinne ihre Wurzeln im *sensorium commune* haben, sind sie nur seine Modifikationen. Das *sensorium commune* wird auch als „Gemeinsinn", „Gesamtsinn", „innerer Sinn" oder *sensus communis* bezeichnet.[260] In dieser Hinsicht steht die Synästhesie im Sinne einer Verknüpfung der unterschiedlichen Empfindungen im engen Zusammenhang mit dem *sensorium commune*: „[...] Mitempfindungen [...], die aus dem Grunde der Seele steigen [...]."[261] Zwar räumt Herder ein, daß die Synästhesie eine unvermeidliche Erscheinung in der Kindheit der Menschheit ist: „[...] in der Natur aber sind alle die Fäden [der Empfindung] Ein Gewebe! - Je dunkler nun die Sinne sind, desto mehr fließen sie in einander; und je ungeübter, je weniger man noch gelernt hat, Einen ohne den andern zu brauchen, mit Adreße und Deutlichkeit zu brauchen; desto dunkler!"[262]. Nach seiner Meinung ist aber diese synästhetische Erscheinung nicht zuletzt in den unnormalen Situationen auffällig.[263] In bezug auf die Sprache stellt Herder sie in ihrer Anfangsphase fest, wo sich die „Analogien der verschiedensten Sinne"[264] und die Durchkreuzungen ihrer mannigfaltigen Empfindungen merklich zeigen.

---

kommt Heidegger endlich zur Definition des *sensorium commune* als „Mitte als Verbindungsband und Tür, d. h. Sammlung im Innern, bezogen auf die Welt."

[260] Das *sensorium commune* wird der „Grunde [sic!] der Seele" (SW V, 72) oder „die Basis der Menschheit" (SW V, 100) genannt, wo die 'dunkle' Erkenntnis herrscht. Deshalb bedeutet es auch „die dunkle Gegend der Menschlichen Seele" (SW V, 73). Aber das *sensorium commune* leistet im Fall seiner Kooperation mit dem Gehör einen unübersehbaren Beitrag zur menschlichen Spracherfindung: „Und waren bei dem beständigen Zusammenstrom aller Sinne, in deßen Mittelpunkt immer die innere Sinne wachte, nicht immer neue Merkmale, Ordnungen, Gesichtspunkte, schnelle Schlußarten gegenwärtig, und also immer neue Bereicherungen der Sprache? Und empfing also zu dieser [...] die Menschliche Seele nicht ihre besten Eingebungen [?]" (SW V, 110f.) Zur erkenntnistheoretischen Rolle des „Grunde[s] der Seele" im 18. Jahrhundert vgl. Hans Adler: Fundus Animae - der Grund der Seele. Zur Gnoseologie des Dunklen in der Aufklärung. In: Deutsche Vierteljahrsschrift für Literaturwissenschaft und Geistesgeschichte 62 (1988), S. 197-220.

[261] Vgl. auch SW XXI, 83: „Indem wir hören, sehen und fühlen wir auch; wir sind zu Einer und derselben Zeit in verschiedenen Weisen vielfach berührte *Empfindungsorgane*."

[262] SW V, 62.

[263] „Wir sind voll solcher Verknüpfungen der verschiedensten Sinne; nur wir bemerken sie nicht anders, als in Anwandlungen, die uns aus der Faßung setzen, in Krankheiten der Phantasie, oder bei Gelegenheiten, wo sie außerordentlich merkbar werden." (SW V, 61)

[264] SW V, 61.

Das *sensorium commune* kommt in der *Abhandlung* als Gefühl zum Ausdruck, wenn Herder geltend macht, daß das Gefühl allen Sinnen zugrunde liegt und es den verschiedensten Empfindungen ein „inniges, starkes, unaussprechliches Band"[265] verleiht. Im *Vierten Kritischen Wäldchen* wird diese Perspektive erläutert. Hier teilt Herder das Gefühl in das 'innere' und das 'äußere' ein. Das 'innere' sei die Überzeugung davon, „daß ich bin, daß ich mich fühle".[266] Dieses Selbstgefühl hängt mit dem *sensorium commune* eng zusammen,[267] das die „verstandesmäßige Apperzeption" umfaßt. Aus diesem Grunde ist bei Herder das 'innere Gefühl' „der erste und wahre sensus communis der Menschheit".[268] Auch der Seele gewährt Herder die Instanz des *sensorium commune*, wenn er meint: „[...] unser Inneres wird ein fortwährendes sensorium commune aller Sinne."[269] Diese werden für „bloße Vorstellungsarten Einer positiven Kraft der Seele"[270] oder „*Gefühlsarten Einer Seele*"[271] gehalten. Daneben scheint auch das Gehör die Funktion des *sensorium commune* zu haben, wenn es auch ein einzelner Sinn ist.[272] Es nimmt die mittlere Stelle unter den Sinnen ein, verbindet sie und bringt eine Einheit in ihre mannigfaltigen Empfindungen. Das gilt auch für das Gefühl als Tastsinn. Im Hinblick auf die Entwicklung des menschlichen Körpers ist er die Wurzel der übrigen Sinne. Daraus entwickeln sich die verschiedenen sinnlichen Empfindungen.[273] In dieser Hinsicht wird die Nähe des Gefühls als

---

[265] Ebd.

[266] SW IV, 6.

[267] Vgl. Ulrike Zeuch: Umkehr der Sinneshierarchie. Herder und die Aufwertung des Tastsinns seit der frühen Neuzeit. Tübingen 2000, S. 30f.

[268] SW IV, 7. Demgegenüber ist das 'äußere Gefühl', als Gewißheit, „daß Etwas Außer uns sei", „ein erster und wahrer sensus communis der Menschheit" (SW IV, 7f.).

[269] SW XXI, 83.

[270] SW V, 62.

[271] SW V, 64.

[272] Vgl. Heidegger, Vom Wesen der Sprache, S. 120 u. 188 sowie Proß, Anmerkungen zur *Abhandlung*, S. 971.

[273] Vgl. SW VIII, 104. Hier definiert Herder den Tastsinn als den „Sinn, der die Seele gleichsam ganz umgibt, und die andren Sinne als Arten, Theile oder Verkürzungen in sich enthält [...]."

Tastsinn zum Gefühl als *sensorium commune* festgestellt.[274] Aber man muß dabei beachten, daß diese beiden jeweils verschiedener Art sind. Der Tastsinn, der nach der Außenwelt orientiert ist, ist ein 'äußeres Gefühl': „Etwas außer mir, mit der Empfindsamkeit meiner Organe zu fühlen, war Gefühl"[275]. Dagegen wird das Gefühl, das als gemeinsamer Nenner aller Sinne fungiert, als ein 'inneres Gefühl' bezeichnet und charakterisiert sich durch die Innigkeit.[276]

Im *Traité des sensations* spricht Condillac einer nur mit dem Tastsinn versehenen Statue vor ihrer Berührung mit der Außenwelt nur den *sentiment fondamental*[277] zu. Dies Gefühl ist die Kenntnis von dem Dasein, mit einem anderen Wort das Selbstgefühl, unter dem Condillac den *moi*[278] versteht. Wenn die Körperteile der Statue durch die Außenreize affiziert werden, modifiziert sich ihr 'Grundgefühl' zu den verschiedenen Empfindungen. Obwohl Condillac hier keinen Gebrauch vom Begriff *sensorium commune* macht, versteht es sich von selbst, daß mit dem 'Grundgefühl' dieses gemeint ist. Während aber Herder diesen Begriff auf die Sprache bezieht, ist bei Condillac davon nicht die Rede. Außerdem handelt Condillac ihn nur hinsichtlich des Tastsinns ab und läßt dabei die Beziehung zwischen ihm und dem Gehör außer Betracht.

In Anlehnung an das *sensorium commune* erklärt Herder das Phänomen, daß die Worte auch bei nicht tönenden Gegenständen entstehen. Zu diesem Zweck führt er einen Wortentstehungsprozeß mit dem Gesicht als

---

[274] Vgl. Proß, Anmerkungen zur *Abhandlung*, S. 965 u. Zeuch, Umkehr der Sinneshierarchie, S. 59.

[275] SW IV, 8.

[276] Vgl. Fritz Berger: Menschenbild und Menschenbildung. Die philosophisch-pädagogische Anthropologie J. G. Herders. Stuttgart 1933, S. 85f. Herder ist nicht konsequent in seinem Gebrauch des Begriffs 'Gefühl'. Deshalb ist von der „Zweideutigkeit" (Haym, Herder, S. 92) und „Ambivalenz" (Zeuch, Umkehr der Sinneshierarchie, S. 19) die Rede. In der *Abhandlung* verhält es sich zwar nicht anders. Aber der Begriff hat hier drei Bedeutungen. Zuerst bedeutet er im Zusammenhang mit der Natursprachtheorie die Gemütsbewegung oder Rührung als Reaktion auf die Außen- und Innenreize. Dann wird er als Gesamtheit der verschiedenen Empfindungen mit dem *sensorium commune* gleichgesetzt. Angesichts seiner Beziehung zu Gehör und Gesicht wird mit dem 'Gefühl' der tastende Sinn gemeint. Zu Herders Gefühlsbegriff und dessen Überblick vgl. Zeuch, ebd., S. 17-21.

[277] *Traité des sensations* II, i, § 1.

[278] *Traité des sensations* II, i, § 3.

166

„kältestem Sinn" vor. Die visuellen Objekte ziehen, so Herder, bei ihrer Bewegung Laute nach sich.[279] Dazu werden natürlich Worte dadurch erfunden, daß der Verstand die begleitenden Laute zu „Merkworten" verarbeitet. Wo dies nicht der Fall ist, macht Herder Gebrauch vom Gefühl als „Einheitsprinzip"[280] aller Sinne. Es verbindet sie innig miteinander und vermittelt so zugleich jede Empfindung. Durch dies vermittelnde Gefühl, d. h. „Mittelgefühl[s]", werden dem Ohr die optischen Empfindungen überbracht, so daß diese sich in die akustischen verwandeln. Auf diese Weise ergibt sich zum Beispiel ein Wort für den „Blitz"[281], der nicht tönt.

Auch aufgrund des Gefühls als Tastsinn, der einen Charakter des *sensorium commune* bei sich hat, beschreibt Herder die Transformation der nicht lautlichen Empfindungen in Schälle. Die übrigen Sinne haben ihren Ursprung im Tastsinn. Dieser hat Herder zufolge seinen Sitz in der unmittelbaren Nähe des Gehörs. Anhand dieser Nähe des Tastsinns zum Gehör werden sowohl die taktilen als auch die übrigen Empfindungen tönbar. Außerdem bezieht Herder das Gefühl als *sensorium commune* auf das schon im ersten Abschnitt des ersten Teils der *Abhandlung* erwähnte 'Naturgesetz': „[...] was sind ursprünglich alle Sinne anders, als Gefühl? - Wie aber Gefühl sich in Laut äußern könne, das haben wir [...] als ein unmittelbares Naturgesetz der empfindenden Maschiene angenommen [...]."[282] Dann würden selbst die stummen Objekte lautlich transponierbar. Hier macht aber Herder „einen argumentativen Fehler"[283]. Er setzt nämlich das Gefühl als *sensorium commune* mit dem Gefühl als Gemütsbewegung gleich.

Die Umwandlung der nicht akustischen Erscheinungen in Laute hält Herder für naturgegeben.[284] Das findet er im ursprünglichen Sprach-

---

[279] SW V, 63.

[280] Grob, Ursprung und Utopie, S. 45.

[281] SW V, 63.

[282] Ebd.

[283] Simon, Die Nachträglichkeit des Ursprungs, S. 7. Aber das erste Gefühl in dem Zitat bedeutet nicht den Tastsinn, wie Simon erwähnt, sondern das *sensorium commune*.

[284] Vgl. SW V, 62: „Das Sehen ist der kälteste Sinn, und wäre er immer so kalt, so entfernt, so deutlich gewesen, als ers uns durch eine Mühe und Uebung vieler Jahre geworden ist:

zustand. In dieser ersten Sprachphase verknüpfen sich die verschiedenen Empfindungen so häufig miteinander, daß eine Empfindung leicht auf eine andere übertragen wird, und zwar aufgrund der Vermittlungsfunktion des Gefühls. Wenn das einer bestimmten Empfindung entsprechende Wort erfunden wird, wird es auch für andere Empfindungen verwendet, was zu den „starken und kühnen Metaphern"[285] führt. Dabei entstehen zuerst die Worte für die akustischen Merkmale. Sie werden dann an die übrigen Sinne verliehen:

> Die Seele, die im Gedränge solcher zusammenströmenden Empfindungen und in der Bedürfniß war, ein Wort zu schaffen, grif [sic!] und bekam vielleicht das Wort eines nachbarlichen Sinnes, deßen Gefühl mit diesem zusammenfloß - so wurden für alle und selbst für den kältesten Sinn Worte.[286]

Deswegen tönten alle Worte wie Duft, süß, bitter, sauer u.s.w., „als ob man fühlte [...]."[287]

4.4.3 Gehör als Sprachsinn

Wenn Herder hinsichtlich der Sinnlichkeit die Entstehung der menschlichen Sprache zu ergründen versucht, rückt bei den tönenden Gegenständen das Gehör als der hörende Sinn in den Vordergrund. Bei den nicht tönbaren wird die Kooperation des Gefühls (als *sensorium commune* oder Tastsinn) und des Gehörs erforderlich. Das macht klar, daß Herder unter den Sinnen dem Gehör eine leitende Rolle zuweist.

Um die Sonderstellung des Gehörs bei der Sprachentstehung zu beweisen, führt Herder das Beispiel eines Blindgeborenen an, allerdings in einer ganz anderen Dimension als den damaligen und seinen vorherigen Meinungen.[288] Im 18. Jahrhundert hat man großes Interesse an Blinden.

---

so sehe ich freilich nicht, wie man, was man sieht, hörbar machen könne? Allein die Natur hat dafür gesorgt, und den Weg näher angezogen [...]."

[285] SW V, 71.

[286] SW V, 63.

[287] Ebd.

[288] Vgl. Joachim Gessinger: Auge und Ohr. Studien zur Erforschung der Sprache am Menschen 1700-1850. Berlin u. New York 1994, S. 85f.

Dies Interesse gilt vor allem der methodischen Ebene, um die Eigenart der einzelnen Sinne und deren Beziehung zueinander festzustellen. Locke erwähnt die vom Augenarzt William Molyneux aufgeworfene Frage, ob ein Blinder, wenn geheilt, in diesem Augenblick zum Beispiel zwei Dinge wie Würfel und Kugel, die er zuvor mit dem Tastsinn unterschied, nur durch ihren Anblick erkennen kann.[289] Darauf gibt er wie Molyneux eine negative Antwort. Diese These von Molyneux und Locke wird durch den Bericht des damals berühmten Chirurgen William Cheselden über Beobachtungen an einem durch Operation sehend werdenden Blindgeborenen bestätigt. Nach dem Bericht des Chirurugen können die Augen des geheilten Blinden erst durch viel Übung und mittels des Tastsinns die Gegenstände unterscheiden.[290] Im *Essai* räumt Condillac zwar ein, daß der Tastsinn der besseren Ausübung des Gesichts dient, stimmt aber im übrigen nicht der Meinung Lockes zu. Er behauptet vielmehr, daß der Blinde durch den Anblick ohne Zuhilfenahme des Tastsinns die gleichen Erkenntnisse hat, wie sie zuvor tastend erworben worden sind.[291] Diese Meinung ändert sich aber in seiner Schrift *Traité des sensations*, wo die allmählich mit den verschiedenen Sinnen begabte, fiktive Statue nur dank des Tastsinns zum Urteil über die Außenwelt kommt und die übrigen Sinne dabei durch ihn unterwiesen werden.[292] Zu dieser zentralen Stellung des Tastsinns leistet Diderot mit seiner Schrift *Lettre sur les aveugles à l'usage de ceux qui voyent* (1749) einen Beitrag, der sich auf Beobachtungen an den Blinden von Puiseaux und Werke des blinden englischen Mathematikers Nicolas Saunderson beruft. Durch

---

[289] Vgl. *Essay* II, ix, § 8.

[290] Vgl. *Traité des sensations* III, v.

[291] Vgl. *Essai* I, VI, § 16: „En supposant qu'il eût cessé de se servir de ses mains, toutes les fois qu'il ouvroit les yeux à la lumière, il n'est pas douteux qu'il n'eût acquis par la vue les mêmes idées, quoiqu'à la vérité avec plus de lenteur."

[292] *Traité des sensations* III, iii, § 2: „L'œil a donc besoin des secours du tact, pour se faire une habitude des mouvemens propres à la vision; pour s'accoutumer à rapporter ses sensations à l'extrémité des rayons, ou à-peu-près; et pour juger par-là des distances, des grandeurs, des situations et des figures."

Diderots Gedanken angeregt,[293] unternimmt Herder im *Vierten Kritischen Wäldchen* Versuche, den Tastsinn, der bis dahin in der Ästhetik keine Beachtung findet[294], zu rehabilitieren, was in seiner späteren Schrift *Plastik* (1778) weitergeführt wird. Daraus leitet sich her, daß man in der Aufklärung die Aufmerksamkeit vor allem auf den Tastsinn richtet, wenn von Blinden die Rede ist.

Wenn es um den von Cheselden geheilten Blindgeborenen geht, bewertet Herder im *Vierten Kritischen Wäldchen* den Tastsinn positiv[295] und faßt die Beziehung zwischen Gesicht und Gefühl ins Auge. Dabei vertritt er die Meinung, daß das Gesicht erst später durch Übung mit einem Blick erkennt, was der Tastsinn vorher langsam lernend erworben hat. Daher bezeichnet er in der *Plastik* das Gesicht als „eine verkürzte Formel des Gefühls"[296]. In der *Abhandlung* jedoch wertet Herder den Tastsinn als unfeinen Sinn ab und läßt den Zusammenhang von Gesicht und Tastsinn zugunsten des Primats des Gehörs in den Hintergrund treten:

> Cheseldens Blinder zeigt, wie langsam sich das Gesicht entwickle? Wie schwer die Seele zu den Begriffen, von Raum, Gestalt und Farbe komme? wie viel Versuche gemacht, wie viel Meßkunst erworben werden muß, um diese Merkmale deutlich zu gebrauchen: das war also nicht der füglichste Sinn zu Sprache. Zudem waren seine Phänomene so kalt und stumm: die Empfindungen der grobern Sinne wiederum so undeutlich und in einander, daß nach aller Natur entweder nichts, oder *das Ohr der erste Lehrmeister der Sprache wurde.*[297]

---

[293] Zum Verhältnis zwischen Diderot und Herder vgl. Raymond Immerwahr: Diderot, Herder and the dichotomy of touch and sight. In: Seminar 14 (1978), S. 84-96 u. Karl-Gustav Gerold: Herder und Diderot. Ihr Einblick in die Kunst. Frankfurt/M 1941.

[294] Vgl. SW IV, 48: „Der dritte Sinn ist am wenigsten untersucht, und sollte vielleicht der erste seyn, untersucht zu werden: das *Gefühl*. Wir haben ihn unter den Namen der unfeinern Sinne verstossen: wir bilden ihn am wenigsten aus, weil uns Gesicht und Gehör, leichtere und der Seele nähere Sinne, von ihm abhalten, und uns die Mühe erleichtern, durch ihn Begriffe zu bekommen: wir haben ihn von den Künsten des Schönen ganz ausgeschlossen, und ihn verdammet, uns nichts, als unverstandne Metaphern zu liefern, da doch die Aesthetik, ihrem Namen zufolge, eben die Philosophie des Gefühls seyn sollte."

[295] Vgl. SW IV, 51: „Das Gefühl muß also wohl nicht so ein grober Sinn seyn, da er eigentlich *das Organ aller Empfindung andrer Körper* seyn soll, und also eine so große Welt von feinen, reichen Begriffen unter sich hat."

[296] SW VIII, 9.

[297] SW V, 48.

Wie kann man diesen Kontrast der Sprachschrift zum *Vierten Kritischen Wäldchen* und der *Plastik* erklären? Mit der Verschiedenheit der Perspektive. In den beiden letzten Schriften behandelt Herder die Sinne in bezug auf die Ästhetik, die sich auf den Tastsinn ausrichtet, in der *Abhandlung* dagegen werden sie hinsichtlich der Sprache angesprochen.

Um das Gehör als Sprachsinn zu begründen, stellt Herder von sechs Standpunkten aus Vergleiche zwischen dem hörenden Sinn und den übrigen Sinnen an.[298] Er unterstreicht dabei die mittlere Stellung des Gehörs zwischen Gefühl und Gesicht. Zunächst werden die drei Sinne in bezug auf ihren Wirkungskreis verglichen. Der Tastsinn überschreitet nicht das taktile Organ und bleibt „nur in sich"[299], so daß seine Welt sehr beschränkt ist. Das Gesicht dagegen ist auf Ferne eingestellt; seine Sphäre zeichnet sich durch Unermeßlichkeit und Unerschöpflichkeit aus. Das Gehör aber hat eine mittlere Sphäre, die weder eng noch weit ist.

Der zweite Vergleich hat „Deutlichkeit und Klarheit" zum Thema. Herder erklärt nicht genau, was er unter dieser Thematik versteht. Wenn man sie aber, wie Trabant meint,[300] als die von Leibniz aufgestellte Stufenfolge der Erkenntnis auslegt, stößt man auf Schwierigkeiten. Erstens hält Trabant die durch den Tastsinn vermittelte Erkenntnis für 'dunkel'. Er hat da recht. Denn mittels des Tastsinns läßt sich ein Gegenstand weder von den anderen unterscheiden noch als solcher erkennen, geschweige dessen Merkmal begreifen. Doch Herder gewährt dem Tastsinn eine Merkmalsbildung: „Da ist mit Mühe ein Merkmal der Anerkennung abzusondern [...]."[301] Zweitens, was das Gesicht betrifft, weist Trabant dem

---

[298] Dabei werden Geruch und Geschmack außer Betracht gelassen. Im *Vierten Kritischen Wäldchen* verhält es sich so. Herder zählt nur Gehör, Gefühl und Gesicht zu den „Hauptsinnen" für die Ästhetik. Geruch und Geschmack gewährt er keinen Anteil daran. Den Grund schreibt er dem derivativen Charakter der letzten beiden Sinne zu: „Es gibt noch zween Sinne in der Menschlichen Natur, die aber an der Empfindung des Schönen weniger Antheil haben, und gegen die ich überhaupt, ich weiß nicht was? habe, sie in allen Theorien so ganz collatoral *neben* die gedachten drei Hauptsinne gestellet zu sehen, da sie doch mehr zwo zusammenhängende Modificationen des Gefühls, als zwei völlig neue Gefühle sind, wie Auge und Ohr." (SW IV, 53)

[299] SW V, 64.

[300] J. Trabant: Traditionen Humboldts. Frankfurt/M 1990, S. 178.

[301] SW V, 65.

Gesicht die 'konfuse Klarheit' zu. Auch diese Ansicht ist zutreffend: „es [Gesicht] liefert eine solche Menge von Merkmalen, daß die Seele unter der Mannichfaltigkeit erliegt, und etwa Eins nur so schwach absondern kann, daß die Wiedererkennung daran schwach wird."[302] Aber die Wörter wie „hell", „überglänzend", die Herder im Zusammenhang mit dem Gesicht verwendet, entsprechen nicht den die Erkenntnisqualitäten betreffenden Ausdrucksweisen von Leibniz. Drittens kann die Seele dank der durch das Gehör vermittelten Töne ein Merkmal aus einem Gegenstand herausgreifen. Das führt zur engen Beziehung des hörenden Sinnes zu der 'deutlichen' Erkenntnis. Damit nähme das Gehör in bezug auf die Stufe der Erkenntnis nicht die Mittelstellung, sondern den obersten Platz ein. Das aber widerspricht Herders These. In diesem zweiten Vergleich hat man die „Deutlichkeit und Klarheit" von der im Rahmen der Erklärung des Begriffs 'Reflexion' erwähnten[303] zu unterscheiden. Aus diesem Grunde wird in dieser Arbeit versucht, jene Thematik mit Hilfe des anderen Kontexts zu interpretieren. Der Tastsinn ist der erste unter den Sinnen. Im tastenden Sinn koexistieren die übrigen Sinne im Keim. Diesen Zustand nennt Herder einen „verflochtne[n] Kneuel [sic!]"[304]. Daher herrscht im Tastsinn Dunkelheit als Chaos. Das Gesicht wird hingegen durch die von jedem Gegenstand ausgehenden Lichtstrahlen affiziert. Aus dieser Perspektive ist das Gesicht ein Sinn des „Lichts"[305] und ist „überglänzend"[306]. Das Gehör aber steht in der Mitte zwischen Dunkelheit und Helligkeit und übernimmt die Rolle des den Sinnen die Einheit verleihenden *sensorium commune*[307]: „[...] das Gehör greift also von beiden Seiten um sich: macht klar, was zu dunkel; macht angenehmer, was zu helle war: bringt in das dunkel

---

[302] Ebd.

[303] Vgl. SW V, 34f.

[304] SW V, 67.

[305] H. Adler: Die Prägnanz des Dunklen. Gnoseologie, Ästhetik, Geschichtsphilosophie bei Johann Gottfried Herder. Hamburg 1990, S. 120.

[306] SW V, 65.

[307] Vgl. Heidegger, Vom Wesen der Sprache, S. 197.

Mannichfaltige des Gefühls mehr Einheit, und in das zu hell Mannichfaltige des Gesichts auch [...]."[308]

Der dritte Vergleich betrifft die Beziehung jedes Sinnes zur Seele. Der Tastsinn dringt zwar überwältigend in die Seele ein und erregt darin mächtige Gemütsbewegungen. Aber im taktilen Sinn befinden sich die mannigfaltigen Empfindungen in einem solchen Durcheinander, daß sie die Seele nicht voneinander unterscheiden kann. Der Tastsinn ist dafür nicht fein genug. Das Gesicht dagegen hat die geringste Anteilnahme an der Seele. Es ist nämlich der „kälteste" unter den Sinnen. Dieser optische Sinn beobachtet als „die äußere Wache der Seele"[309] indifferent die Gegenstände. In diesem Sinne ist er fürs Philosophieren am geeignesten: „[...] es [Gesicht] würkt nicht anders, als durch unabläßiges Vergleichen, Meßen und Schließen: es muß uns also, auch in dem es würkt, zu allen diesen feinen Seelebeschäftigungen, Kälte und Muße lassen, ohne die es nicht würken kann [...]."[310] Im Vergleich dazu ist das Gehör „die eigentliche Thür zur Seele"[311]. Der durch diesen Sinn empfundene Ton berührt „innig"[312] die Seele. Das Gehör ist weder so eindringlich und grob wie der Tastsinn, noch so kalt und deutlich wie das Gesicht.

Im Hinblick auf die Zeit, in der jeder Sinn wirkt, sieht Herder die vierte Mittelstellung des Gehörs. Zur gleichen Zeit übermittelt der Tastsinn der Seele seine taktilen Eindrücke in der Form von „in und neben einander"[313]. Ihr stellt das Gesicht simultan seine optischen Perzeptionen „durch die unermäßliche Tafel des Nebeneinander" vor. Die Gegenstände des Gehörs dringen dagegen „progressiv"[314] in die Seele. In dieser Sukzessivität der akustischen Eindrücke sieht Herder einen Grund für die Sprachentstehung, während Condillac darin ein wichtiges Moment zur Sprachentwicklung feststellt. Condillac zufolge erfolgt ein entscheidender Übergang der

---

[308] SW V, 66.

[309] SW IV, 111.

[310] SW IV, 45.

[311] SW V, 64.

[312] SW V, 66.

[313] SW IV, 61.

[314] SW V, 67.

'Aktionssprache' zur artikulierten Lautsprache, indem Gedanken oder Bedürfnisse durch Laute sukzessiv ausgedrückt werden. Dabei entsteht die Analyse im eigentlichen Sinne des Wortes.[315] Die Wirkungsweisen der Sinne wie In- und Neben-, Neben- sowie Nacheinander beziehen sich auch im *Vierten Kritischen Wäldchen* jeweils auf Gefühl, Gesicht und Gehör. Jene Trias bringt Herder wieder mit den Wahrnehmungsgegenständen wie Körper, Flächen und Töne in Verbindung. Anschließend werden jedem Hauptsinn für die Ästhetik die einzelnen Künste wie Plastik, Malerei und Musik zugeordnet.[316] Diese Ansicht wird auch in der *Plastik* wieder aufgenommen.[317]

Hinsichtlich des Ausdrucksbedürfnisses ist von der fünften Mittelstellung des Gehörs die Rede. Der Tastsinn wirkt innerhalb seiner selbst und im chaotischen Zustand der Perzeptionen, so daß es ihm sehr schwer fällt, sich auszusprechen. Das Gesicht hat demgegenüber kein Bedürfnis zum Aussprechen, denn die visuellen Gegenstände können durch Gebärden gezeigt werden. Die akustischen Gegenstände aber stehen mit der Handlung im Zusammenhang und bringen in ihrer Bewegung Laute mit sich. Diese Laute verarbeitet die Seele zum Merkmal, das seinerseits durch die Sprachwerkzeuge ausgesprochen wird. In diesem Sinne findet Herder im Gehör die Notwendigkeit zum Aussprechen.

Im letzten Vergleich geht es um die zeitliche Reihenfolge der Sinne. Zunächst wirkt der Tastsinn beim Menschen. Der tastende Sinn ist der "Stamm der Natur, aus dem die zärtern Aeste der Sinnlichkeit wachsen und der verflochtne Kneuel, aus dem sich alle feinere Seelenkräfte entwickeln"[318]. Eben in dieser Formel, daß sowohl die Sinnlichkeit als auch die 'Seelenkräfte' ihren Ursprung im Tastsinn haben, zeigt sich ein sensualistischer Aspekt[319] deutlich, der bei Condillac in *la sensation*

---

[315] Vgl. dazu 2.4.2 *Entwicklung der Sprache* dieser Arbeit u. Trabant, Traditionen Humboldts, S. 178.

[316] Vgl. SW IV, 61f.

[317] Vgl. SW VIII, 15f.

[318] SW V, 67.

[319] Vgl. auch SW V, 95: „[...] da die ganze Maschiene empfindet, und gleich vom dunkeln Gefühl heraufarbeitet zur Besinnung [...]."

transformée mündet. Dem Tastsinn folgt das Gehör. Der hörende Sinn erleuchtet die Dunkelheit, die über den taktilen Sinn herrscht, und weckt die Seele gleichsam „aus einem tiefen Traume"[320]. Über das Gehör entwickelt sich der Tastsinn zum Gesicht. In diesem Zusammenhang betrachtet Herder diese drei Sinne aus dem phylogenetischen oder ontogenetischen Gesichtspunkt. Aber im *Traité des sensations* verleiht Condillac mit einem anderen Kriterium der Statue sukzessiv die einzelnen Sinne: Geruch, Gehör, Geschmack, Gesicht und erst dann Tastsinn. Diese Reihenfolge ist ganz verschieden von der Herderschen. Dabei zählt der „Informationswert"[321] zum Kriterium.

Herder erkennt das Gehör als Sprachsinn, doch kann man in der *Abhandlung* die Beziehung von Tastsinn und Gesicht zur Sprache auch nicht leugnen. Der Tastsinn nimmt, wenn auch nicht als aktiver Beteiligter, sondern als Vermittler, zusammen mit dem Gehör an der Sprachentstehung für die nicht tönenden Gegenstände teil. Es wird auch ein Zusammenhang von Gesicht und Sprache angedeutet: „[...] das Gesicht verfeinert sich mit der Vernunft: Vernunft und die Gabe der Bezeichnung, und so wenn der Mensch zu der feinsten Charakteristik sichtlicher Phänomene kommt - welch ein Vorrath von Sprache und Sprachähnlichkeiten liegt schon fertig!"[322] Widerspricht diese Passage der bisherigen Ansicht Herders, nach der dem Gehör die Position des Sprachsinns zuerkannt wird? Mit einer kurzen Antwort: „Nein!". Das Problem wird bei näherer Betrachtung der angeführten Passage auf produktive Weise gelöst. Das Gesicht bezieht sich nur insofern auf die Sprache, als die Vernunft die optischen Erscheinungen am feinsten charakterisiert. Das bedeutet, daß das Gesicht, mit dem Gehör verglichen, keinen unmittelbaren Anteil an der

---

[320] SW IV, 29.

[321] Lothar Kreimendahl: Einleitung zu: E. B. de Condillac: Abhandlung über die Empfindung. Auf d. Grundlage d. Übers. von Eduard Johnson neu bearb., mit Einl., Anm. sowie Literaturhinweisen versehen u. hrsg. von L. K. Hamburg 1983, S. XXXIII f. Diese Schrift nimmt folgendermaßen ihren Anfang: „Les connoissances de notre statue bornée au sens de l´odorat, ne peuvent s´étendre qu´à des odeurs. Elle ne peut pas plus avoir les idées d´étendue, de figure, ni de rien qui soit hors d´elle, ou hors de ses sensations, que celles de couleur, de son, de saveur." (*Traité des sensations* I, i, § 1)

[322] SW V, 68.

Sprachentstehung hat. Diese Perspektive äußert sich deutlich im folgenden Text: „Laßet ihm [dem Menschen] den freien Gebrauch seiner Sinne: da der Mittelpunkt dieses Gebrauchs in Gesicht und Gehör fällt, wo Jenes ihm Merkmal und dieses Ton zum Merkmale gibt: so wird mit jedem leichtern, gebildetern Gebrauch dieser Sinne, ihm Sprache fortgebildet."[323] Daraus ergibt sich, daß sich das Gesicht im Gegensatz zum Tastsinn an der Sprachfortbildung beteiligt.

Um den bisherigen Inhalt zusammenzufassen: Herder beschäftigt sich mit dem Sprachursprung im Hinblick auf die Anthropologie, die Psychologie und Sinnesphysiologie umfaßt. Wenn die beiden Bereiche auch getrennt abgehandelt werden, stehen sie in Herders Sprachtheorie doch in enger Beziehung zueinander. Das bestätigt die Definition des Menschen als „Ein denkendes sensorium commune" oder „ein horchendes, merkendes Geschöpf"[324]. Wenn Herder in seinem Brief an Hamann von der „Leibniz-Aesthetische[n] Hülle"[325] seiner Sprachschrift spricht, wird damit eben die Zusammenarbeit von Vernunft und Sinnlichkeit gemeint. Dieser Aspekt kennzeichnet Herders Sprachphilosophie:

> Die Originalität des Herderschen Denkens besteht wesentlich in diesen philosophischen Systemprogrammen, deren zentrale Thematik der Versuch einer Synthese von Sensualismus und Idealismus darstellt. Herders Arbeiten

---

[323] SW V, 101.

[324] SW V, 49.

[325] DA II, 210. Nach Schnebli-Schwegler (Johann Gottfried Herders Abhandlung, S. 76) geht das Wort „ästhetisch" etymologisch auf das griechischen „aisthesis" zurück, das „Empfindung" sowie „Sinneseindruck" bedeutet. Man kann auch den Ausdruck unter Berufung auf Baumgarten auslegen. Denn er definiert in seiner Schrift *Aesthetica* die Ästhetik als „Wissenschaft der sinnlichen Erkenntnis" (Hans Rudolf Schweizer: Ästhetik als Philosophie der sinnlichen Erkenntnis. Eine Interpretation der AESTHETICA A. G. Baumgartens mit teilweiser Wiedergabe des lateinischen Textes und deutscher Übersetzung. Basel u. Stuttgart 1973, S. 107). Was die „Hülle" betrifft, nennt sie Herder zwar „die Einzige Masque [...], unter der ich erscheinen konnte [...]." Aber das scheint nur ein Vorwand zu sein, die scharfe Kritik seines teuren Freundes Hamann an seiner Schrift zu besänftigen oder dem Konflikt mit der Kirche auszuweichen. Das wird dadurch bestätigt, daß die später (1789) veröffentlichte, zweite Ausgabe der *Abhandlung* gar nichts an dem wesentlichen Gedanken der ersten Fassung veränderte.

zur [...] Sprachphilosphie sind in diesem allgemeinen philosophischen Ansatz fundiert.[326]

---

[326] Marion Heinz: Sensualistischer Idealismus. Untersuchungen zur Erkenntnistheorie und Metaphysik des jungen Herder (1763-1778). Hamburg 1994, S. XV.

4.5 Kritik an der These vom göttlichen Sprachursprung

Wenn Herder die Spracherfindung vom anthropologischen Standpunkt aus durch die menschliche Seele und Organisation nachgewiesen hat, versucht er nun, aufgrund der Beschaffenheit und Geschichte der Sprache sowie der wechselseitigen Entwicklung von Sprache und Vernunft seine These zu stüzen. Das unternimmt er gegen seinen Hauptgegner, Süßmilch, polemisierend.

Zuerst untersucht Herder den Zustand der älteren, ursprünglicheren Sprachen.[327] In diesen Sprachen stellt er eine Neigung zur Charakterisierung der Gegenstände durch Gehör und Gefühl fest. In ihren Wurzeln erblickt er eine häufige Koexistenz der verschiedenen Gefühle, die zur "Metapher" führt. Diese schreibt er der Unerfahrenheit des menschlichen Geistes zu. Außerdem macht er auf die Synonyme[328] aufmerksam, wo sich die extreme Diskrepanz zwischen der „wesentlichen Dürftigkeit" und dem „unnöthigen Überfluß"[329] zeigt. In diesen Unvollkommenheiten der Sprache in der Anfangsphase sieht Herder nicht die Göttlichkeit des Sprachursprungs, wie Süßmilch sie vertritt, sondern im Gegenteil deren Menschlichkeit.

In historischer Perspektive geht Herder dann der Sprache nach. Nach ihm bilden die wilden Völker ihre Wörter unter Bezug auf ihre sinnlichen Vorstellungen. Mit dem Fortschritt ihres Geistes kommen sie durch Abstraktion zu den allgemeinen Begriffen. Herder führt diese daher auf die sinnlichen Gegenstände zurück: zum Beispiel den „Geist" auf den „Wind",

---

[327] Vgl. SW V, 70-89.

[328] In bezug auf die Synonyme erweckt Herder den Eindruck, als ob Süßmilch diese sprachliche Erscheinung nicht anerkennen würde: „Die Vertheidiger des Göttlichen Ursprungs, die in allem Göttliche Ordnung zu finden wißen, können ihn hier schwerlich finden, und läugnen die Synonyme [...]." (SW V, 75) Süßmilch zieht zwar die Existenz der vollkommenen Synonyme in Zweifel. Aber er erkennt ihre Notwendigkeit in der akustischen Behaglichkeit: „Ich zweifle aber, ob es in einer Sprache leicht vollkommene Synonima geben sollte. [...] Unterdeß möchte man bey einigen Fällen Synonima um des Wohlklanges willen paßiren lassen [...]." (*Versuch*, S. 24)

[329] SW V, 75.

die „Seele" auf den „Othem".[330] In der ursprünglichen Beschaffenheit der Sprache herrschen Unregelmäßigkeit und Unbestimmtheit. Die Substantive und Verben werden ohne Bestimmung ihres Gebrauchs dekliniert und konjugiert. Die „holophrastische" Erscheinung, daß alles zur gleichen Zeit zum Ausdruck kommt, ist gäng und gäbe.[331] Die Gebärde ersetzt die Funktion der noch nicht zustande gekommenen Grammatik.[332] Das „Gesetz der Sparsamkeit"[333], nach dem sich mannigfaltige Bedeutungen eines Wortes durch leichte Veränderungen der Artiulationen ausdrücken, ist dominant. Aber mit der allmählichen Einführung der Grammatik als „Philosophie über die Sprache"[334] wird der dürftige, chaotische Sprachzustand verbessert und gerät die Sprache in die Phase der Systematisierung. Durch die Berichte der Missionare nimmt auch Süßmilch zur Kenntnis, daß auch in den Sprachen der wilden Völker die allgemeinen Begriffe existieren, und er nutzt das zum Nachweis der sprachlichen „Vollkommenheit". Die Grammatik gilt ihm als Zeugnis der „Ordnung" der Sprache. Für diese vollkommene, ordentliche Beschaffenheit der Sprache beansprucht er den göttlichen Verstand. Dagegen findet Herder mit den beiden Phänomenen die Spuren des fortschreitenden, menschlichen Geistes und der sich parallel dazu entwickelnden Sprache als erwiesen.

Der wechselseitige Fortgang von Vernunft und Sprache ist ein wichtiger Aspekt, von dem aus Herder Süßmilchs Sprachthese kritisiert. In

---

[330] SW V, 78. Hierin kann man den Einfluß Lockes auf Herder feststellen: „[...] I doubt not, [...] we should find, in all languages, the names, which stand for things that fall not under our senses, to have had their first rise from sensible ideas." (*Essay* III, i, § 5)

[331] Schon Rousseau erklärt in seiner *Inégalité* diese Erscheinung: „On doit juger que les premiers mots, dont les hommes firent usage, eurent dans leur Esprit une signification beaucoup plus étendue que n´ont ceux qu´on employe dans les Langues déjà formées, et qu´ignorant la Division du Discours en ses parties constitutives, ils donnérent d´abord à chaque mot le sens d´une proposition entière." (S. 149) An ihn schließen sich Süßmilch (*Versuch*, S. 74f.) und Herder an. Condillac zufolge ist die simultane Äußerung der Bedürfnisse oder Gedanken in der 'Aktionssprache' auffällig. Vgl. dazu etwas Näheres DKV 1, 1317f.

[332] Vgl. *Essai* II, I, ix, § 85: „L´action dont on les [verbes] accompagnoit suppléoit au reste, c´est-à-dire, au tems, aux modes, aux nombres et aux personnes."

[333] SW V, 88.

[334] SW V, 82.

genetisch-historischer Hinsicht präsentiert Herder die Geschichte des menschlichen Geschlechts beginnend mit dem einzelnen Menschen, der Familien, Stämme und Nationen bildet. Den einzelnen Menschen definiert Herder, wie schon im zweiten Abschnitt des ersten Teils der *Abhandlung* erklärt, als freiwirkendes vernünftiges Geschöpf. Bei dem Menschen wirkt die 'Besonnenheit' vom ersten Augenblick seines Lebens an, wobei die Sprache erfunden wird. In dieser nur für ihn spezifischen Gabe sieht Herder auch das „Gesetz der Vervollkommung [sic!], der Progreßion"[335]. Mit dem Fortgang der 'Besonnenheit' verknüpft er die Fortbildung der Sprache. Aus diesem Grunde hält er die Entwicklung der Sprache für „natürlich":

> Laßet ihm [dem Menschen] den freien Gebrauch seiner Seelenkräfte. Da der Mittelpunkt ihres Gebrauchs auf Besonnenheit fällt, mithin nicht ohne Sprache ist, so wird mit jedem leichtern, gebildetern Gebrauch der Besonnenheit, ihm Sprache mehr gebildet. Folglich wird die *Fortbildung der Sprache dem Menschen so natürlich, als seine Natur selbst.*[336]

Selbst wenn Herder dem einzelnen Menschen das Vermögen zur Spracherfindung und -entwicklung zuspricht, bemerkt er jedoch bei ihm die Grenze der weiteren Entwicklung der Sprache.[337] Damit zielt er auf die Notwendigkeit der Gesellschaftsbildung. In diesem Zusammenhang wird die Familie als eine elementare Einheit der Gesellschaft eingeführt. Zwischen Familienmitgliedern sieht er „ein Band des Unterrichts und der

---

[335] SW V, 99.

[336] SW V, 101.

[337] Vgl. SW V, 140: „Er [ein einsamer Mensch] wird ohne Gesellschaft immer auf gewiße Weise verwildern, und bald in Unthätigkeit ermatten, wenn er sich nur erst in den Mittelpunkt gesetzt hat, seine nöthigsten Bedürfniße zu befriedigen. Er ist immer eine Blume, die aus ihren Wurzeln gerißen, von ihrem Stamm gebrochen, da liegt und welkt. - - Setzt ihn in Gesellschaft und mehrere Bedürfniße: er habe für sich und andre zu sorgen; man sollte denken, diese neue Lasten nehmen ihm die Freiheit sich emporzuheben; dieser Zuwachs von Peinlichkeiten die Muße zu erfinden; aber gerade umgekehrt. Das Bedürfniß strengt ihn an: die Peinlichkeit weckt ihn: die Rastlosigkeit hält seine Seele in Bewegung: er wird desto mehr thun, je wundersamer es wird, daß ers thue. *So wächst also die Fortbildung einer Sprache von einem Einzelnen bis zu einem Familienmenschen schon in sehr zusammengesetztem Verhältnis.* Alles andre abgerechnet, wie wenig würde doch der Einsame, selbst der einsame Sprachenphilosoph auf seiner wüsten Insel erfinden!"

Erziehung"[338]. Durch diese instinktnahe Kette lehren die Eltern ihre erworbenen Erfahrungen, welche die Kinder dann aufnehmen und auf ihre eigene Art weitergeben. Infolge dieses Lehr- und Lernprozesses entwickelt sich die Sprache der Eltern zur „Familiensprache", was mit dem Übergang der Denkart der Eltern zur „Familiendenkart"[339] einhergeht. Die Familien spalten sich ihrerseits in Stämme auf und gehen über in verschiedene Nationen. Den Grund dafür findet Herder in der Bestimmung: „[...] Menschen sollen überall auf der Erde wohnen [...]."[340] Danach verbreitet sich die Menschheit über die ganze Erde. Unter dem Einfluß der mannigfaltigen Klimata und Gewohnheiten bilden sich die verschiedenen Nationalsprachen, deren Ursache Herder aber vor allem auf den gegenseitigen "Familien- und Nationalhaß"[341] zurückführt. Das führt dazu, daß die Sprache „ein Proteus auf der runden Oberfläche der Erde"[342] wird. Trotz der Trennung der Familien in die unterschiedlichen Nationen ist Herder zufolge das Menschengeschlecht „ein Progressives Ganze von Einem Ursprunge"[343]. Durch die einzelnen Menschen, Familien und Nationen entwickelt sich das menschliche Geschlecht zum Ganzen. In Form einer einheitlichen Kette verknüpfen sie sich als Glieder dieses Ganzen miteinander. In diesem Sinne ist die Sprache des Menschen „*Eine Schatzkammer Menschlicher Gedanken, wo jeder auf seine Art etwas beitrug! eine Summe der Würksamkeit aller Menschlichen Seele.*"[344]

Mit diesem historischen Blick, daß sich die Sprache mit der Entwicklung des Menschengeschlechts fortbildet, polemisiert Herder gegen Süßmilch. Es geht insbesondere um Süßmilchs Vorgehensweise, aus der „Vollkommenheit", „Ordnung" und „Schönheit" der Sprache deren Göttlichkeit zu schließen. Diesbezüglich weist Herder auf Süßmilchs falsche Spekulation über den Ursprung hin, eine spätere Zeit als den Sprach-

---

[338] SW V, 115.
[339] SW V, 117.
[340] SW V, 127.
[341] SW V, 129.
[342] SW V, 127.
[343] SW V, 134.
[344] SW V, 136.

anfangspunkt anzusehen: „Ist denn diese so bewunderte Sprache, die Sprache des Ursprungs? oder nicht schon das Kind ganzer Jahrhunderte, und vieler Nationen?"[345] Dies fehlerhafte Ursprungsdenken Süßmilchs bezieht Herder auf dessen unhistorische Einstellung zur Sprache. Bei Herder ist die Verbesserung der Sprache nichts anderes als ein Produkt des wechselseitigen Fortschrittes von Sprache und Vernunft, weshalb die Sprachfortbildung auch dem ersten Menschen natürlich ist. Diesem spricht Süßmilch allerdings die Fähigkeit zur sprachlichen Verbesserung ab. Nach seiner Auffassung ist sie eine sehr anstrengende Arbeit, die sich der durch Müßigkeit und Zerstreuung charakterisierte Naturmensch nicht vornimmt. Dafür fordert er vielmehr ein Wesen mit einem schon gebildeten, vollkommenenen Verstand. Damit schneidet er die Möglichkeit zum allmählichen Fortgang von Vernunft und Sprache zugunsten seiner These ab, was sich in seinen Metaphern „Palläste" und „Hütten" herausstellt[346]: Im *Versuch* bezeichnet Süßmilch die ersten Sprachen als „Hütten", aber die später gebildeten, vollkommenen Sprachen als „Palläste". Doch zieht er den zeitlichen, inneren Zusammenhang zwischen den beiden nicht in Betracht, betont vielmehr ihren äußerlichen Unterschied. Deshalb wird Süßmilch vorgehalten: „Siehe! an diesem grossen Gebäude haben Nationen, und Welttheile und Zeitalter gebauet; und darum konnte jene arme Hütte nicht der Ursprung der Baukunst seyn? darum muste gleich ein Gott die Menschen solchen Pallast bauen lehren? weil Menschen gleich solchen Pallast nicht hätten bauen können [...]."[347] Dadurch kommt Herder zu seinem Einwurf gegen die Physikotheologie als Süßmilchs gedankliche Grundlage. Kant zweifelte schon früher an ihrer Wissenschaftlichkeit. Denn diese philosophische Methode kann vor dem tiefen Eindringen in den Grund der Erscheinungen aus deren oberflächlicher Zweckmäßigkeit auf göttlichen Willen schließen. In diesem Kontext wendet Herder sich

---

[345] SW V, 143. Vgl. dazu auch SW II, 66: „[...] wie hätte er [Süßmilch] denn einen späten, einen vollendeten Zustand der Sprache für den Ursprung, und eine gebildete Sprache, an der auch selbst bei dem rohesten Volke Jahrhunderte arbeiteten, zu der Millionen Menschen zutrugen, die so viel Zeitalter überlebt hat - wie hätte er die für eine werdende Sprache nehmen können?"

[346] *Versuch*, S. 54.

[347] SW V, 143.

gegen Süßmilchs Sprachtheorie: „Der höhere Ursprung ist *zu nichts nütze,* und äußerst schädlich. Er zerstört alle Würksamkeit der Menschlichen Seele, erklärt nichts, und macht alles, alle Psychologie, und alle Wißenschaften unerklärlich [...].“[348]

An dieser Stelle erscheint es sinnvoll, den religiösen Momenten in der *Abhandlung* nachzugehen, denn zunehmend wird die *Abhandlung* aus religiöser oder theologischer Perspektive betrachtet. Diese Sicht vertreten, um zwei bedeutende Forscher zu nennen, Gaier in der Germanistik[349], Zippert in der Theologie[350]. Diese Art der Betrachtung erfolgt von zwei Seiten. Zum einen werden als Belege die hier und da in der *Abhandlung* verstreuten Elemente angeführt, die zur Religion in Beziehung stehen. Um einige Beispiele zu nennen: „Othem Gottes“[351] als Ursprung der morgenländischen Sprachen, „die wahre göttliche Sprachnatur“[352], Bestimmung des Menschen als „Sprach*geschöpf*“[353] u.s.w. Dazu gehört auch

---

[348] SW V, 146. Vgl dazu auch SW VI, 200-203; SW X, 329; SW XXI, 218; SW XXXII, 99; Zusammenfassung der *Abhandlung* durch Jean-Bernard Mérian (Résumé académique sur l´origine du langage. In: Herder: Traité sur l´origine de la langue. Introduction, traduction et notes de Pierre Pénisson. Paris 1977, S. 223f.): „Enfin le moindre défaut de cette opinion [„l´origine céleste du Langage"] seroit d´être inutile; elle est funeste aux progrès de l´esprit humain, dont elle suspend les recherches sur les principes des choses, et sur les causes productrices des phénomènes. Elle tue le raisonnement, elle est le tombeau de la Science."

[349] Gaier, Herders Sprachphilosophie, S. 146. Ihm zufolge „zeigt sich die religiöse Dimension als durchgängig bestimmend für die Ursprungsschrift." Zudem ders.: Herders Abhandlung über den Ursprung der Sprache als „Schrift eines Witztölpels". In: Gottfried Gabriel u. Christiane Schildknecht (Hrsg.): Literarische Formen der Philosophie. Stuttgart 1990, S. 155-165; Schnebli-Schwegler, Johann Gottfried Herders Abhandlung, S. 111; Krüger, Der menschlich-göttliche Ursprung, S. 10f.; Gesche, Johann Gottfried Herder, S. 5 u. 17; Arnd Bohm: Herder and the Politics of Adamic Language. In: Karl Menges u. a. (Hrsg.): Herder-Jahrbuch 2000. Stuttgart u. Weimar. S. 21-31.

[350] T. Zippert: Bildung durch Offenbarung. Das Offenbarungsverständnis des jungen Herder als Grundmotiv seines theologisch-philosophisch-literarischen Lebenswerks. Marburg 1994, S. 185-196 u. Claudia Leuser: Theologie und Anthropologie. Die Erziehung des Menschengeschlechts bei Johann Gottfried Herder. Frankfurt/M 1996, S. 137-143.

[351] SW V, 14.

[352] SW V, 112.

[353] Hervorhebung von mir. Zippert (Bildung und Offenbarung, S. 195) interpretiert außerdem die „Haushaltung" und die „Ökonomie" als „dogmatische Schulbegriffe".

ein eng auf Herders Sprachtheorie bezogener Satz: „*Der Mensch in den Zustand von Besonnenheit gesetzt, der ihm eigen ist,* [...], *hat Sprache erfunden.*" Dabei wird viel Aufmerksamkeit dem Wort „gesetzt" geschenkt. Es bleibt nämlich unerwähnt, was den Menschen in eine solche Beschaffenheit setzt. In diesem Ausdruck vermutet Gaier „Gott oder die Natur"[354], und Zippert sieht darin „das *passivum divinum*".[355] Zum anderen wird auch versucht, aus dem Kontext der Sprachschrift auf einen göttlichen Grund zu schließen. Herder beschreibt das erste, sprachbezügliche Ereignis der Genesis, die Namensgebung der Tiere durch Adam, wo Bohm „the divinely sanctioned work of human nomination and designation"[356] bemerkt. Es wird dann auf eine Passage verwiesen, in der sich Herders Ansicht von der Beziehung zwischen Gott und Menschen findet:

> Der höhere Ursprung ist, so fromm er scheine, *durchaus ungöttlich*: Bei jedem Schritte verkleinert er Gott durch die niedrigsten, unvollkommensten Anthropomorphien. Der Menschliche zeigt *Gott im größesten Lichte*: sein Werk, eine Menschliche Seele, durch sich selbst, eine Sprache schaffend und fortschaffend, weil sie sein Werk, eine Menschliche Seele ist. Sie bauet sich diesen Sinn der Vernunft, als eine Schöpferin, als ein Bild seines Wesens. Der Ursprung der Sprache wird also nur auf eine würdige Art Göttlich, so fern er Menschlich ist.[357]

Hierbei akzentuiert Zippert die göttliche Ebenbildlichkeit des Menschen und die durch ihn wirkende Schöpferkraft Gottes.[358] Leuser dient diese Passage als „der *theologische* Ansatzpunkt für die Antwort auf die Frage nach dem Ursprung der Sprache."[359] Außerdem ziehen Gaier und Zippert auch Herders Brief[360] vom 1. August 1772 an Hamann heran, um ihre

---

[354] Gaier, Herders Sprachphilosophie, S. 106.

[355] Zippert, Bildung und Offenbarung, S. 194. Auch Trabant (Inner Bleating, S. 1) bestimmt das Setzende als Gott: „God gave *Besonnenheit*".

[356] Bohm, Herder, S. 30.

[357] SW V, 146.

[358] Zippert, Bildung und Offenbarung, S. 196: „Klarer kann Herder die für alles weitere fundamentale Funktion und die Eigenart des schöpferischen Handelns Gottes nicht formulieren: als Gottes Werk ist die menschliche Seele selbst kreativ."

[359] Leuser, Theologie und Anthropologie, S. 143.

[360] DA II, 209: „Daß Gott *durch* Menschen, die Sprache würke - wer zweifelt? hat? *könnte* durch alle περιστασεις zweiflen. Daß er aber nicht mystisch gewürkt, [sondern] durch

Argumentation zu begründen. Es ist zwar Tatsache, daß eine religiöse Tendenz in der *Abhandlung* vorhanden ist, und daß die dahin zielenden Interpretationen ein neues Verständnis der Sprachschrift eröffnen. Aber man muß sich dabei davor hüten, daraus auf „die Apologie Herders gegenüber den Verfechtern des göttlichen Ursprungs der Sprache"[361] zu schließen, denn Herders eigentliches Ziel besteht in etwas anderem.

Im *Versuch der Geschichte der lyrischen Dichtkunst* trennt Herder den Wissenschafts- und Glaubensbereich voneinander, wobei das Wirken Gottes zu dem Glaubensbereich zählt.[362] In der zweiten Ausgabe der ersten Sammlung der *Fragmente* wirft Herder Süßmilch vor allem Mangel an „Philosophische[m] Genius" vor, „sie [Sprache] als eine *Entwicklung der Vernunft*, und als eine *Produktion Menschlicher Seelenkräfte* erklären zu können"[363]. Wie es in seinem Ende Oktober 1769 an Johann Friedrich Hartknoch gerichteten Brief steht, sieht Herder die Preisfrage der Berliner Akademie an als „eine vortrefliche, grosse, u. wahrhaftig Philosophische Frage, die recht vor mich gegeben zu seyn scheint."[364] Und in der *Abhandlung* bemüht er sich, seine Sprachthese „wie die vesteste Philosophische Wahrheit"[365] zu beweisen. Das klärt, daß Herder das Sprachproblem auf der wissenschaftlichen, nicht zuletzt auf der philosophischen Dimension angeht. Dieses philosophische Vorgehen führt zur Ausklammerung der übernatürlichen Ebene aus der Diskussion um den Sprachursprung, was aus der Bestimmung der Aufgabe der Philosophie folgt:

> Über die ersten Momente der Sammlung, muß freilich die schaffende Vorsicht, gewaltet haben = = doch das ist nicht Werk der Philosophie, das Wunderbare in diesen Momenten zu erklären; so wenig sie seine Schöpfung erklären kann. Sie nimmt ihn [Menschen] im Ersten Zustande der freien

---

Natur, Thiere, ein Pantheon von redenden Lauten, ein Dringniß menschlicher Bedürfniße geredet - wer hat das mehr als ich *angenommen*."

[361] Leuser,Theologie und Anthropologie, S. 142.

[362] SW 32, 99: „[...] die Thaten der Götter sind [...] mehr zu glauben, als zu erforschen [...]."

[363] SW II, 68.

[364] DA I, 168.

[365] SW V, 147.

Thätigkeit, im ersten vollen Gefühl seines gesunden Daseyns, und erklärt also diese Momente nur Menschlich.[366]

Diese Passage enthält zwei Aspekte. Indem Herder Gott die Herrschaft „über die ersten Momente der Sammlung" zuspricht, räumt er zwar ein, daß das oben in Frage gestellte Setzende der 'Besonnenheit' Gott ist. Das ergibt sich auch aus seinem Verständnis der menschlichen Seele als Gottes Werk. Diesem Wunder gilt jedoch Herders philosophisches Interesse nicht. Denn die Philosophie im Herderschen Sinn steht nur im Zusammenhang mit dem Menschlichen. Das erklärt, warum Herder das Setzende der Besonnenheit nicht erwähnt und vielmehr sein Augenmerk auf ihren „Ersten Zustande der freien Thätigkeit" richtet: *„Der Mensch in den Zustand von Besonnenheit gesetzt, der ihm eigen ist, und diese Besonnenheit (Reflexion) zum erstenmal frei würkend, hat Sprache erfunden."* Diese Hervorhebung des menschlichen Gesichtspunkts berührt sich mit der „Einziehung der Philosophie auf Anthropologie"[367].

Dieser menschenbezogene Standpunkt beeinflußt Herders Bibelinterpretation. In *Über die ersten Urkunden* betrachtet er die Bibel aus historisch-kritischer Perspektive und bestimmt sie als eine „Urkunde", was ihre Relativierung zur Folge hat.[368] Diese Hermeneutik der Bibel wird auch in der *Abhandlung* aufgenommen,[369] wo Herder unter der Bibel die

---

[366] SW V, 95.

[367] SW XXXII, 59. Das trifft auch auf das Ursprungsproblem überhaupt zu: „Ich darf also immer einen Menschlichen Ursprung voraus setzen: jeder andere ist über unsere Sphäre; er läßt uns den Knoten der Untersuchung nicht entwickeln, sondern nach dem Einfall des Alexanders im Gordischen Tempel, ihn abhauen. Ueber Göttliche Produktionen läßt sich gar nicht urtheilen, und alles Philosophiren darüber [...] wird mißlich und unnütz: wir müssen sie doch immer als Menschliche betrachten, insgeheim immer einen Menschlichen Urheber voraus setzen, der nur auf höherm Boden stehet, und mit höhern Kräften wirket." (SW II, 68) Daraus erklärt sich auch, daß Herder die Sprachbildung und -fortbildung nicht in Hinsicht auf die Offenbarung, sondern unter vier Gesetzen „seiner [des Menschen] Natur und seines Geschlechts" (SW V, 93) betrachtet.

[368] Vgl. DKV 5, 15f.: „[...] was ich ohne System und Grübelei herausgebracht, ist: daß jede [Nation] *sich Urkunden gebildet, nach der Religion ihres Landes, der Tradition ihrer Väter und den Begriffen der Nation*: daß diese Urkunden *in einer dichterischen Sprache, in dichterischen Einkleidungen und poetischen Rhythmus erschienen*: also 'Mythologische Nationalgesänge vom Ursprunge ihrer ältesten Merkwürdigkeiten'."

[369] Proß (Kommentar zur Abhandlung, S. 141ff.) bezieht Herders bibelkritische Perspektive auf Richard Simon.

„morgenländische Schrift" versteht. Der biblische Bericht über die Sprachverwirrung zu Babel gilt ihm als „Eine morgenländische Urkunde über die Trennung der Sprachen (die ich hier **nur** als ein Poetisches Fragment zur Archäologie der Völkergeschichte betrachte)"[370]. Herders Umgang mit der Bibel setzt sich deshalb gegen denjenigen Süßmilchs ab, der dem orthodoxen Verständnis der Genesis als „Erzehlung Mosis"[371] folgt. Süßmilch beruft sich, wenn auch nicht oft, auf die Bibel, um seine Sprachthese zu stützen. Dabei rückt Gott in den Mittelpunkt: „So wie Gott den Menschen dem Leibe nach gleich in einer männlichen Größe und Stärke erschaffen hat, so hat er ihm auch der Seele und derselben Bestimmung nach so gleich das Mittel gegeben, wodurch er vernünftig denken und klüglich handeln kann."[372] Herders Blick dagegen kreist um den Menschen. Das kann man auch aus Herders Einstellung zu Adams Namensgebung gerechtfertigt sehen:

> ich frage, ob je diese trockne Wahrheit [Erfindung einer „lebendigen Sprache" durch den menschlichen Verstand] auf Morgenländische Weise edler und schöner könne gesagt werden, als ´Gott führte die Thiere zu ihm, daß er sähe, wie er sie nennete! und wie er sie nennen würde, so sollten sie heißen!´ Wo kann es auf Morgenländische, Poetische Weise bestimmter gesagt werden: *der Mensch erfand sich selbst Sprache! - aus Tönen lebender Natur! - zu Merkmalen seines herrschenden Verstandes! - Und das ist, was ich beweise.*[373]

Daraus ergibt sich, daß weder Gott als Urgrund der menschlichen Sprachschaffung noch der Mensch als Geschöpf oder Ebenbild Gottes den Kernpunkt der *Abhandlung* ausmachen. Herder führt die religiöse Dimension in seine Sprachschrift ein, nicht um eine theologische Sprachauffassung zu behaupten, sondern um die Unangemessenheit der Süßmilchschen Argumentation darzulegen. Herders eigentliches Ziel ist es, aufgrund der „menschlichen Philosophie" die Menschlichkeit des

---

[370] SW V, 132. Vgl. auch SW V, 133: „Dies Morgenländische Zeugniß, (was ich noch überdem hier **nur** als Poem anführen wollte,) [...]." Hervorhebungen von mir.

[371] *Versuch*, S. 97

[372] *Versuch*, S. 110.

[373] SW V, 50f.

Sprachursprungs zu erhärten. Aus diesem Grunde kommt er selbstbewußt zu der Ansicht:

> Ich bilde mir ein, das *Können der Erfindung Menschlicher Sprache* sei mit dem, was ich gesagt, *von Innen aus der Menschlichen Seele*; *von außen aus der Organisation des Menschen, und aus der Analogie aller Sprachen und Völker*, theils *in den Bestandtheilen aller Rede*, theils *im ganzen großen Fortgange der Sprache mit der Vernunft* so bewiesen, daß wer dem Menschen nicht Vernunft abspricht, oder was eben so viel ist, wer nur weiß, was Vernunft ist: wer sich ferner je um die *Elemente der Sprache philosophisch* bekümmert; wer dazu die Beschaffenheit und Geschichte der Sprachen auf dem Erdboden mit dem Auge des Beobachters in Rücksicht genommen; der kann nicht Einen Augenblick zweifeln [...].[374]

---

[374] SW V, 89.

5. Schluß

Ich fasse die bisher abgehandelten Sprachursprungstheorien von Condillac, Süßmilch und Herder zusammen. Condillac stellt in seiner Auseinandersetzung mit Descartes und Locke das sensualistische Denksystem auf, dem zufolge die menschliche Erkenntnis auf die sinnliche Erfahrung mit der Außenwelt zurückgeht. Condillac überbrückt so den unermeßlichen Abgrund, der sich infolge von Descartes' dualistischem Philosophiesystem zwischen Mensch und Tier auftut. Statt dem Menschen eine Sonderstellung gegenüber den anderen Lebewesen einzuräumen, wird er in der Stufenleiter der Lebewesen gesehen. Indem Condillac den konstitutiven Beitrag des Zeichens zur weiteren Entwicklung des Denkens feststellt, bringt er Zeichentheorie und Erkenntnislehre in Zusammenhang. Um diese Sprache-Denken-Beziehung aufzuklären, beschäftigt er sich mit dem Sprachursprung, wobei er ein „Gedankenexperiment" mit zwei nach der Sintflut in der Wüste herumirrenden Kindern macht. Nach diesem Experiment entsteht Sprache als 'konventionelles Zeichen' aus dem Austausch der spontanen körperlichen Bewegungen (*langage d'action*) und reflexiven Schreie.

Süßmilch stützt seine Sprachursprungsthese auf die Physikotheologie als Versuch zur Vereinigung des Glaubens mt der naturwissenschaftlichen sowie philosophischen Erkenntnis. Nach der physikotheologischen Arbeitsmethode erforscht er die bestehenden Sprachen, in denen er dann den kunstfertigen (vollkommenen, regelmäßigen und schönen) Bau der Sprache bemerkt. Daraus ergibt sich seine These, daß die Sprache ein kraft eines großen Verstandes erfundenes Werk sei. Süßmilch zufolge hat der Mensch aber bei Geburt nur das bloße Vermögen zur Vernunft. Deshalb wird ihm die Fähigkeit zur Erfindung der Sprache mit zweckmäßiger Struktur abgesprochen. Um diese These zu rechtfertigen, zieht Süßmilch Wolff und Rousseau als Gewährsleute heran. Aufgrund von Wolffs Überlegungen zum Sprache-Vernunft-Verhältnis kommt er zur Überzeugung, daß die Sprache das unbedingt notwendige Mittel zum Gebrauch der (menschlichen) Vernunft sei. Mit Berufung auf Rousseaus Einwände gegen einen natürlichen Sprachursprung konstatiert er die

Unmöglichkeit der Spracherfindung durch den Menschen im 'Natur-zustand'. Aus diesen Argumenten leitet sich Süßmilchs These vom göttlichen Sprachursprung ab. Dem Menschen im Sinne Süßmilchs liegt das Ebenbild Gottes zugrunde, nach dem der Mensch zum Herrschen über Tier und Welt bestimmt wird. So entsteht im Gegensatz zu Condillac wieder eine unüberbrückbare Kluft zwischen Mensch und Tier.

Herders frühes Interesse am Menschen führt ihn zu einer Auffassung von Predigt und Bibelhermeneutik, die von der zu seiner Zeit üblichen abweicht. Mit der anthropologischen Wende versucht er, Pädagogik und Philosophie eine ´menschenfreundliche´ Orientierung zu geben. Diese menschenorientierte Denkweise konkretisiert sich auch in seiner Sprach-theorie. Anhand des Sphärenbegriffs konfrontiert Herder den Menschen mit den für ihn charakteristischen 'Seelenkräften' mit dem unter der Herrschaft des Instinkts stehenden Tier. Dadurch weist er die Differenz zwischen den beiden Lebewesen nicht quantitativ, sondern qualitativ nach. Infolge der Wirkung des ausschließlich dem Menschen eigenen Vermögens, der 'Besonnenheit', wird nach Herder die Sprache erfunden. Den Spracherfindungsprozeß legt er am Beispiel des Schafes dar. Dem-zufolge sind für die Sprache als ein aus den rezipierten Sinneseindrücken herausgenommenes, eindrucksvollstes Merkmal (Blöken) Innerlichkeit und Intraindividualität kennzeichnend. Daraus erschließt Herder die Sprache als das „Wort der Seele". Diese 'innere Sprache' ist begrifflicher Art. Und jeder Denkvorgang erfolgt nach ihm kraft dieser 'inneren Sprache'. Diese Einheit von Sprache und Denken drückt er in der Formel „Ratio et Oratio" aus. Sprechen als die 'äußere Sprache' ist zwar eine externalisierte Form der 'inneren Sprache', aber Herder verknüpft Sprechen und Denken ursprünglich und wesentlich miteinander. Er kommt dadurch zur Synthese der beiden Sprachen. An die psychologischen Überlegungen zur Sprache schließen sich die sinnesphysiologischen an. Hier hält Herder die Töne für die Grundelemente der Sprachentstehung. Dementsprechend tritt das die Töne rezipierende und vermittelnde Gehör als Sprachsinn auf. Bei den nicht tönenden Gegenständen führt Herder den Begriff *sensorium commune* ein, der die fünf Sinne miteinander verbindet und ihnen eine Einheit verschafft, und erklärt durch das Zusammenwirken von Gehör und *sensorium commune* die Sprachentstehung. So ergibt sich die Sprache aus dem Zusammenhang von Psychologie und Sinnesphysiologie, die von der Anthropologie umfaßt werden.

Herder, Condillac und Süßmilch gehen in „philosophischer" Perspektive an das Sprachursprungsproblem heran. Um ihren Thesen mehr Objektivität zu verleihen, bemühen sie sich alle im Prinzip, obwohl sie auch Geistliche sind, um die Ausklammerung des biblischen Standpunktes. Aber sie vertreten jeweils verschiedene Sprachursprungsthesen. Aufgrund der sensualistischen Position kommt Condillac zum natürlichen Sprachursprung. Die Physikotheologie als Basis des *Versuch* veranlaßt Süßmilch, Gott als Urheber der Sprache in Anspruch zu nehmen. Die *Abhandlung* durchzieht das anthropologische Denken, von dem Herders menschlicher Sprachursprung bestimmt wird.

Was das Herder-Condillac-Verhältnis betrifft, finden sich einige Gemeinsamkeiten zwischen ihnen. Nicht zuletzt in den Frühschriften (*Fragmente* und *Viertes Kritisches Wäldchen*) schließt sich Herder den Ausführungen Condillacs zur 'Gebärdensprache' und dem Empfindungslaut als vorsprachlichen Ausdrucksweisen an, was an der in der *Abhandlung* erläuterten Natursprachtheorie festzustellen ist. Wie Condillac zieht Herder in geschichtlicher Sicht Mensch und Sprache in Betracht. Im Menschen- und Tierbild erscheinen die Affinitäten zwischen den beiden. Doch neigt Condillac im Vergleich mit Herder dazu, die Differenz zwischen Mensch und Tier verschwimmen zu lassen. Hinsichtlich der Sprache-Vernunft-Beziehung geht es zwar den beiden Sprachphilosophen um die Wechselwirkung zwischen ihnen. Aber bei Condillac ist ihre wechselseitige Beziehung nicht aus dem Sprachursprung ersichtlich, sondern aus der Sprachentwicklung. Condillac hat andere Vorstellungen von Sprache und Vernunft als Herder. Bei Condillac ist die Sprache, ursprünglich gesehen, angeboren, weil die naturgegebenen Körperorgane die vorsprachlichen Bezeichnungsweisen ausmachen, und die Vernunft ist erworben. Im Gegensatz dazu ist bei Herder die Vernunft inhärent. Die Sprache hat einen mentalen Charakter. In der *Abhandlung* entsteht die Sprache aus der inneren Disposition des Menschen ('Besonnenheit'), wohingegen im *Essai* die nach außen gerichtete Emotionalität und

Gesellschaftlichkeit im Mittelpunkt stehen. Sinnesphysiologisch gesehen tritt bei Herder das Gehör als Sprachsinn auf, und seine Sprachthese ist phonozentrisch. Im *Essai* findet das Gehör keine Beachtung. Die 'Gebärdensprache' wird währenddessen hervorgehoben, so daß seine Sprachthese photozentrisch zu sein scheint.

Auch zwischen Herder und Süßmilch gibt es einige Ähnlichkeiten. Die beiden sind sich über den willkürlichen Charakter der Sprache und die Angeborenheit der Vernunft einig. Aber die Sprache ist bei Süßmilch sinnlicher Art, während Herder auch von der Begrifflichkeit der Sprache spricht. Wenn die Vernunft bei Herder vom ersten Augenblick des Lebens als „wirkliche Kraft" wirkt, existiert sie bei Süßmilch nur als Anlage. Zwischen Sprache und Vernunft herrscht im *Versuch* eine hierarchische Einflußbeziehung. In der *Abhandlung* hingegen tritt ihre Identität und Wechselseitigkeit hervor. Was Herders Sprachtheorie von der Süßmilchs abhebt, ergibt sich aus der Geschichtlichkeit von Sprache und Mensch. Herder kritisiert aus dieser Perspektive Süßmilchs ahistorische Sprachauffassung und sein fehlerhaftes Ursprungsdenken sowie die Physikotheologie als deren gedankliches Fundament.

Es zeigen sich zwischen Herder zum einen und Condillac sowie Süßmilch zum anderen Ähnlichkeiten und Gemeinsamkeiten. Für Herder aber ist kennzeichnend die in anthropologischer Perspektive vollzogene, psychologische und sinnesphysiologische Sprachphilosophie: 1) Dialektik der Sprache, die an der Einteilung der Sprache in eine 'innere' und eine 'äußere' sowie an der Synthese der beiden zu erkennen ist, 2) monistische Sicht von Sprache und Vernunft und 3) Phonozentrismus im Zusammenhang mit dem Gefühl. Diese Charakteristika verschaffen Herders Sprachtheorie ihren besonderen Stellenwert in der Sprachdiskussion des 18. Jahrhunderts.

6. Literaturverzeichnis

I. Quellen (Herder, Condillac und Süßmilch)

HERDER, Johann Gottfried: Werke. Hrsg. von Bernhard Suphan. 33 Bde. Berlin 1877-1913. (SW)
- Abhandlung über den Ursprung der Sprache (Bd. V, *Abhandlung*)
- Über den Fleiß in mehreren gelehrten Sprachen (Bd. 1)
- Über die neuere deutsche Literatur (Bd. I u. II, *Fragmente*)
- Geschichte des Liedes (Bd. II)
- Viertes Kritisches Wäldchen (Bd. IV)
- Plastik (Bd. VIII)
- Briefe, das Studium der Theologie betreffend (Bd. X)
- Ideen zur Philosophie der Geschichte der Menschheit (Bd. IV)
- Eine Metakritik zur Kritik der reinen Vernunft (Bd. XXI)
- Ineuntem hominis aetatem maximis commodis ac periculis obnoxiam. Examinis vernalis oratio. 1764 (Bd. XXX)
- Von der Grazie in der Schule (Bd. XXX)
- Über die Göttlichkeit und Gebrauch der Bibel (Bd. XXXI)
- Abschiedspredigt von Riga (Bd. XXXI)
- Der Redner Gottes (Bd. XXXII)
- Von der Ode (Bd. XXXII)
- Versuch einer Geschichte der lyrischen Dichtkunst (Bd. XXXII)
- Wie die Philosophie zum Besten des Volks allgemeiner undnützlicher werden kann (Bd. XXXII)
- Von Baumgartens Denkart in seinen Schriften (Bd. XXXII)

- Werke. Hrsg. von Günter Arnold, Martin Bollacher, Jürgen Brummack, Christoph Bultmann, Ulrich Gaier, Hans Dietrich Irmscher, Regine Otto u. a. 11 Bde. Frankfurt/M 1985-2000.
  - Über die ersten Urkunden des menschlichen Geschlechts. Einige Anmerkungen (Bd. 5, *Über die ersten Urkunden*)
  - Von der Grazie in der Schule (Bd. 9/2)

- Journal meiner Reise im Jahre 1769. Historisch-Kritische Ausgabe. Hrsg. von Katharina Mommsen unter Mitarbeit von Momme Mommsen und Georg Wackerl. Stuttgart 1976. (*Reisejournal*)

- Briefe. Gesamtausgabe 1763-1803. Bearbeitet von Wilhelm Dobbek u. Günter Arnold. Weimar 1977ff. (DA)

CONDILLAC, Etienne Bonnot de: Œuvres philosophiques de Condillac. Texte établi et présenté par Georges Le Roy. 3. Vols. Paris 1947-1951.
- Essai sur l'origine des connoissances humaines (Vol. 1, *Essai*)
- Traité des systêmes (Vol. 1)
- Traité des sensations (Vol. 1)
- Extrait raisonné du Traité des sensations (Vol. 1)
- Traité des animaux (Vol. 1)
- Grammaire (Vol. 1)
- Correspondence (Vol. 2)
- Dictionnaire des synonymes (Vol. 3)

- Lettres inédites à Gabriel Cramer. Texte établi, présenté et annoté par Georges Le Roy. Paris 1953.

SÜßMILCH, Johann Peter: Versuch eines Beweises, daß die erste Sprache ihren Ursprung nicht vom Menschen, sondern allein vom Schöpfer erhalten habe. Berlin 1766. (*Versuch*)

- Die Göttliche Ordnung in den Veränderungen des menschlichen Geschlechts, aus der Geburt, Tod, und Fortpflanzung desselben erwiesen. 3. Aufl. 2 Bde. Berlin 1765. (*Göttliche Ordnung*)

II. Weitere Quellen

ABBT, Thomas: Allerhand Muthmassungen über den ältesten Zustand der Menschen. In: Vermischte Werke. Hrsg. von Friedrich Nicolai. Bd. VI. Berlin u. Stettin 1781. (*Allerhand Muthmassungen*)

BAUMGARTEN, Alexander Gottlieb: Hans Rudolf Schweizer: Ästhetik als Philosophie der sinnlichen Erkenntnis. Eine Interpretation der AESTHETICA A. G. Baumgartens mit teilweiser Wiedergabe des lateinischen Textes und deutscher Übersetzung. Basel u. Stuttgart 1973.

DESCARTES: Discours de la méthode. In: Œuvres de Descartes publiées par Charles Adam & Paul Tannery. Vl. Paris 1902.
Ders.: Les principes de la philosophie. In: Descartes Œuvres et Lettres. Textes présentés par André Bridoux. Paris 1952.

Die Heilige Schrift. Einheitsübersetzung. 7. Aufl. Stuttgart 1994.

KANT, Immanuel: Der einzig mögliche Beweisgrund zu einer Demonstration des Daseins Gottes. In: Werke. Hrsg. v. Wilhelm Weischedel. Bd. 1. 5., erneut überprüfter reprographischer Nachdruck 1983 der Ausgabe Darmstadt 1960. (*Demonstration des Daseins Gottes*)

LEIBNIZ, Gottfried Wilhelm: Hauptschriften zur Grundlegung der Philosophie. Übersetzt von A. Buchenau. Durchgesehen und mit Einleitungen und Erläuterungen herausgegeben von Ernst Cassirer. Bd. I. Hamburg 1966.

LOCKE, John: An essay concerning human understanding. Hrsg. von Roger Woolhouse. London 1997. (*Essay*)

MARX, Karl: Die heilige Familie. In: Frühe Schriften. Hrsg. von Hans-Joachim Lieber und Peter Furth. Bd. 1. Darmstadt 1962.

MAUPERTUIS, Pierre Louis Moreau de: Réflexions philosophiques sur l'origine des langues et les significations des mots. In: P. L. M. de Maupertuis: Œuvres I. Nachdruck der Ausgabe von Lyon 1768 u. Berlin 1758. Hildesheim u. New York 1974. (*Réflexions*)
Ders.: Dissertation sur les différents moyens dont les hommes se sont servis pour exprimer leurs idées. In: P. L. M. de Maupertuis: Œuvres I. Nachdruck der Ausgabe von Lyon 1768. Hildesheim 1965. (*Dissertation*)

MENDELSSOHN, Moses: Rezensionsartikel in: Briefe, die neueste Literatur betreffend (1759-1765). Bearbeitet von Eva J. Engel. In: Gesammelte Schriften. Jubiläumsausgabe. In Gemeinschaft mit F. Bamberger... begonnen von I. Elbogen...fortges. von. A. Altmann in Gemeinschaft mit H. Bar-Dayan. Bd. 5,1. Stuttgart-Bad Cannstatt 1991.

Ders.: Schriften zur Philosophie und Ästhetik. Bearbeitet von Fritz Bamberger u. Leo Strauss. In: Gesammelte Schriften. Jubiläumsausgabe. In Gemeinschaft mit F. Bamberger... begonnen von I. Elbogen...fortges. von. A. Altmann in Gemeinschaft mit H. Bar-Dayan. Bd. 2. Stuttgart-Bad Cannstatt 1972.

MICHAELIS, Johann David: De l'influence des opinions sur le langage et du langage sur les les opinions. Nouvelle impression en facsimilé de l'édition de 1762. Stuttgart-Bad Cannstatt 1974.

ROUSSEAU, Jean Jacques: Discours sur l'origine et les fondements de l'inégalité parmi les hommes. In: Œuvres Complètes de J. J. Rousseau. III. Texte établi et annoté par Jean Starobinski. Paris 1964. (*Inégalité*)

SAUSSURE, Ferdinand de: Cours de linguistique générale. Hrsg. von Charles Bally und Albert Sechehaye. Paris u. Lausanne 1916.

WOLFF, Christian: Gesammelte Werke. 1. Abteilung. Deutsche Schriften. Bd. 1. Vernünftige Gedanken (1) (Deutsche Logik). Hrsg. und bearbeitet von Hans Werner Arndt. Hildesheim 1965.

Ders.: Gesammelte Werke. 1. Abteilung. Deutsche Schriften. Bd. 2. Vernünftige Gedanken (2) (Deutsche Metaphysik). Hrsg. von Charles A. Corr. Hildesheim u. a. 1983.

III. Kritische Literatur

AARSLEFF, Hans: The Study of Language in England, 1780-1860. Princeton 1967.

Ders.: The tradition of Condillac. The problem of the origin of language in the 18th century and the debate in the Berlin academy before Herder. In: Dell Hymes (Ed.): Studies in the history of linguistics. Traditions and paradigms. Bloomington 1974, S. 93-156.

Ders.: From Locke to Saussure. Essays on the Study of Language and intellectual history. London 1982.

Ders.: Herder's Cartesian *Ursprung* vs. Condillac's expressivist *Essai*. In: Daniele Gambarara u. a. (Ed.): Language philosophies and the language sciences: historical perspektive in honour of Lia Formigari. Münster 1996, S. 165-179.

ADLER, Hans: Fundus Animae - der Grund der Seele. Zur Gnoseologie des Dunklen in der Aufklärung. In: Deutsche Vierteljahrsschrift für Literaturwissenschaft und Geistesgeschichte 62 (1988), S. 197-220.

Ders.: Die Prägnanz des Dunklen. Gnoseologie, Ästhetik, Geschichtsphilosophie bei Johann Gottfried Herder. Hamburg 1990.

AITCHISON, Jean: The seeds of speech. Language origin and evolution. Cambridge 1996.

ALBRECHT, Erhard: Sprachphilosophie. Berlin 1991.

ARNDT, Hans Werner: J. Locke. Die Funktion der Sprache. In: Josef Speck (Hrsg.): Grundprobleme der großen Philosophen. Philosophie der Neuzeit I. Göttingen 1979, S. 176-210.

ASKEDAL, John Ole: Die Sprachzeichenkonzeption Johann Gottfried Herders in der „Abhandlung über den Ursprung der Sprache". In: Claus Altmayer und Armands Gutmanis (Hrsg.): Johann Gottfried Herder und die deutschsprachige Literatur seiner Zeit in der baltischen Region. Beiträge der 1. Rigaer Fachtagung zur deutschsprachigen Literatur im Baltikum, 14.-17. September 1994. Riga 1997, S. 112-133.

BAGUENAULT DE PUCHESSE, Gustave: Condillac. Sa vie, sa philosophie, son influence. Paris 1910.

BAHNER, Werner: Zum ideologiegeschichtlichen Kontext von Herders „Über den Ursprung der Sprache". In: Johann Gottfried Herder. Zum 175. Todestag am 18. Dezember 1978, S. 93-107. (Sitzungsberichte der Akademie der Wissenschaften der DDR)

BERGER, Fritz: Menschenbild und Menschenbildung. Die philosophisch-pädagogische Anthropologie J. G. Herders. Stuttgart 1933.

BIRG, Herwig: Demographie und Ethik - das Werk von Johann Peter Süssmilch mit einem Blick auf David Hume und Thomas R. Malthus. In: Ders. (Hrsg.): Ursprünge der Demographie in Deutschland. Leben und Werk Johann Peter Süßmilchs (1707-1767). Frankfurt/M. u. New York 1986, S. 9-27.

BOHM, Arnd: Herder and the Politics of Adamic Language. In: Karl Menges u. a. (Hrsg.): Herder-Jahrbuch 2000. Stuttgart u. Weimar. S. 21-31.

CASSIRER, Ernst: Philosophie der symbolischen Formen. Erster Teil: Die Sprache. 2. Aufl. Darmstadt 1954.
Ders.: Die Philosophie der Aufklärung. 3. Aufl. Tübingen 1973.

CORKHILL, Alan: Herder and the Misuse of Language. In: Herder-Jahrbuch 1996. Stuttgart u. Weimar. S. 81-92.

DEACON, Terrence William: The symbolic Species: the co-evolution of language and the brain. New York u. London 1997.

DREITZEL, Horst: J. P. Süßmilchs Beitrag zur politischen Diskussion der deutschen Aufklärung. In: H. Birg (Hrsg.): Ursprünge der Demographie in Deutschland. Leben und Werk Johann Peter Süßmilchs (1707-1767). Frankfurt/M u. New York 1986, S. 29-141.

FEDERLIN, Wilhelm Ludwig: Vom Nutzen des Geistlichen Amtes. Ein Beitrag zur Interpretation und Rezeption Johann Gottfried Herders. Göttingen 1982.

FORMIGARI, Lia: Language and society in the late Eighteenth centruy. In: Journal of the history of ideas 35 (1974) Nr. 2, S. 275-292.

FÖRSTER, Johann Christian: Nachricht von dem Leben und Verdiensten des Herrn Oberconsistorialraths Johann Peter Süßmilch. Berlin 1768.

FRANZEN, Winfried: Einleitung zu: Pierre Louis Moreau de Maupertuis: Sprachphilosophische Schriften. Mit zusätzl. Texten von A. R. J. Turgot u. E. B. Condillac übers. u. hrsg. von W. F. Hamburg 1988, S. VII-LV.

Ders.: Etienne Bonnot de Condillac. In: Tilman Borsche (Hrsg.): Klassik der Sprachphilosophie. Von Platon bis Noam Chomsky. München 1996, S. 179-195 u. 478-481.

Ders.: Der Abbé und die Zeichen. Über Condillacs Sprachphilosophie und ihr Verhältnis zu heutigen Theorien. In: Georg Meggle (Ed.): Analyomen 2. Proceedings of the 2nd Conference „Perspectives in Analytical Philosophy". Vol. II: Philosophy of Language. Metaphysics. Berlin u. New York 1997, S. 86-93.

GAIER, Ulrich: Herders Sprachphilosophie und Erkenntnis. Stuttgart-Bad Cannstatt 1988.

Ders.: Herders Abhandlung über den Ursprung der Sprache als „Schrift eines Witztölpels". In: Gottfried Gabriel u. Christiane Schildknecht (Hrsg.): Literarische Formen der Philosophie. Stuttgart 1990, S. 155-165.

GEROLD, Karl-Gustav: Herder und Diderot. Ihr Einblick in die Kunst. Frankfurt/M 1941.

GESCHE, Astrid: Johann Gottfried Herder. Sprache und die Natur des Menschen. Würzburg 1993.

GESSINGER, Joachim/RAHDEN, Wolfert v.: Theorien vom Ursprung der Sprache. In: Dieselben (Hrsg.): Theorien vom Ursprung der Sprache. Bd. 1. Berlin u. New York 1989, S. 1-41.

GESSINGER, Joachim: Auge und Ohr. Studien zur Erforschung der Sprache am Menschen 1700-1850. Berlin u. New York 1994.

GRAWE, Christian: Herders Kulturanthropologie. Die Philosophie der Geschichte der Menschheit im Lichte der modernen Kulturanthropologie. Bonn 1967.

GROB, Karl: Ursprung und Utopie. Aporien des Textes. Versuche zu Herder und Novalis. Bonn 1976.

GROßE, Rudolf: Zur Verwendung des Wortes „Volk" bei Herder. In: Herder-Kolloquium 1978. Weimar 1980, S. 304-314.

HARNACK, Adolf: Geschichte der Königlich Preussischen Akademie der Wissenschaften zu Berlin. 2 Bde. Berlin 1900.

HARRIS, Roy/TALBOT, J. Taylor: Condillac on the origin of language and thought. In: Dieselben (Ed.): Landmarks in linguistic thought: the Western tradition from Socrates to Saussure. London u. New York 1989, S. 120-135.

HARTUNG, Wolfdietrich: Zum Problem des Sprachursprungs in der Geschichte der Akademie. In: Erbe, Vermächtnis und Verpflichtung. Zur sprachwissenschaftlichen Forschung in der Geschichte der AdW der DDR. Eingeleit. u. hrsg. von J. Schildt. Berlin 1977, S. 83-100.

HAßLER, Gerda: Sprachtheorien der Aufklärung zur Rolle der Sprache im Erkenntnisprozeß. Berlin 1984.
Dieselbe: Sprachphilosophie der Aufklärung. In: M. Dascal u. a. (Hrsg.): Sprachphilosophie. Berlin u. New York 1992, S. 116-144. (Handbücher zur Sprach- und Kommunikationswissenschaft; Bd. 7.1)

HAYM, Rudolf: Herder. Nach seinem Leben und seinen Werken. 1. Bd. Berlin 1958.

HEIDEGGER, Martin: Vom Wesen der Sprache. Die Metaphysik der Sprache und die Wesung des Wortes: zu Herders Abhandlung „Über den Ursprung der Sprache". Oberseminar Sommersemester 1939. Aufzeichnungen und Protokolle. Hrsg. von Ingrid Schüßler. Frankfurt/M 1999.

HEINTEL, Erich: Herder und Sprache, als Einleitung zu: Johann Gottfried Herder: Sprachphilosophische Schriften. Unveränderter Nachdruck der zweiten, erweiterten Auflage. Hamburg 1975, S. XV-LXVII.

HEINZ, Marion: Sensualistischer Idealismus. Untersuchungen zur Erkenntnistheorie und Metaphysik des jungen Herder (1763-1778). Hamburg 1994.

HEIZMANN, Bertold: Ursprünglichkeit und Reflexion. Die poetische Ästhetik des jungen Herder im Zusammenhang der Geschichtsphilosophie und Anthropologie des 18. Jahrhunderts. Frankfurt/M u. Bern 1981.

HELFER, Martha B.: Herder, Fichte, and Humboldt's „Thinking and Speaking". In: Kurt Mueller-Vollmer (Ed.): Herder Today. Contributions from the International Herder Conference, Nov. 5-8, 1987, Stanford, California. Berlin u. New York 1990, S. 367-381.

HEWES, Gordon W.: Disputes on the origin of language. In: Marcel Pascal u. a. (Hrsg.): Sprachphilosophie. Berlin u. New York 1996, S. 929-943. (Handbücher zur Sprach- und Kommunikationswissenschaft. Bd. 7.2)

HINE, Ellen McNiven: Condillac and the problem of language. In: Studies on Voltaire 106 (1973), S. 33-62.

HINRICHS, Carl: Preußentum und Pietismus. Der Pietismus in Brandenburg-Preußen als religiös-soziale Reformbewegung. Göttingen 1971.

HOINKES, Ulrich: Philosophie und Grammatik in der französischen Aufklärung. Untersuchungen zur Geschichte der Sprachtheorie und französischen Grammatikographie im 18. Jahrhundert in Frankreich. Münster 1991.

IMMERWAHR, Raymond: Diderot, Herder and the dichotomy of touch and sight. In: Seminar 14 (1978), S. 84-96.

IRMSCHER; Hans Dietrich (Hrsg.): Nachwort zu: Johann Gottfried Herder: Abhandlung über den Ursprung der Sprache. Stuttgart 1966, S. 137-175.

KÄUSER, Andreas: Schrift - Körperausdruck - Ton. Herders Physiognomik der Sprache. 31 S. Vorgetragen in der Internationalen Herder-Tagung vom 16. bis zum 20. September 1998 in Madison (USA), aber nicht veröffentlicht.

KIEFFER, Bruce: Herder's treatment of Süßmilch's theory of the origin of language in the *Abhandlung über den Ursprung der Sprache*: a reevaluation. In: The Germanic Review 53 (1978) Nr. 3, S. 96-105.

KNIGHT, Isabel F.: The Geometric Spirit. The Abbé de Condillac and the French Enlightenment. New Haven u. London 1968.

KREIMENDAHL, Lothar: Einleitung zu: E. B. de Condillac: Abhandlung über die Empfindung. Auf d. Grundlage d. Übers. von Eduard Johnson neu bearb., mit Einl., Anm. sowie Literaturhinweisen versehen u. hrsg. von L. K. Hamburg 1983, S. XIX-XXXIX.

KRÜGER, Manfred: Der menschlich-göttliche Ursprung der Sprache. Bemerkungen zu Herders Sprachtheorie. In: Wirkendes Wort 17 (1967), S. 1-11.

KUEHNER, Paul: Theories on the origin of formation of language in the eighteenth century in France. Philadelphia 1944.

LE ROY, Georges: La psychologie de Condillac. Paris 1937.

LEFÈVRE, Roger: Condillac ou la joie de vivre. Présentation, choix de textes, bibliographie. Vienne 1966.

LEUSER, Claudia: Theologie und Anthropologie. Die Erziehung des Menschengeschlechts bei Johann Gottfried Herder. Frankfurt/M 1996.

LINDE, Hans: Zum Welt- und Gesellschaftsbild J. P. Süßmilchs. In: Herwig Birg (Hrsg.): Ursprünge der Demographie in Deutschland.

Leben und Werk Johann Peter Süßmilchs (1707-1767). Frankfurt/M u. New York 1986, S. 233-249.

LÜTTIGENS, Donald: Der Ursprung bei Johann Gottfried Herder. Zur Bedeutung und Kontinuität eines Begriffs. Frankfurt/M. u.a. 1991.

MÉRIAN, Jean-Bernard: Résumé académique sur l'origine du langage. In: Herder: Traité sur l'origine de la langue. Introduction, traduction et notes de Pierre Pénisson. Paris 1977, S. 180-224.

MEGILL, Allan Dickson: The Enlightenment Debate on the origin of Language and its Historical Background. Columbia, Univ., Diss. 1975.

MENGES, Karl : „ [...] daß der Gedanke am Ausdruck klebe". Vom Sprechen und Schreiben bei Herder. In: Martin Bollacher (Hrsg.): Johann Gottfried Herder. Geschichte und Kultur. Würzburg 1994, S. 153-166.

MEYER, Paul: Etienne Bonnot de Condillac. Ein Wegbereiter der ökonomischen Theorie und des liberalen Gedankens. Zürich 1944.

MODIGLIANI, Denise: La céleste étincelle de prométhée. In: Johann Gottfried Herder: Traité de l'origine du langage. Traduit par D. M. Paris 1992, S. 157-309.

NAMOWICZ, Tadeusz: Der Aufklärer Herder, seine Predigten und Schulreden. In: Gerhard Sauder (Hrsg.): Johann Gottfried Herder 1744-1803. Hamburg 1987, S. 23-34.

NEIS, Cordula: Zur Sprachursprungsdebatte der Berliner Akademie (1771). Topoi und charakteristische Argumentationsstrukturen in ausgewählten Manuskripten. In: G. Haßler u. P. Schmitter (Hrsg.): Sprachdiskussion und Beschreibung von Sprachen im 17. u. 18. Jahrhundert. Münster 1999, S. 132-142.

NEUGEBAUER, Wolfgang: Johann Peter Süßmilch. Geistliches Amt und Wissenschaft im friderizianischen Berlin. In: Hans J. Reichhardt

(Hrsg.): Berlin in Geschichte und Gegenwart. Jahrbuch des Landes-archivs Berlin 1985, S. 33-68.

PAGANINI, Gianni: Signes, imagination et mémoire. De la pyschologie de Wolff à l'*Essai* de Condillac. In: Revue des Sciences philosophiques et théologiques 72 (1988), S. 287-300.

PARRET, Herman: Idéologie et Sémiologie chez Locke et Condillac. La Question de l'autonomie du langage devant la pensée. In: Werner Abraham (Ed.): Ut Videam. Contributions to an understanding of linguistics. Lisse/Niederlande 1975, S. 225-248.

PHILIPP, Wolfgang: Das Werden der Aufklärung in theologiegeschicht-licher Sicht. Göttingen 1957.

POMEZNY, Franz: Grazie und Grazien in der deutschen Literatur des 18. Jahrhunderts. Hamburg u. Leipzig 1900.

PROß, Wolfgang: Kommentar u. Materialien zur *Abhandlung*. In: Johann Gottfried Herder: Abhandlung über den Ursprung der Sprache. Text, Materialien, Kommentar. München 1978, S. 111-223.
Ders.: Anmerkungen zur *Abhandlung*. In: Johann Gottfried Herder: Werke. Bd. II. Herder und die Anthropologie der Aufklärung. Hrsg. von W. P. München u. Wien 1987, S. 919-979.

RICKEN, Ulrich: Condillacs „Essai über den Ursprung der menschlichen Erkenntnisse" im Rahmen der philosophischen und sprachtheoretischen Diskussion der Aufklärung, als Einführung zu: Condillac: *Essai über den Ursprung der menschlichen Erkenntnisse*. Übersetzt u. hrsg. von U. R. Leipzig 1977, S. 7-53.
Ders.: Sprache, Anthropologie, Philosophie in der französischen Aufklä-rung. Berlin 1984.
Ders.: Sprachtheorie und Weltanschauung in der europäischen Aufklärung: zur Geschichte der Sprachtheorien des 18. Jahrhunderts. und ihrer europäischen Rezeption nach der Französischen Revolution. In Zusammenarbeit mit Patrice Bergheaud u. a. Berlin 1990.

RITTER, Joachim/GRÜNDER, Karlfried (Hrsg.): Historisches Wörterbuch der Philosophie. Bd. 9. Bern 1995.

RUHLEN, Merritt: A guide to the world's languages. London u.a. 1987.

RUPRECHT, Erich: Vernunft und Sprache. Zum Grundproblem der Sprachphilosopie Johann Gottfried Herders. In: Johann Gottfried Maltusch (Hrsg.): Bückeburger Gespräche 1975. Rinteln 1976, S. 58-84.

SALMONY, Hansjörg A.: Die Philosophie des jungen Herder. Zürich 1949.

SALTYKOW, Wera: Die Philosophie Condillacs. Bern 1901.

SAUDER, Gerhard: Herders Ursprungsdenken. In: Martina Gilli (Hrsg.): Le Sturm und Drang: une rupture? Paris 1996, S. 65-80.

SCAGLIONE, Aldo: Direct vs. Inverted Order. Wolff and Condillac on the necessity of the sign and the interrelationship of language and thinking. In: Romance Philology 33 (1980), S. 496-501.

SCHAFF, Adam: Sprache und Erkenntnis und Essays über die Philosophie der Sprache. Hamburg 1974.

SCHMIDT, Siegfried J.: Sprache und Denken als sprachphilosophisches Problem von Locke bis Wittgenstein. Den Haag 1968.

SCHNEBLI-SCHWEGLER, Brigitte: Johann Gottfried Herders Abhandlung über den Ursprung der Sprache und die Goethe-Zeit. Winterthur 1965.

SCHOTTLAENDER, Rudolf: Die verkannte Lehre Condillacs vom Sprachursprung. In: Beiträge zur romanischen Philologie 8 (1969), S. 158-165.

SCHREYER, Rüdiger: Condillac, Mandeville, and the origin of language. In: Historiagraphia Linguistica 1-2 (1978), S. 15-43.

SCHÜTZE, Jochen: Die Objektivität der Sprache: einige systematische Perspektiven auf das Werk des jungen Herder. Köln 1983.

SIMON, Ralf: Das Gedächtnis der Interpretation. Gedächtnistheorie als Fundament für Hermeneutik, Ästhetik und Interpretation bei Johann Gottfried Herder. Hamburg 1998.
Ders.: Die Nachträglichkeit des Ursprungs. Medientheoretische Überlegungen zu Herders Ursprungsdenken. 19 S. Vorgetragen in der Internationalen Herder-Tagung vom 16. bis zum 20. September 1998 in Madison (USA), aber nicht veröffentlicht.

SKIBITZKI, Bernd: Herder - ein aufklärerischer Sprachphilosoph. In: Jan Watrak und Rolf Bräuer (Hrsg.): Herders Idee der Humanität. Grundkategorie Menschlichen Denkens, Dichtens und Seins. Materialien des internationalen Symposiums zum Thema Joahnn Gottfried Herder - Leben und Wirkung in Kolobrzeg/Szczecin (Kolberg/Stettin) 1994. Szczecin 1995, S. 247-259.

STAM, James Henry: The Questions of the origin of language in German thought 1756-1785. Brandeis, Univ., Diss., Microfilm. 1964.
Ders.: Inquiries into the origin of language. The fate of a question. New York 1976.

STEINMETZ, Jutta: Im Schatten Herders. Johann Peter Süßmilchs Sprachursprungstheorie. In: G. Haßler u. P. Schmitter (Hrsg.): Sprachdiskussion und Beschreibung von Sprachen im 17. und 18. Jahrhundert. Münster 1999, S. 117-125.

STÜCKRATH, Jörn: Der junge Herder als Sprach- und Literaturtheoretiker - ein Erbe des französischen Aufklärers Condillac? In: Walter Hinck (Hrsg.): Sturm und Drang: ein literaturwissenschaftliches Studienbuch. Kronberg/Ts. 1978, S. 81-96.

TRABANT, Jürgen: Herder´s Discovery of the Ear. In: Kurt Mueller-Vollmer (Ed.): Herder Today. Contributions from the International Herder Conference, Nov. 5-8, 1987, Stanford, California. Berlin u. New York 1990, S. 345-366.
Ders.: Traditionen Humboldts. Frankfurt/M 1990.

Ders.: Condillacs Erkenntnis- und Sprachtheorie als philosophische Grundlage der Französischen Revolution. In: Winfried Engler (Hrsg.): Die Französische Revolution. Stuttgart 1992, S. 49-59.

Ders.: Ethische Momente in Sprachursprungstheorien. In: Josef Simon (Hrsg.): Orientierung in Zeichen. Zeichen und Interpretation III. Frankfurt/M 1997, S 225-244.

Ders.: Artikulation. Historische Anthropologie der Sprache. Frankfurt/M 1998.

Ders.: Inner Bleating. Cognition and Communication in the Language Origin Diskussion. In: Karl Menges u. a. (Hrsg.): Herder-Jahrbuch 2000. Stuttgart u. Weimar. S. 1-19.

UNGEHEUER, Gerold: Sprache und symbolische Erkenntnis bei Wolff. In: Werner Schneiders (Hrsg.): Christian Wolff 1679-1754. Interpretationen zu seiner Philosophie und deren Wirkung. Mit einer Bibliographie der Wolff-Literatur. Hamburg 1986, S. 89-112.

WEISBERT, Rainer: Das Bildungsdenken des jungen Herder. Interpretation der Schrift „Journal meiner Reise im Jahr 1769". Frankfurt/M u. a. 1987.

WELLS, George A.: Condillac, Rousseau and Herder on the origin of language. In: Studies on Voltaire and the eighteenth century 230 (1985), S. 233-246.

WILKE, Jürgen: Johann Peter Süßmilch, ein universeller Gelehrter Berlins des 18. Jahrhunderts. In: Berliner Geschichte. Dokumente, Beiträge, Informationen. Heft 10. Berlin 1989, S. 58-71.

ZEUCH, Ulrike: Umkehr der Sinneshierarchie. Herder und die Aufwertung des Tastsinns seit der frühen Neuzeit. Tübingen 2000.

ZIPPERT, Thomas: Bildung durch Offenbarung. Das Offenbarungsverständnis des jungen Herder als Grundmotiv seines theologisch-philosophisch-literarischen Lebenswerks. Marburg 1994.

Ders.: Die theologischen Grundlagen für Herders Kategorien von Individualität und Mannigfaltigkeit. In: Regine Otto (Hrsg.): Nationen und Kulturen. Zum 250. Geburtstag Johann Gottfried Herders. Würzburg 1996, S. 417-425.

Lebenslauf

Angaben zur Person: Dae-Kweon Kim
Dept. of German Lang. & Lit.
College of Humanities
Seoul National University
Shinrim-dong, Kwanak-ku
Seoul 151-742, Korea

Geburtstag/-ort: 12. 12 1966/Jeonju
Staatsangehörigkeit: koreanisch
Familienstand: verheiratet
Religion: protestantisch

Bildungsgang: 1973-1979 Jeonju-Dongbuk-Grundschule
1979-1982 Jeonju-Dukjin-Mittelschule
1982-1985 Jeonju-Oberschule
1985-1989 Studium der Germanistik an der Seoul
National Universität (S.N.U.)
Febr. 1989 Erster Studienabschluß (B. A.)
1989-1991 Studium der Germanistik im
Magisterkurs an der S.N.U.
Febr. 1991 Zweiter Studienabschluß (M. A.)
1994-1995 Studium der Germanistik im
Doktorkurs an der S.N.U.
Seit 1995   Studium der Germanistik an der
Universität des Saarlandes

SAARBRÜCKER BEITRÄGE ZUR LITERATURWISSENSCHAFT

Herausgegeben von
Karl Richter, Gerhard Sauder und Gerhard Schmidt-Henkel

Zuletzt erschienen

Band 44
Rumjana Kiefer
Kleists Erzählungen in der Literatur der Gegenwart
Ein Beitrag zur Geschichte der Intertextualität am Beispiel von Texten A. Muschgs, E.L. Doctorows und E. Plessens
1994. 139 Seiten. 14,00 EUR
ISBN 3-86110-026-6

Band 45
Eva D. Becker
Literarisches Leben
Umschreibungen der Literaturgeschichte
1994. 233 Seiten. 18,00 EUR
ISBN 3-86110-027-4

Band 46
Harald Bost
Der Weltschmerzler
Ein literarischer Typus und seine Motive
1994. 430 Seiten. 26,00 EUR
ISBN 3-86110-034-7

Band 47
Mathias Bertram
Jakob Michael Reinhold Lenz als Lyriker
Zum Weltverhältnis und zur Struktur seiner lyrischen Selbstreflexionen
1994. 259 Seiten. 19,00 EUR
ISBN 3-86110-052-5

Band 48
Michaela Bertolini
Dissonanzen in Orpheus' Gesang
Untersuchungen zur Polemik im Prosawerk Rainer Maria Rilkes
1995. 165 Seiten. 18,00 EUR
ISBN 3-86110-064-9

Band 49
Juliane Kuhn
"Wir setzten unser Exil fort."
Facetten des Exils im literarischen Werk von Peter Weiss
1995. 333 Seiten. 26,00 EUR
ISBN 3-86110-070-3

Band 50
Stefan Schank
Kindheitserfahrungen im Werk Rainer Maria Rilkes
Eine biographisch-literaturwissenschaftliche Studie
1995. 641 Seiten. 42,00 EUR
ISBN 3-86110-076-2

Band 51
Andreas Heieck
Selbstversöhnung
Eine Untersuchung zur religiösen Unruhe im Denken von André Gide
1996. 476 Seiten. 34,00 EUR
ISBN 3-86110-093-2

Band 52

Takeshi Imamura
Jakob Michael Reinhold Lenz
Seine dramatische Technik und
ihre Entwicklung
1996. 478 Seiten. 34,00 EUR
ISBN 3-86110-098-3

Band 53

Sascha Kiefer
Dramatik der Gründerzeit
Deutsches Drama und Theater
1870-1890
1997. 257 Seiten. 23,00 EUR
ISBN 3-86110-129-7

Band 54

Annie Bourguignon
**Der Schriftsteller Peter Weiss
und Schweden**
1997. 314 Seiten. 26,00 EUR
ISBN 3-86110-130-0

Band 55

Werner Trömer
Polarität ohne Steigerung
Eine Struktur des Grotesken im
Werk Günter Kunerts (1950-1980)
1997. 514 Seiten. 36,00 EUR
ISBN 3-86110-151-3

Band 56

Martin Kagel
Strafgericht und Kriegstheater
Studien zur Ästhetik von Jakob
Michael Reinhold Lenz
1997. 249 Seiten. 22,00 EUR
ISBN 3-86110-152-1

Band 57

Karin Tantow-Jung
„Wachhund und Narr"
Gesellschaftskritik im Kriminal-
roman der Gegenwart am Beispiel
der Werke Richard Heys
1997. 271 Seiten. 24,00 EUR
ISBN 3-86110-153-X

Band 58

Manfred Stanjura
**Revolutionäre Reden und
Flugschriften im rheinisch-
pfälzischen Raum (1791-1801)**
Studien zu literarischen Formen
jakobinischer Agitation in Worms,
Speyer, Landau, Frankenthal,
Bergzabern und Zweibrücken/
Blieskastel
1997. 937 Seiten. 2 Bde. 49,00 EUR
ISBN 3-86110-160-2

Band 59

Chong-Chol Kim
**Die weiblichen Figuren im
Grimmschen und im koreani-
schen Märchen**
1998. 204 Seiten. 20,00 EUR
ISBN 86110-167-X

Band 60

Angela Fitz
**„Wir blicken in ein ersonnenes
Sehen."**
Wirklichkeits- und Selbstkonstruk-
tion in zeitgenössischen Romanen.
Nadolny - Ransmayr - Woelk
1998. 384 Seiten. 29,00 EUR
ISBN 3-86110-169-6

Band 61
Jean-Marie Paul (Hrsg.)
Dimensionen des
Phantastischen
Studien zu E.T.A. Hoffmann
1998. 236 Seiten. 22,00 EUR
ISBN 3-86110-173-4

Band 62
Annette Debold
Reisen bei Jean Paul
Studien zu einer real- und
gattungshistorisch inspirierten
Thematik in Theorie und Praxis
des Dichters
1998. 119 Seiten. 16,00 EUR
ISBN 3-86110-174-2

Band 63
Peter Ludwig
„Es gibt eine Revolution in der
Wissenschaft"
Naturwissenschaft und Dichtung
bei Georg Büchner
1998. 391 Seiten. 30,00 EUR
ISBN 3-86110-178-5

Band 64
Rainer Godel
Schillers „Wallenstein"-Trilogie
Eine produktionstheoretische
Analyse
1999. 382 Seiten. 29,00 EUR
ISBN 3-86110-193-9

Band 65
Ronald Meyer
Sexualität und Gewalt
Formen und Funktionen der
Sexualität und Gewalt in der
Fiktion und Biographie des
Marquis de Sade
1999. 392 Seiten. 29,00 EUR
ISBN 3-86110-201-3

Band 66
Martin Preiß
„... daß es diese Wirklichkeit
nicht gäbe"
Gottfried Benns Rönne-Novellen
als Autonomieprogramm
1999. 336 Seiten. 26,00 EUR
ISBN 3-86110-208-0

Band 67
Heike Schmid
Gefallene Engel
Deutschsprachige Dramatikerin-
nen im ausgehenden
19. Jahrhundert
2000. 250 Seiten. 23,00 EUR
ISBN 3-86110-232-3

Band 68
Wolf Gerhard Schmidt
Friedrich de la Motte Fouqués
Nibelungentrilogie "Der Held
des Nordens"
Studien zu Stoff, Struktur und
Rezeption
2000. 333 Seiten. 27,00 EUR
ISBN 3-86110-239-0

Band 69
Gerhard Sauder/Tim Mehigan (Hg.)
Roman und Ästhetik im
19. Jahrhundert
Festschrift für Christian Grawe
zum 65. Geburtstag
2001. 331 Seiten. 26,00 EUR
ISBN 3-86110-259-5

Band 71
Alexandra Kertz-Welzel
Die Transzendenz der Gefühle
Beziehungen zwischen Musik und
Gefühl bei Wackenroder/Tieck und
die Musikästhetik der Romantik
2001. 326 Seiten. 26,00 EUR
ISBN 3-86110-278-1

Band 70
Anke Lindemann-Stark
Leben und Lebensläufe des
Theodor Gottlieb von Hippel
384 Seiten. 1 Abbildung. 28,00 EUR
ISBN 3-86110-262-5

Band 72
Dirk Baldes
„Das tolle Durcheinander der
Namen"
Zur Namengebung bei
E.T.A. Hoffmann
2001. 205 Seiten. 21,00 EUR
ISBN 3-86110-283-8

RÖHRIG UNIVERSITÄTSVERLAG GmbH
POSTFACH 1806 D-66368 ST. INGBERT
Tel. 0 68 94/8 79 57 Fax 0 68 94/87 03 30
Unser Verlagsprogramm im Internet: www.roehrig-verlag.de